¡Listos!

Michael Calvert **3** *Rojo*

Teacher's Guide

CW01563558

Heinemann

Heinemann is an imprint of Pearson Education Limited, a company incorporated in England and Wales, having its registered office at Edinburgh Gate, Harlow, Essex, CM20 2JE.
Registered company number: 872828

Heinemann is a registered trademark of Pearson Education Limited.

First published 2002

16 15 14
19

A catalogue record is available for this book from the British Library on request.

ISBN: 978 0 435430 32 0

Produced by Ken Vail Graphic Design, Cambridge.

Printed in the U.K by Ashford Colour Press Ltd, Gosport, Hampshire

Tel: 01865 888058 www.heinemann.co.uk

Contents

▞ *Introduction*

¡Listos! is a three-stage Spanish course leading to examinations at 16+. It offers students of a wide range of ability a structured approach with plenty of variety and a clear progression. Stage 1 of *¡Listos!* is accompanied by differentiated workbooks (one for reinforcement and one for extension). In stages 2 and 3 there are separate Student's Books (*Rojo* and *Verde*) as well as separate workbooks, catering for the needs of students at different levels and preparing them for different examination tiers.

¡Listos! 3 can be used by students who have progressed from *¡Listos! 1* and *2* but is also suitable for those who have followed a different Spanish course in the earlier stages and are using *¡Listos! 3* to prepare for examinations at 16+. In GCSE terms, *¡Listos! 3 Verde* is for Foundation Tier and *¡Listos! 3 Rojo* for Higher Tier candidates; however, both books contain material suitable for potential C-grade candidates. The *Rojo* and *Verde* books also follow the same chapter and topic sequence, making it easy for students to move from one to the other if necessary.

The components

¡Listos! 3 Rojo consists of:

- Student's Book
- 3 cassettes or CDs
- Teacher's Guide
- Higher Workbook.

Also available to accompany both *¡Listos! 3 Rojo* and *Verde* are:

- Assessment Pack for AQA
- Assessment Pack for other examining bodies
- Colour OHT File.

Student's Book

The Student's Book includes all the language required to cover the 16+ exam syllabuses thoroughly and is expected to take students two years to complete. The material is divided into 10 chapters or modules *(módulos)*. Each module begins with one or two double-page spreads of revision *(Repaso)*, covering language presented in the preceding stages or in earlier modules of *¡Listos! 3*. The revision is followed by the core units (four or five spreads), which present and practise the new key language and structures.

At the end of each module there is a summary of the key vocabulary. This is arranged in topic areas, making it highly effective for revision purposes.

After every second module there is a speaking practice section *(Hablar)* designed to prepare students for the speaking test in their examination. Each *Hablar* section provides examination-style

practice of the topics covered in the two modules, consisting of general conversation questions, role-plays and presentations. Useful tips on revision and exam technique are also given. (For further details, see the separate section of this introduction below.)

At the back of the Student's Book are four sections for further practice and reference. The *Trabajo de curso* pages are designed particularly for students who are taking the coursework option. However, as well as offering specific advice to those doing coursework, these pages are suitable for all students and can be used for additional practice in class or as homework. (For further details, see below.)

The *Leer y escribir* section offers further reading and writing practice for each module. (For further details, see below.)

The *Gramática* section, also at the back of the Student's Book, provides explanations of all the grammar introduced in *¡Listos! 3* and comprehensive coverage of the examination grammar syllabus. It also includes grammar practice exercises; answers to these can be found on pages 189–191 of this Teacher's Guide.

The Student's Book ends with a comprehensive Spanish–English and a shorter English–Spanish glossary *(Vocabulario)*.

Cassettes/CDs

There are 3 cassettes or CDs for *¡Listos! 3 Rojo*. They contain listening material for both presentation and practice, recorded by native speakers. The material is of varying length and complexity and will need to be presented in different ways to different groups of students. It is often helpful to get students to listen to a short passage or brief utterances with their pens down, so that they can concentrate on tuning in to the language and grasping the 'geography' of what they have to understand. If students try to write and listen at the same time, they can miss most of what is said. Differentiation can be achieved by asking for different (or additional) information, providing extra support (e.g. pre-listening activities, an extra hearing of the recording, vocabulary support) or pausing the recording after each utterance. However, stopping the recording too often can be unhelpful, as it interrupts the flow and can 'chop off' words or phrases.

Correction and feedback must be quick and focused. Correction might involve showing students the transcript, putting the answers on the OHP (especially if they take the form of a grid) and asking students what they got wrong and why, rather than simply asking for their scores. The emphasis should be on learning rather than testing. It is well known that listening can all too easily be turned into a test and that this can demotivate students.

Workbooks

The Foundation and Higher workbooks provide self-access practice material in reading and writing for use alongside the Student's Books. They are divided into 10 modules to match the Student's Books and, as well as offering a wide variety of reading and writing activities, each module in the workbooks ends with one page of grammar practice and one page of questions to prepare students for the general conversation section of the speaking test.

Miniature versions of the Higher workbook pages are reproduced at the end of each module in this Teacher's Guide, and answers to the closed exercises are given.

Teacher's Guide

The Teacher's Guide contains:

● a general overview of *¡Listos! 3 Rojo*

● UK examination mapping grids

● answers to grammar practice exercises

and for each module:

● an overview grid summarising the topics, grammar, skills and key language introduced

● teaching notes for all activities

● answers to closed Student's Book and workbook activities

● transcripts of recorded material.

Assessment

There are two assessment packs available to accompany *¡Listos! 3*: one for the AQA and one for the other examining bodies. The style of questions and rubrics reflects that of the relevant examination body and each pack contains test material at three levels: Foundation, Foundation/Higher and Higher.

There are five blocks of assessment material, each covering two modules, and a further cumulative assessment block for Modules 1–5, which could be used as a 'mock' examination at the end of the first year of examination study. Each assessment block comprises separate tests in listening, speaking, reading and writing. Transcripts for the listening tests and suggested teacher scripts for role-plays are included, and mark schemes are provided for all tests.

Covering a module

As mentioned above, each module begins with one or two *Repaso* spreads revising language that has already been presented. Able pupils might work quickly through these sections or do just a selection of the activities before moving on to the core units.

As there is often a lot of language to cover, there are many matching, ranking and multiple-choice activities, and blocks of text with the important language highlighted. All four skills are covered in the *Repaso* sections.

Each of the four or five double-page spreads comprising the core units of the module presents a different theme relating to the overall topic; hence a theme is covered in a single double-page spread, and again all four skills are practised. Students are given support in the form of *Gramática* and *¡Ojo!* boxes. The *Gramática* boxes highlight the main grammar points and refer students to the relevant pages of the grammar section at the back of the Student's Book. The *¡Ojo!* boxes alert students to particular problems or give advice on learning and examination techniques. In addition, extra vocabulary is provided for students to use where appropriate.

There is progression both within each unit and through the module as a whole. Simple activities lead on to more challenging ones, and the most difficult tasks or the most complex aspects of the theme are generally left to the end.

The instructions are almost always given in the target language (the grammar section is an exception) and have been made as consistent as possible. One of the keys to effective use of the target language is exemplification: demonstrating to students what they have to do makes clear what is expected of them, so that recourse to the mother tongue generally becomes unnecessary.

Incorporating ICT into the *¡Listos!* classroom

Under the National Curriculum, students are entitled to have access to ICT to support their learning, and the richness of material, range of skills and benefits that students can derive from using ICT effectively and often are well known. The use of ICT is encouraged at many points in the Student's Book and Teacher's Guide.

Students are encouraged to use word processing to create a personal file (*fichero personal*) covering all the main topic areas. They can add to this as they cover a topic in more detail and at a more sophisticated level. The ability to draft and re-draft is crucial and, as an ICT expert pointed out some years ago, instead of writing being characterised by errors and often resulting in a sense of failure, the beauty of word processing is that success can be guaranteed.

Communication is covered by the inclusion of email messages as a common type of text in the Student's Book. Students should be encouraged to use email themselves, to communicate with Spanish speakers around the world and to improve their Spanish.

Finally, the Internet has dramatically improved access to the culture and language in recent years. It is just as easy to get a tourist guide or weather forecast for Mexico City as it is for Madrid. Hotel brochures, train timetables and online supermarket shopping are all at the students' fingertips, and the use of websites and search engines is suggested at appropriate points in this Teacher's Guide. Please consult www.Heinemann.co.uk/secondary/languages for the most up-to-date information and a selection of useful websites.

Any websites accessed must be previewed by the teacher to ensure that they are still active and contain appropriate material (and none that is inappropriate!). Accessing the web via the school or college Intranet is a safe way of ensuring that the material meets your needs. Should you discover that any of the website details listed are incorrect, please let us know so that we can update the information on our website.

Hablar

The *Hablar* sections (after Modules 2, 4, 6, 8 and 10) are designed to prepare students for the speaking test in their examination. They provide practice of and advice on general conversation questions, role-plays and presentations. In the role-plays, students are given cues (in Spanish or English) or open-ended/unscripted prompts (denoted by !). Students must be encouraged from the start to take responsibility for their own learning and to provide reciprocal help for their partner. A useful technique is to insist that both partners play both roles and that (unless they have genuine difficulties) they only ask the teacher to come and hear them once they are sure that they can perform both roles satisfactorily. This ensures that teacher time is spent mostly on moderating their best performance and that the students evaluate critically both their own and their partner's performance. Tape-recording role-plays, presentations and conversations, either in class or for homework, allows students to review their work and discuss it with their teacher or an assistant (if available). It is a particularly good way of identifying common mistakes in pronunciation and exploring ways of enriching spoken language or incorporating good communication strategies. Over time, students can build up a bank of such recordings that will help them with revision (and, incidentally, constitute a record of progress).

Trabajo de curso

The coursework section at the back of the Student's Book provides material to support five of the most popular coursework assignments and is linked to five of the modules, as follows:

Módulo 2: *En el cole*	Assignment: *Tu uniforme escolar ideal*
Módulo 3: *De vacaciones*	Assignment: *Unas vacaciones pasadas*
Módulo 5: *¿Qué te ha pasado?*	Assignment: *Tu ciudad/región*
Módulo 6: *En casa y en el trabajo*	Assignment: *Tus prácticas o un trabajo a tiempo parcial*
Módulo 8: *De juerga*	Assignment: *Una película o una novela interesante*

As mentioned above, this section provides useful practice material regardless of whether students are taking the coursework option and, indeed, whether they choose to do these particular assignments or different ones. Model texts are followed by comprehension tasks, additional grammar support and a range of tips and advice to enhance students' writing.

Teachers may choose to use the relevant coursework pages either as an extension of the module students are working on or later, when students are due to start work on a coursework assignment.

Answers to closed exercises in the *Trabajo de curso* are provided at the end of the relevant modules in the teaching notes.

Leer y escribir

In the *Leer y escribir* section at the back of the Student's Book there is a double-page spread of extra self-access reading and writing material for each module of the course. This can be used for classwork, homework or cover lessons. The wide variety of text types includes emails, letters, magazine articles, recipes and advertisements, and is exploited by an equally varied range of comprehension tasks. In most cases, the texts provide a model for the writing tasks that follow. Both the reading and the writing tasks reflect those that students are likely to encounter in examinations.

There is some differentiation in this section: generally speaking, the texts and/or tasks on the left-hand page of each spread are more straightforward than those on the right-hand page. However, the *Leer y escribir* section aims above all to stretch the most able students and ensure that they reach their full examination potential.

Answers to the closed reading comprehension tasks are provided at the end of each module in the teaching notes.

Coverage of AQA Themes/Modules in ¡Listos! 3 Rojo (for Specifications A and B)

M = *Módulo* (Chapter)

Theme/Module 1: My World

Subtopic	Page references
1A Self, family and friends	
• Self, family and pets	M1, pp. 6–11; M9, pp. 124–125
• Jobs	M1, p. 7; M10, pp. 136–137
• Opinions, feelings about family members	M9, pp. 126–129
1B Interests and hobbies	
• Hobbies, interests, opinions, preferences	M6, pp. 90–91; M8, p. 113, pp. 116–119
• Invitation to participate	M8, pp. 110–115
1C Home and local environment	
• Describe your home and bedroom	M1, pp. 12–13
• Home town, local environment, opinions	M1, pp. 14–17
• Climate, comparisons	M1, pp. 16–17
1D Daily routine	
• Weekday routine	M2, pp. 26–27
• Mealtimes	M6, p. 80
1E School and future plans	
• Classroom requests and instructions	M2, p. 22
• Subjects, opinions, timetable	M2, pp. 20–21, p. 25; M10, p. 136
• School size, location, facilities	M2, pp. 24–25
• Extra-curricular activities	M2, pp. 28–29
• School uniform, rules	M2, p. 23; M10, p. 139
• Future plans in coming months	M2, pp. 30–31

Theme/Module 2: Holiday Time and Travel

Subtopic	Page references
2A Travel, transport and finding the way	
• Exchange information about location	M4, pp. 50–51
• Maps, timetables	M4, pp. 50–53
• Buy tickets	M4, pp. 54–55
• Means of transport, time, cost, problems	M4, pp. 52–53, pp. 56–59
2B Tourism	
• Information about town/area	M3, pp. 38–39
• Weather conditions	M3, p. 40
• Holidays, details and opinions	M3, p. 39, pp. 45–47
• Local customs, festivals	M3, p. 41

Coverage of AQA Themes/Modules in *¡Listos! 3 Rojo*

Subtopic	Page references
2C Accommodation	
• Exchange information about accommodation	M5, pp. 70–73
• Make complaints	M5, pp. 76–77
2D Holiday activities	
• Signs about restaurants	M3, p. 36, p. 42
• Reserve a table, order, pay	M3, p. 36, pp. 42–43
• Make complaints	M3, p. 43
2E Services	
• Postal services, change money	M5, p. 73
• Loss or theft	M5, pp. 74–75
• Doctor, dentist, chemist, common ailments	M5, pp. 66–69
• Accident or breakdown	M4, pp. 58–61

Theme/Module 3: Work and Lifestyle

Subtopic	Page references
3A Home life	
• Eating habits, meals and mealtimes	M6, p. 80
• Help around the house	M6, pp. 82–83
3B Healthy living	
• Eating habits, healthy eating and lifestyles	M6, pp. 88–89
3C Part-time jobs and work experience	
• Telephone calls and messages	M8, p. 114
• Weekend jobs and work experience	M6, pp. 84–87
3D Leisure	
• TV programmes, radio, films	M6, pp. 90–91
• Facilities, times, prices	M8, pp. 110–111
• Arrangements to go out	M8, pp. 110–115
• Publicity about leisure events	M8, p. 112
• Sporting events	M8, p. 112, p. 118
• Narrate a film	M6, p. 91; *Trabajo de curso*, pp. 158–159; *Leer y escribir*, p. 175
3E Shopping	
• Signs and announcements	M7, pp. 96–97, p. 98, p. 105
• Exchange information about goods	M7, pp. 96–97, pp. 102–105
• Shopping experiences, preferences	M7, pp. 100–101, p. 107
• Complaints about unsatisfactory goods	M7, p. 106

Theme/Module 4: The Young Person in Society

Subtopic	Page references
4A Character and personal relationships	
• Character and personality, self and famous people	M9, pp. 126–127; M8, p. 117; *Leer y escribir*, p. 174
• Feelings, problems and relationships	M9, pp. 128–129
• Marriage and children	M10, pp. 144–145
4B The environment	
• Transport issues	M4, p. 56
• Pollution, recycling, improving the environment	M9, pp. 132–133
4C Education	
• Types of school, further education and training	M10, pp. 138–139
• Issues at school	M10, p. 139
4D Careers and future plans	
• Advantages/Disadvantages of occupations, career plans	M10, pp. 140–141
• Working abroad	*Leer y escribir*, pp. 178
• Future plans, marriage, children	M10, pp. 144–145
4E Social issues, choices and responsibilities	
• Job seeking, advertisements	M10, p. 137, pp. 142–143
• Smoking, alcohol, drugs	M9, pp. 130–131; *Leer y escribir*, p. 176

Coverage of Edexcel topic areas in ¡Listos! 3 Rojo

M = *Módulo* (Chapter)

At Home and Abroad

Subtopic	Page references
• Things to see and do	M1, pp. 14–15; M3, p. 38; M8, pp. 110–113
• Life in the town/countryside/seaside	M1, pp. 14–16
• Weather and climate	M1, p. 17; M3, p. 40
• Travel, transport and directions	M4, pp. 50–61
• Holidays, tourist information and accommodation	M3, pp. 38–39, 44–47; M5, pp. 70–73, pp. 76–77
• Services and shopping abroad	M5, p. 73; M7, pp. 96–107
• Customs, everyday life and traditions in target-language countries and communities	M3, p. 41; *Leer y escribir*, p. 161, pp. 162–163

Education, Training and Employment

Subtopic	Page references
• School life and routine	M2, pp. 20–31
• Different types of jobs	M10, pp. 136–137, pp. 140–141
• Job advertisements, applications and interviews	M10, p. 137, pp. 142–143; *Leer y escribir*, p. 170
• Future plans and work experience	M6, pp. 86–87; M10, pp. 138–141, pp. 144–145

House, Home and Daily Routine

Subtopic	Page references
• Types of home, rooms, furniture and garden	M1, pp. 12–13
• Information about self, family and friends	M1, pp. 6–11; M9, pp. 124–129
• Helping around the house	M6, pp. 82–83
• Food and drink	M3, p. 36, pp. 42–43; M6, p. 80; M7, p. 96, pp. 102–103

Media, Entertainment and Youth Culture

Subtopic	Page references
• Sport, entertainment and fashion	M8, pp. 112–113, pp. 118–119; *Leer y escribir*, p. 171, p. 173
• Famous personalities	M8, p. 117; M9, p. 125; *Leer y escribir*, p. 174
• The media	M6, pp. 90–91; M8, pp. 116–117; *Trabajo de curso*, pp. 158–159; *Leer y escribir*, p. 175
• Current affairs, social and environmental issues	M4, p. 56; M9, pp. 132–133

Social Activities, Fitness and Health

Subtopic	Page references
• Free time (evenings, weekends, meeting people)	M2, pp. 28–29; M8, pp. 110–115
• Special occasions	M3, p. 41; *Leer y escribir*, p. 160
• Hobbies, interests, sports and exercise	M6, p. 88; M8, p. 113, p. 118
• Shopping and money matters	M5, p. 73; M6, p. 85; M7, pp. 96–107
• Accidents, injuries, common ailments and health issues (smóking, drugs)	M5, pp. 66–69; M6, pp. 88–89; M9, pp. 130–131; *Leer y escribir*, p. 176

Coverage of OCR contexts in ¡Listos! 3 Rojo

M = *Módulo* (Chapter)

1 Everyday Activities

Subtopic	Page references
a Home life	
• Information about homes, rooms, features	M1, pp. 12–13
• Routine	M2, pp. 26–27, M6, p. 80
b School life	
• General information about schools	M2, p. 24, M10, p.138
• Subjects, likes and dislikes	M2, pp. 20–21, p. 25
• Views and opinions	M2, p. 23; M10, p. 139
c Eating and drinking	
• Express requirements in restaurants	M3, p. 36, pp. 42–43
• Problems in a restaurant	M3, p. 43
• Health and diet	M6, pp. 88–89
d Health and fitness	
• Symptoms and injuries	M5, pp. 66–69
• Healthy lifestyles	M6, pp. 88–89
• Instructions for medicines or remedies	*Leer y escribir*, p. 168
• Account of injury	M5, p. 69

2 Personal and Social Life

Subtopic	Page references
a People – the family and new contacts	
• Give information about and describe family members	M1, pp. 6–11; M9, pp. 124–127
• Invitations and responses	M8, pp. 113–115
• Family life	M9, pp. 128–129
b Free time	
• Interests, pastimes, leisure activities	M6, pp. 90–91; M8, pp. 110–117
• Describe an activity, event or performance	M6, p. 91; M8, p. 118
c Making appointments	
• Where and when to meet	M8, p. 110, pp. 114–115
• Accept, reject, modify	M8, pp. 113–115
d Special occasions	
• Festivals and special events	M3, p. 41

Coverage of OCR contexts in *¡Listos! 3 Rojo*

3 The World Around Us

Subtopic	Page references
a The local and other areas	
• Local area and opinions	M1, pp. 14–17
• Account of an area visited	M3, p. 45
b Shopping and public services	
• Specify requirements, reject, choose	M7, pp. 96–97, pp. 102–105
• Account of period of time in the shops	M7, p. 107
• Money exchanges	M5, p. 73
• Explain that something has been lost	M5, pp. 74–75
• Problems or complaints in a shop	M7, p. 106
c The environment	
• Weather and forecasts	M3, p. 37, p. 40
• Problems affecting the environment, conservation	M9, pp. 132–133, *Leer y escribir*, p. 177
d Going places	
• Give and seek directions	M4, pp. 50–51
• Information about best way to reach destination	M4, p. 52
• Times and timetables	M4, p. 53
• Traffic and transport bulletins	M4, p. 53, p. 61
• Buy tickets	M4, pp. 54–55
• Account of a journey	M4, p. 57
• Mechanical problems with a car	M4, p. 58
• Advantages and disadvantages of means of transport	M4, p. 56
• Account of an accident	M4, pp. 59–61

4 The World of Work

Subtopic	Page references
a Jobs and work experience	
• Jobs done by candidate	M6, pp. 84–85; M10, p. 137
• Information about jobs and job applications	M10, pp. 142–143; *Leer y escribir*, p. 170
• Spending habits	M6, p. 85
• Opinions about jobs	M6, pp. 84–85; M10, p. 137, p. 140
b Careers and life-long learning	
• Preferences and opinions about further study/work/jobs	M10, pp. 138–140, p. 144

5 The International World

Subtopic	Page references
a The media	
• Listening and viewing habits	M6, pp. 90–91
• Opinions about the media	M6, p. 91
• Preferences for magazines	M8, p. 116
b World issues, events and people	
• Famous people	M8, p. 117; M9, p. 125, *Leer y escribir*, p. 174
c Tourism and holidays	
• Information about tourist possibilities	M3, pp. 38–39; *Trabajo de curso*, pp. 154–155; *Leer y escribir*, p. 165
• Account of holiday, in past or planned, opinions	M2, pp. 30–31; M3, p. 39, pp. 45–47; *Trabajo de curso*, pp. 152–153
d Tourist and holiday accommodation	
• Seek and give information about requirements	M5, pp. 70–72
• Problems during the stay	M5, pp. 76–77
• Describe past holiday accommodation	M5, p. 77

Coverage of WJEC topics in ¡Listos! 3 Rojo

M = *Módulo* (Chapter)

Topic A

Subtopic	Page references
a The language of the classroom	M2, p. 22
b Home life and school	
(i) Home life	
• Home and garden	M1, pp. 12–13
• Daily routines	M2, pp. 26–27
• Meals at home	M6, p. 80
• Household tasks	M6, pp. 82–83
• Spending habits	M6, p. 85
(ii) School	
• School size and facilities	M2, p. 24
• Arrival and departure, routine times	M2, p. 20, pp. 26–27
• School uniform	M2, p. 23; *Trabajo de curso*, pp. 150–151
• School activities, clubs	M2, pp. 28–29
• Subjects, likes and dislikes	M2, p. 21, p. 25
c Food, health and fitness	
(i) Food	
• Restaurants, requirements, menus, bill, prices	M3, p. 36, pp. 42–43
• Make complaints	M3, p. 43
• Recipes	*Leer y escribir*, p. 164
(ii) Health and fitness	
• Describe symptoms, personal accidents, advice from chemist	M5, pp. 66–69
• Instructions concerning medicines	M5, p. 67; *Leer y escribir*, p. 168
• Say whether anyone is hurt	M4, pp. 59–61

Topic B

Subtopic	Page references
a Self, family and personal relationships	
• Name, age, date of birth, pets, nationality	M1, pp. 6–7, 10–11; M9, p. 124
• Describe self and others	M1, pp. 8–9; M9, p. 125
• Likes and dislikes in radio/TV/clothes	M6, pp. 90–91; M7, p. 105; *Leer y escribir*, p. 173
• Comment on personality traits and relationships	M9, pp. 126–129
b Free time and social activities	
• Buy food/drink/clothes/souvenirs	M7, pp. 96–99, pp. 102–105
• Locations and facilities in department stores	M7, pp. 98–99
• Return items, give reasons	M7, p. 106
• Make bookings (cinema, etc.)	M8, pp. 111–112

Subtopic	Page references
• Opinions on event (e.g. film, concert)	M8, p. 118
c Holidays and special occasions	
• Procedures at bank/information office	M3, p. 38; M5, p. 73
• Say where you want to go	M4, pp. 50–51, pp. 54–55
• Distances, public transport	M1, pp. 16–17; M4, p. 52
• Buy tickets	M4, pp. 54–55
• Read timetables, understand times of arrival and departure	M4, p. 53
• Obtain help at a garage	M4, p. 58
• Understand travel announcements/information	M4, p. 53, p. 61

Topic C

Subtopic	Page references
a Home town and local area	
• Where you live, local area and amenities	M1, pp. 14–17
b Natural and made environment	
• Describe climate	M1, p. 17
c People, places and customs	
• Aspects of life in other countries	M3, p. 41; *Leer y escribir*, pp. 161–163, p. 167

Topic D

Subtopic	Page references
a Further education and training	
• Subjects, likes and dislikes	M2, p. 21, p. 25; M10, p. 136
b Careers and employment	
• Discuss work experience	M6, pp. 86–87; *Trabajo de curso*, pp. 156–157
• Describe part-time job	M6, pp. 84–85; M10, p. 137
• Future aspirations and career plans	M10, pp. 138–141
c Language and communication in the workplace	
• Request special services (e.g. fax)	M5, p. 73

Topic E

Subtopic	Page references
a Tourism at home and abroad	
• Discuss holidays	M3, p. 39, pp. 44–47
• Vacancies and facilities at youth hostels/hotels/campsites	M5, pp. 70–73
• Understand notices	M5, p. 73

Coverage of WJEC topics in *¡Listos! 3 Rojo*

Subtopic	Page references
• Enquire about lost property	M5, pp. 74–75
• Report accident/breakdown	M4, pp. 58–61
• Complain about accommodation	M5, p. 76
• Ask for and give directions	M4, pp. 50–51
• Discuss advantages and disadvantages of means of transport	M4, p. 56
b Life in other countries and communities	
• Comment on aspects of interest	M3, p. 41; *Leer y escribir*, pp. 161–163, p. 167
c World events and issues	
• Comment on matters of environmental interest	M9, pp. 132–133

Coverage of CCEA topics in ¡Listos! 3 Rojo

M = *Módulo* (Chapter)

1 Everyday Activities

Subtopic	Page references
(a) Home and school life	
• Home routine	M2, p. 26; M6, p. 80
• Helping at home	M6, pp. 82–83
• School buildings, facilities, number of teachers/pupils	M2, p. 24
• School day	M2, p. 27
• Timetable, subjects	M2, pp. 20–21, p. 25
(b) Food and drink	
• Likes, dislikes, preferences	M3, p. 36, pp. 42–43; M6, p. 80
• Recipes	*Leer y escribir*, p. 164
(c) Shopping	
• Location of shopping facilities/department/item	M7, pp. 98–99
• Types of items, availability, cost, number/quantity/colour/size, trying something on	M7, pp. 96–97, pp. 102–105
• Shopping announcements, special offers	M7, pp. 96–98, p. 105
• Exchange an item, ask for a refund	M7, p. 106
(d) Eating out	
• Reservation, menu, order food/drinks, settle bill	M3, p. 36, pp. 42–43
• Problems and complaints	M3, p. 43

2 Personal Life and Social Relationships

Subtopic	Page references
(a) Self, family and friends	
• Name, date of birth, age, family, pets	M1, pp. 6–7
• Physical features, nationality, marital status	M1, pp. 8–11
(b) Health	
• Condition, needs, pain, illnesses, doctor/dentist/chemist	M5, pp. 66–69
• Medicines, treatments, instructions	M5, p. 67; *Leer y escribir*, p. 168
(c) Leisure activities	
• Hobbies, interests, pastimes	M6, pp. 90–91; M8, p. 110, p. 116
• Times, dates, tickets	M8, pp. 110–112
• Make arrangements to go out	M8, pp. 113–115
• Merits of performances/events	M6, p. 91; M8, p. 118; *Trabajo de curso*, pp. 158–159; *Leer y escribir*, p. 175
(d) Celebrations and special occasions	
• Festivals	M3, p. 41
• Make arrangements for a party	*Leer y escribir*, p. 160

Coverage of CCEA topics in ¡Listos! 3 Rojo

3 The World Around Us

Subtopic	Page references
(a) House and home	
• Type of house/flat, rooms, furniture	M1, pp. 12–13
(b) Town and countryside	
• Places in town	M3, p. 37; M4, p. 51
• District/Region	M1, pp. 14–15
• Town and countryside	M1, p. 16
(c) Getting around	
• Directions	M4, pp. 50–51
• Means of transport, distances	M1, pp. 16–17; M4, p. 52
(d) Weather	
• Seasons, types of weather	M1, p. 17; M3, p. 37
• Weather forecasts	M3, p. 40

4 The World of Work

Subtopic	Page references
(a) Services to the public	
• Bank	M5, p. 73
• Report/Describe lost property	M5, pp. 74–75
• Services in garage	M4, p. 58
(b) Occupations and places of work	
• Full-time and part-time jobs	M6, pp. 84–85; M10, pp. 136–137, p. 140
(c) Future plans and careers	
• Type of job you would like to do, reasons	M10, pp. 140–141
• Plans for immediate future	M10, p. 138, p. 144
• Opportunities for work in target country	*Leer y escribir*, p. 178

5 The International World

Subtopic	Page references
(a) Travel and tourism	
• Plan to go on holiday	M3, p. 39
• Hostel, campsite, hotel, etc.	M5, pp. 70–73
• What you did on holiday	M3, pp. 45–47; *Trabajo de curso*, pp. 152–153
• Travel problems	M4, p. 57
(b) Life in countries or communities in which the target language is spoken	
• Nationalities	M1, p. 11
• Main cities/towns, national dishes, regions	M3, p. 36, p. 39, p. 41, p. 45; *Trabajo de curso*, pp. 154–155; *Leer y escribir*, p. 165
(c) Caring for the environment	
• Pollution matters, conservation measures	M9, pp. 132–133; *Leer y escribir*, p. 177

Coverage of Standard Grade topics and topic development in ¡Listos! 3 Rojo

M = *Módulo* (Chapter)

Basic topics	Page references	Topic development	Page references
• Name, age, domicile, nationality, cardinal points, spelling	M1, pp. 6–7, p. 11, p. 14; M5, p. 72	• Personal information given/asked for in polite language	M10, pp. 142–143
• Members of family, friends, physical description	M1, pp. 6–10	• Members of family, friends and friendship, physical and character description, interpersonal problems and relationships	M1, pp. 6–11; M9, pp. 124–129
• Parts of body, illness/accidents	M5, pp. 66–69; M4, pp. 59–61	• Parts of body, illness/accidents, appointments	M5, pp. 66–69; M4, pp. 59–61
• Own house/rooms	M1, pp. 12–13	• Houses, rooms and ideal house	M1, pp. 12–13
• Routine	M2, pp. 26–27; M6, p. 80	• Comparison of routine and lifestyles in Scotland and in the other country/countries	M2, pp. 26–27; M6, p. 80; *Leer y escribir*, p. 163
• Birthdays, days, dates	M1, pp. 6–7	• Life in future, past and future events (in routine)	M2, pp. 30–31; M6, p. 86
• School subjects, time	M2, pp. 20–21, p. 25	• Comparison of education system with that of the other country/countries	M10, p. 138; *Leer y escribir*, p. 162
• Leisure, sports	M6, pp. 90–91; M8, pp. 110–119	• Leisure, sports and health issues: healthy eating, exercise, drugs; TV, film and music	M6, pp. 88–91; M8, pp. 110–119; M9, pp. 130–131
• Foods, drinks	M3, p. 36; M6, p. 80; M7, p. 96, pp. 102–103	• Other food issues	M6, pp. 88–89
• Snack food	M3, p. 36	• Restaurants, menus, make arrangements	M3, p. 36, pp. 42–43; M8, pp. 110–115
• Simple directions	M4, pp. 50–51	• Give simple and complex directions	M4, pp. 50–52
• Buildings	M3, p. 37; M4, pp. 50–51	• Tourist information, comparison of town/country, helping the environment	M3, pp. 38–39; M1, p. 16; M9, pp. 132–133
• Pocket money	M6, pp. 84–85	• Change money	M5, p. 73
• Simple transactions, e.g. souvenirs, gifts, clothes, accommodation, snacks, transport	M7, pp. 96–99, pp. 102–106; M5, pp. 70–73; M3, p. 36, pp. 42–43; M4, pp. 53–55	• Negotiate transactional problems • Jobs/Work and study • Relative merits of jobs • Work experience • Future employment	M3, p. 43; M5, p. 71, pp. 76–77; M7, p. 106 M10, pp. 136–139 M10, pp. 140–141 M6, pp. 86–87 M10, pp. 140–144
• Countries, place	M1, p. 11, pp. 14–15; M3, pp. 44–45	• Travel information • Travel plans • Relative merits of means of transport • Comparisons between countries	M4, pp. 52–55, p. 61 M3, p. 39 M4, p. 56 M1, p. 17; M3, pp. 44–45
• Weather	M3, p. 37, p. 40	• Weather • Future holidays • Ideal holidays • Past holidays	M3, p. 37, p. 40 M2, pp. 30–31; M3, p. 39 M3, p. 44 M3, pp. 45–47

Main topics and objectives	Grammar	Skills
Repaso 1 (pp. 6–7) Introducing yourself and giving family information	*Tener … años* Question words Present tense	Simple conjunctions (*y, pero, también*)
Repaso 2 (pp. 8–9) Describing people	Adjectival agreement Position of adjectives Qualifying adverbs (*muy, bastante*) Present tense of reflexive verbs (*llamarse*) Present tense of *ser* and *tener*	Qualifiers (*bastante, muy*)
1 Te presento a mi familia (pp. 10–11) Marital status, children, etc. Nationality Introducing people	*Ser* and *estar* Adjectives of nationality	
2 Mi casa (pp. 12–13) Describing where you live Describing your house/flat and its contents	Possessive adjectives *Desde hace* + present tense	Using past and future tenses in written work
3 El pueblo donde vivo (pp. 14–15) Describing the town/area where you live	*Lo* + adjective Prepositions (*cerca de*, etc.)	
4 Lo bueno y lo malo (pp. 16–17) Expressing opinions about places Making comparisons between places Describing weather and climate	The comparative *Hacer* in weather expressions *Estar a* + distance	Use extended answers in exams, using words such as *también, porque* and *pero.*

Key language

¡Hola! ¿Cómo te llamas? Me llamo …
¿Cuántos años tienes? Tengo … años.
¿Cuándo es tu cumpleaños? Es el …
¿Cuántas personas hay en tu familia? Hay …
Vivo con mi madre/mis padres. (etc.)
Mi padre es ingeniero.
Mi madre es profesora. (etc.)
Mis padres están divorciados.

¿Tienes hermanos o hermanas?
Sí, tengo un hermano/dos hermanos. (etc.)
No, no tengo hermanos. Soy hijo único.
¿Tienes animales en casa?
Sí, tengo un perro/dos perros. (etc.)
un gato, un caballo, un cobayo, un conejo, un ratón,
   un periquito, un pez

Tengo/Tiene …
… el pelo corto/largo.
… el pelo castaño/moreno/negro/rubio.
… el pelo liso/ondulado/rizado.

… los ojos azules/grises/negros/verdes.
… barba, bigote, pecas, gafas.
Soy/Es (muy/bastante) alto/bajo.
guapo/feo, delgado/gordo, joven/viejo

Este es mi abuelo.
Mi hermano está casado.
Mi padrastro está muerto.
Mis abuelos están divorciados.
Mis padres están separados.
Mi madrastra está jubilada.
Mi tío está viudo.
Mis primos son gemelos.

Mi hermanastro no tiene hijos.
¿De dónde eres? Soy de …
Nací en … Vivo en …
Es inglés/inglesa. (etc.)
Son españoles/españolas. (etc.)
escocés, galés, irlandés
Te presento a …
Mucho gusto.

Vivo en el campo/la ciudad/las afueras de …/
   un barrio residencial.
Vivimos en una casa (adosada)/una granja/un piso.
Es (muy) grande/pequeño/moderno.
Está (bastante) lejos/cerca de …
Hay … habitaciones/dormitorios.
un salón, un comedor, un cuarto de baño, un sótano
una cocina, una terraza
Vivimos aquí desde hace …

Antes vivíamos en …
En mi dormitorio hay/tengo un equipo de música. (etc.)
un congelador, un espejo, un lavaplatos, un lavabo,
   un ordenador, un sofá, un teléfono
una alfombra, una bañera, una ducha, una lámpara,
   una lavadora, una mesa, una nevera, una televisión
unas butacas, unos estantes con libros
En las paredes hay pósters de mis cantantes favoritos.
(No) me gusta (mucho) mi … porque es …

Vivo en … Es un pueblo comercial/industrial/rural/
   turístico.
Es una ciudad en el norte (etc.) de …/en la costa.
Está (muy/bastante) cerca/lejos de …
Es (muy/demasiado) contaminado.
verde, bonito/feo, tranquilo/ruidoso, aburrido, sucio/
   limpio, moderno/antiguo
(No) hay mucha contaminación/cultura/industria.
(No) hay mucho desempleo/tráfico/turismo.
Lo bueno es que tengo muchos amigos.
Lo interesante es que hay muchas diversiones/mucho
   que hacer.

Lo malo es que no hay mucho/nada que hacer.
Lo aburrido es que mis amigos no viven cerca.
Hay un aeropuerto.
un puerto, un castillo, un estadio de fútbol, un zoo (etc.)
una biblioteca, una catedral, una estación de trenes/autocares,
   una playa, una plaza de toros (etc.)
unos bancos, unos museos, unos parques (etc.)
unas fábricas, unas oficinas, unas fuentes (etc.)
El ayuntamiento/polideportivo/hospital (etc.) está cerca/lejos.

¿Prefieres el campo o la ciudad? ¿Por qué?
Prefiero la ciudad porque hay muchas diversiones. (etc.)
Prefiero el campo porque es tranquilo (etc.)
Es más/menos interesante (para los jóvenes).
¿Está cerca el centro comercial/la playa?
¿Están lejos los cines/las tiendas?
Sí/No, está(n) a … kilómetros/metros.
¿Cómo vas allí?
Andando.
En autobús/bicicleta/coche/tren/metro.
¿Cuánto tiempo tardas en llegar?

Diez minutos (andando/en coche) más o menos.
¿Te gusta el clima donde vives?
¿Prefieres el clima en España o en tu país?
¿Qué tiempo hace en verano/invierno?
Me gusta el clima en Madrid en primavera porque …
No me gusta el clima en Liverpool en otoño porque …
… hace (mucho) calor/sol/frío/viento.
… hace buen/mal tiempo.
… hay niebla/tormenta.
… llueve/nieva/es agradable.

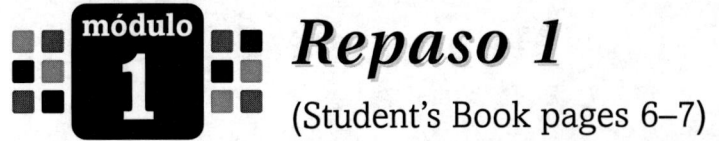

Main topics and objectives

Introducing yourself and giving family information

Grammar

Tener … años
Question words
Present tense

Skills

Simple conjunctions (*y, pero, también*)

Key language

¡Hola! ¿Cómo te llamas? Me llamo …
¿Cuántos años tienes? Tengo … años.
¿Cuándo es tu cumpleaños? Es el …
¿Cuántas personas hay en tu familia? Hay …
Vivo con mi madre/mis padres. (etc.)

Mi padre es ingeniero.
Mi madre es profesora. (etc.)
Mis padres están divorciados.
¿Tienes hermanos o hermanas?
Sí, tengo un hermano/dos hermanos. (etc.)
No, no tengo hermanos. Soy hijo único.
¿Tienes animales en casa?
Sí, tengo un perro/dos perros. (etc.)
un gato, un caballo, un cobayo, un conejo, un ratón,
un periquito, un pez

Resources

Cassette A, side 1
CD 1, track 2
Cuaderno pp. 2–7
Hablar p. 34–35
Leer y escribir pp. 160–161
Gramática 1.4 (p. 182), 4.10 (p. 188)

The **Repaso** sections are designed to be used in a variety of different ways. They can be dealt with quickly in class, either in their entirety or by selecting the most appropriate activities to cover before introducing new language that builds on the revision material. Alternatively, students can work on the **Repaso** independently, in class or for homework. Students can easily be put off by encountering material they have already covered, and you will have to stress that this section is designed to 'bring them up to speed' on particular grammar points or vocabulary and so make it easier for them to tackle more advanced material.

1a Lee las presentaciones y rellena la ficha.

Reading: name, age, birthday and families. As a pre-reading activity, students could be asked to think of as many words related to families as they can. Write these on the board or OHP; students can then read the two texts and add to their list. Ensure that all the vocabulary is familiar to the class. The texts could be exploited in three more ways:

- The teacher (or assistant if available) reads the texts and makes deliberate mistakes.

- Students are asked to memorise the information; the teacher reads out a piece of information and they say which person would have said it. For example, '*Mi padre vive en los Estados Unidos*' – María.

- Students could then do this as a competitive pairwork activity (one point for a correct answer): each student reads out a sentence and the other, without looking at the book, has to say which person is speaking.

Answers

	Carlos	**María**
Edad	16	17
Cumpleaños	10 de enero	–
Hermano(s)	2	0
Hermana(s)	0	1
Animales	perro	0

1b Escribe una presentación.

Writing: personal information. Using the models above, students write a personal description along the same lines.

It will be stressed throughout the book that it would be useful for students to have a personal file (*fichero personal*) covering all the topics, which they can refine as they progress. This file serves to consolidate previously learnt material and aid revision, and might give students a sense of satisfaction as their knowledge grows over time. Ideally the file will be electronic, so that it can be updated easily, but it could be kept on paper.

Students could be encouraged to record the information on tape as well. This will particularly benefit those whose learning style is predominantly aural rather than visual.

2a Escribe la edad, el cumpleaños y el número de hermanos/as de estas personas (1–6).

Listening: age, birthday, brothers and sisters.

Answers

1	18 años	15 de agosto	1 hermano
2	15 años	2 de mayo	2 hermanas
3	16 años	17 de junio	0
4	14 años	26 de febrero	2 hermanos y 1 hermana
5	19 años	7 de noviembre	1 hermano y 3 hermanas
6	20 años	1 de marzo	0

Tapescript

1 – ¡Hola! Me llamo Juan. Tengo dieciocho años y mi cumpleaños es el 15 de agosto. Tengo un hermano que se llama Joaquín.

2 – ¡Hola! ¿Qué tal? Soy Anita. Tengo quince años. Mi cumpleaños es el 2 de mayo. Tengo dos hermanas: Marisol y Conchita.

3 – Me presento. Soy Manolo. Mi cumpleaños es el 17 de junio. Tengo dieciséis años. No tengo hermanos. Soy hijo único.

4 – Me llamo Susana y tengo catorce años. Mi cumpleaños es el 26 de febrero. Tengo dos hermanos y una hermana.

5 – ¡Hola! ¿Qué hay? Me llamo Pablo. Tengo diecinueve años y celebro mi cumpleaños el 7 de noviembre. Tengo un hermano y tres hermanas. ¡Sí, tres hermanas!

6 – Soy Nuria. Mi cumpleaños es el primero de marzo. Tengo veinte años. Soy hija única.

2b Escribe los animales de estas personas (1–5).

Listening: pets. Play the recording through three times. The first time, students have their pens down and just listen. Encourage them to note down the answers the second time round and to listen for extra information on the final hearing. If it is a long time since your students studied pets, a quick review of the animals they have learnt might be useful.

Answers

1 gato, **2** caballo y dos perros, **3** –, **4** cobayo, conejo y dos ratones, **5** periquito y cinco peces

Tapescript

1 – Tengo un gato que se llama Tigger.

2 – Tengo un caballo y dos perros.

3 – No tengo animales en casa. No me gustan los animales.

4 – Tengo un cobayo, un conejo y dos ratones. Los ratones se llaman Mickey y Minnie.

5 – Tengo un periquito y cinco peces.

3a Túrnate con tu compañero/a.

Speaking: age and birthday. Students take turns to ask and answer the questions, following the example.

3b Con tu compañero/a pregunta y contesta.

Speaking: name, age, birthday, family and pets. Students take turns to ask and answer the questions, as in **3a**. A variation which ensures intensive speaking practice is to arrange the class in two circles, the outer circle facing inward and the inner circle facing outward. Students ask and answer their questions; then the person on the inside moves one place to the left and they repeat the process. This technique can be used very successfully with any battery of questions.

Gramática

Question words. Grammar is presented in the context of the work students are doing. Each **Gramática** references a section of the Grammar summary at the back of the Student's Book for follow-up study.

¡Ojo!

Fluency, using conjunctions, extended speaking. The **¡Ojo!** is a recurrent feature in the Student's Book, designed to draw students' attention to a particular feature of Spanish or to give advice on learning and examination techniques. A constant theme is that students must be challenged: even if the language is not difficult, they can always write more, speak for longer, increase their fluency, improve their accent, etc.

4a En el mensaje electrónico, Julia presenta a su familia. Contesta a las preguntas de abajo.

Reading: personal details. Students answer the questions using the third person of the present tense.

4b Escribe un mensaje como el de Julia.

Writing: personal details. Students use the email message as a model. This written activity is designed to consolidate all the work on this spread.

Gramática

Jobs.

Repaso 2
(Student's Book pages 8–9)

Main topics and objectives

Describing people

Grammar

Adjectival agreement
Position of adjectives
Qualifying adverbs *(muy, bastante)*
Present tense of reflexive verbs *(llamarse)*
Present tense of *ser* and *tener*

Skills

Qualifiers *(bastante, muy)*

Key language

Tengo/Tiene …
… el pelo corto/largo.
… el pelo castaño/moreno/negro/rubio.
… el pelo liso/ondulado/rizado.
… los ojos azules/grises/negros/verdes.
… barba, bigote, pecas, gafas.
Soy/Es (muy/bastante) alto/bajo.
guapo/feo, delgado/gordo, joven/viejo

Resources

Cassette A, side 1
CD 1, track 2
Cuaderno pp. 2–7
Hablar p. 34–35
Leer y escribir pp. 160–161
Gramática 2.1 (p. 182), 5.2 (p. 189)

1 Empareja las descripciones con las personas.

Reading: describing hair and eyes. Students match the descriptions with the pictures. You can use these pictures or those in the next activity for listening comprehension work: give a description and see who can be the first to identify the person described. Students may also be able to describe the three who are not described in the book: Pilar, Miguel and Juanita. The grid at the foot of the page provides a useful template.

Answers

1 Nacho, 2 Isabel, 3 Juan, 4 Mohamed

2a Túrnate con tu compañero/a.

Speaking: describing hair and eyes. Students take turns to describe the five people. After a while, if they are able, you could ask them to answer the questions with their books closed. This might make the activity more competitive.

2b Describe a las personas en 2a.

Writing: describing hair and eyes. Students write descriptions of the five people in **2a**.

2c Escribe unas frases sobre unos miembros de tu familia.

Writing: describing family members. Using the grid on page 8 again, students have 10 minutes to describe members of their family. You might decide to change the time limit according to the class's ability.

Gramática

Agreement of adjectives.

3a Describe a estas personas usando los adjetivos.

Speaking: describing build, height, etc. Working in pairs, students take turns to describe the people in the pictures. Partners can be encouraged to help each other and to ask the teacher to hear them only when they are both sure that they can describe all the people correctly.

¡Ojo!

Using qualifiers.

3b Escucha las descripciones (1–5). ¿Quién habla?

Listening: build, height, etc. Students should listen to the recording twice.

Answers

1 B, 2 E, 3 D, 4 A, 5 C

Tapescript

1 – Bueno, soy rubia, alta y delgada.
2 – Soy viejo. Tengo 80 años. Soy alto y tengo el pelo blanco.
3 – Soy joven y bastante bajo. No soy guapo.
4 – No soy alto. Soy un poco gordo y tengo el pelo negro.
5 – Soy joven. Soy morena y mis amigas dicen que soy guapa.

4a Haz una descripción de ti y de unos miembros de tu familia.

Writing: describing yourself and family members. This brings together all the revision material. Tell students to include as much detail as they can. Personal descriptions are always harder than they appear, and many marks are thrown away in examinations through carelessness. Remind students to concentrate on word order, agreement of adjectives, and use of the right verb and correct verb form. Encourage them to correct each other's work and to develop good proofreading skills.

Gramática

*The present tense (*llamarse, ser *and* tener*).*

1 Te presento a mi familia

(Student's Book pages 10–11)

Main topics and objectives

Marital status, children, etc.
Nationality
Introducing people

Grammar

Ser and *estar*
Adjectives of nationality

Key language

Este es mi abuelo.
Mi hermano está casado.
Mi padrastro está muerto.
Mis abuelos están divorciados.
Mis padres están separados.
Mi madrastra está jubilada.
Mi tío está viudo.

Mis primos son gemelos.
Mi hermanastro no tiene hijos.
¿De dónde eres? Soy de …/Soy (inglés/inglesa).
Nací en … Vivo en …
Es inglés/inglesa. (etc.)
Son españoles/españolas. (etc.)
escocés, galés, irlandés
Te presento a …
Mucho gusto.

Resources

Cassette A, side 1
CD 1, track 3
Cuaderno pp. 2–7
Hablar p. 35
Leer y escribir pp. 160–161
Gramática 2.1 (p. 182), 5.7 (p. 192)

1a Mira la foto y escucha la información.

Listening: family members, marital status, etc.
Students listen to the recording and identify the
people being introduced.

Tapescript

Este es mi padrastro y aquí está mi madre.
Estos son mis tíos. Tienen dos hijos. Son gemelos.
Aquí está mi abuelo que vive con nosotros.
Mi hermana está aquí con su hijo. Su marido trabaja
en México.

1b Las frases, ¿son verdad o mentira?
Corrige las frases falsas.

Reading: family members, marital status, etc. Students
read the sentences about the characters and decide
whether they are true or false. You may have to check
comprehension of the sentences first.

Answers

1 Mis tíos tienen dos hijos.
2 Vivo con mi madre.
3 Mi hermana tiene un hijo.
4 ✓
5 Mi abuela vive con nosotros.
6 ✓
7 Mis primos son gemelos.

1c Describe a unos miembros de tu familia.

Writing: family members, marital status, etc. Students
write sentences about their own family, using the grid.

1d Túrnate con tu compañero/a.

Speaking: family members. This pairwork activity
allows for differentiation according to ability.
Encourage students to answer as fully as possible.
After they have had time to prepare what they are
going to say, they take turns to speak for as long as
possible, with their partner providing cues.

2a Empareja las frases con los mapas.

Reading: nationality. Students match the statements
with the countries. Note that some statements
involve two countries.

Answers

1 E, **2** D, **3** C, **4** B, H, **5** A, **6** E, I

Gramática

Ser *and* estar.

2b Mira los mapas. Escucha y escribe las letras
de los países mencionados (1–5).

Listening: nationality. Play the recording twice, the
second time pausing it after each item.

Answers

1 J, E, **2** A, F, **3** G, A, **4** A, H, **5** C, D

Tapescript

1 – *¡Hola! ¿Qué tal? Me llamo Jesús. Vivo en Río de*
   Janeiro. Soy brasileño. Mi madre es estadounidense.
2 – *¡Hola! Me llamo Anita. Mis padres son españoles pero*
   nací en Queensland y soy de nacionalidad australiana
   y española.

3 – *Me presento. Soy Enrique. Vivo en Porto. Es una ciudad
no muy lejos de Lisboa. Soy portugués. Mi padre es
portugués y mi madre es española.*

4 – *Bueno, yo soy Karl. Mi padre es español y mi madre es
alemana. Yo nací en Bonn y soy alemán.*

5 – *¡Hola! Me llamo Anna y tengo 17 años. Vivo en York.
Soy inglesa, pero mi padre es italiano.*

2c En grupos de tres. Túrnate con tus
compañeros/as para presentar a estas personas.
Cambia las palabras subrayadas.

Speaking: nationality. Rotate the roles between the
three students in each group. Able students can be
asked to make up five more conversations if they
complete the activity ahead of the rest of the class.

2d Describe a las personas en 2c.

Writing: nationality. Students write five sentences
based on the cues in **2c**.

2e Escucha 2b otra vez. Completa estas frases.

Listening: nationality. Students listen once more to
the **2b** recording and fill in the gaps.

Answers

> **1** La madre de Jesús es estadounidense.
> **2** Los padres de Anita son españoles.
> **3** La madre de Enrique es española.
> **4** La madre de Karl es alemana.
> **5** Anna es inglesa y su padre es italiano.

Gramática
Adjectives of nationality.

Main topics and objectives

Describing where you live
Describing your house/flat and its contents

Grammar

Possessive adjectives
Desde hace + present tense

Skills

Using past and future tenses in written work

Key language

Vivo en el campo/la ciudad/las afueras de …/un barrio residencial.
Vivimos en una casa (adosada)/una granja/un piso.
Es (muy) grande/pequeño/moderno.
Es (bastante) lejos/cerca de …
Hay … habitaciones/dormitorios.
un salón, un comedor, un cuarto de baño, un sótano
una cocina, una terraza
Vivimos aquí desde hace …
Antes vivíamos en …
En mi dormitorio hay/tengo un equipo de música. (etc.)
un congelador, un espejo, un lavaplatos, un lavabo, un ordenador, un sofá, un teléfono
una alfombra, una bañera, una ducha, una lámpara, una lavadora, una mesa, una nevera, una televisión
unas butacas, unos estantes con libros
En las paredes hay pósters de mis cantantes favoritos.
(No) me gusta (mucho) mi … porque es …

Resources

Cassette A, side 1
CD 1, track 4
Cuaderno pp. 2–7
Hablar p. 34–35
Leer y escribir pp. 160–161
Gramática 2.3 (p. 183), 5.25 (p. 200)

1a Empareja las descripciones con los dibujos.

Reading: locality and home. Students read the descriptions and match them up with the pictures. There is quite a lot of language to be exploited in the descriptions and you may want to concentrate on the vocabulary in bold type and ask questions accordingly. Draw students' attention to the use of *desde hace* + present tense.

Answers

1 Victoria, 2 Conchi, 3 Sarah

Gramática

Desde hace + *present tense.*

1b ¿Quién habla? Escribe el número (1–8) y la persona que habla.

Listening: locality and home.

Answers

1 Sarah, 2 Conchi, 3 Victoria, 4 Victoria, 5 Sarah, 6 Victoria, 7 Conchi, 8 Conchi

Tapescript

1 – *Vivo en una casa pequeña. No vivo en el centro.*
2 – *Vivo en un piso que tiene tres dormitorios.*
3 – *Vivo en el campo. Me gusta mucho.*
4 – *Mi casa tiene una cocina muy grande.*
5 – *Ahora vivo en una casa adosada pero antes vivía en un chalet.*
6 – *La casa tiene cuatro dormitorios.*
7 – *Antes vivía con mis abuelos en la costa.*
8 – *El piso es moderno.*

1c Con tu compañero/a describe dónde vives como en 1a.

Speaking: home. Pairwork: students take turns to describe where they live.

¡Ojo!

Using past and future tenses.

2a Lee la carta de Santiago y decide si las frases son verdad o mentira. Corrige las frases falsas.

Reading: home and bedroom. This is a common type of examination task: students read the text and state whether the statements are true or false. To encourage students to manipulate the language, they then have to correct the sentences that are false.

Answers

1 ✗ Santiago vive en un piso.
2 ✗ Es un barrio tranquilo.
3 ✗ Son cuatro en casa (ahora).
4 ✗ Su hermano vive en Málaga.
5 ✗ Tiene un hermano mayor y una hermana mayor.
6 ✓
7 ✗ Hay una terraza (muy) grande.
8 ✓
9 ✗ Hay pósters (de cantantes) en las paredes.

Gramática

Possessive adjectives.

2b Escucha las conversaciones (1–8) y escribe la letra de la habitación.

Listening: rooms and furniture. Make sure that all the vocabulary connected with rooms and furniture is practised before students listen to the recording. You may decide to ask them to do the exercise with their books closed, if it would otherwise be too easy. Alternatively, they could listen to the recording once through without looking at their books and only open their books on the second hearing.

Answers

1 A, 2 A, 3 C, 4 A, 5 B, 6 B, 7 A, 8 C

Tapescript

1 – Los libros que buscas están allí en los estantes.
2 – Siéntate en el sofá y voy a poner la televisión.
3 – ¿Quieres una taza de té? … Bien … ¿dónde está la leche?
4 – ¿Puedo usar el teléfono?
   – Sí, claro. Está en el equipo de música.
5 – ¿Quieres ducharte?
6 – ¿Dónde están las toallas?
   – Mira, al lado de la bañera.
7 – Dan una película a las ocho.
8 – ¿Dónde está mi camisa?
   – Está en la lavadora. Mira.

2c Haz una descripción de lo que hay en tu casa/piso.

Writing: home and bedroom. This writing activity consolidates all the material on the spread. Students should be encouraged to have their writing checked and add it to their personal file. If they word process their work, transferring it to their file will be much easier.

3 El pueblo donde vivo

(Student's Book pages 14–15)

Main topics and objectives

Describing the town/area where you live

Grammar

Lo + adjective
Prepositions (cerca de, etc.)

Key language

Vivo en … Es un pueblo comercial/industrial/rural/turístico.
Es una ciudad en el norte (etc.) de …/en la costa.
Está (muy/bastante) cerca/lejos de …
verde, bonito/feo, tranquilo/ruidoso, aburrido, sucio/limpio, moderno/antiguo
(No) hay mucha contaminación/cultura/industria.
(No) hay mucho desempleo/tráfico/turismo.
Lo bueno es que tengo muchos amigos.

Lo interesante es que hay muchas diversiones/mucho que hacer.
Lo malo es que no hay mucho/nada que hacer.
Lo aburrido es que mis amigos no viven cerca.
Hay un aeropuerto.
un puerto, un castillo, un estadio de fútbol, un zoo (etc.)
una biblioteca, una catedral, una estación de trenes/autocares, una playa, una plaza de toros (etc.)
unos bancos, unos museos, unos parques (etc.)
unas fábricas, unas oficinas, unas fuentes (etc.)
El ayuntamiento/polideportivo/hospital (etc.) está cerca/lejos.

Resources

Cassette A, side 1	Hablar p. 34–35
CD 1, track 5	Leer y escribir pp. 160–161
Cuaderno pp. 2–7	Gramática 1.5 (p. 182)

1a Escribe el número de la frase y el nombre de la persona que escribe.

Reading: locality. Students read the texts and match the sentences in the speech bubbles to the writers. You can point out the structure *lo* + adjective, emphasising how simple it is to form and how useful it is when expressing opinions.

Answers

1 Dolores, 2 Dolores, 3 Kurtis, 4 Rafa,
5 Dolores/Kurtis, 6 Rafa, 7 Kurtis

Gramática

Lo + *adjective.*

1b Escucha y completa estas frases con una palabra de la lista a la derecha. ¡Ojo! Hay ocho frases y diez palabras.

Listening: good and bad points of a locality. Students listen to the four statements twice and insert the missing words into the two sentences that refer to each statement.

Answers

1a Lo bueno es que es muy bonito.
1b Lo malo es que es ruidoso.
2a Lo bueno es que no hay mucho desempleo.
2b Lo malo es que es muy sucio.
3a Lo bueno es que es verde.
3b Lo aburrido es que es demasiado tranquilo.
4a Lo bueno es que no hay mucho turismo.
4b Lo malo es que hay mucho tráfico.

Tapescript

1 – Vivo en Aldea en la Costa Blanca. Es muy bonito con sus casas blancas, pero hay mucho ruido en el verano.

2 – Vivo en un barrio industrial en las afueras de Barcelona. Hay muchas fábricas y mucho trabajo. Lo bueno es que no hay mucho desempleo. Lo malo es que todo es muy sucio.

3 – Yo vivo en el campo. Hay trescientos habitantes. Es muy verde y me gusta el paisaje y las montañas. Pero es demasiado tranquilo. Todo es silencio.

4 – Vivo con mis padres en un barrio comercial de Madrid. Lo malo es el tráfico. Lo que me gustan es que no hay muchos turistas. No me gustan los turistas.

1c Con tu compañero/a haz una conversación.

Speaking: good and bad points of a locality. This pairwork exercise is open-ended. Partners take turns to ask and answer the questions. You should emphasise the need to give full answers and express opinions.

2a Haz una lista de los sitios mencionados.

Reading: places and facilities in a town. This activity revises vocabulary introduced earlier in the course. Students should be encouraged to ask for additional vocabulary relating to their own locality, as they will need it for the next activity.

2b Escribe una carta a un amigo describiendo tu pueblo/ciudad.

Writing: places and facilities in a town. This is the first letter that students have been asked to write in this module. Remind them how to set out a letter in Spanish. Encourage them to plan their writing in paragraphs and to make a note of what they want to include before they begin. The grid at the foot of page 15 will help them to form their sentences accurately.

4 Lo bueno y lo malo

(Student's Book pages 16–17)

Main topics and objectives

Expressing opinions about places
Making comparisons between places
Describing weather and climate

Grammar

The comparative
Hacer in weather expressions
Estar a + distance

Skills

Use extended answers in exams, using words such as *también*, *porque* and *pero*.

Key language

¿Prefieres el campo o la ciudad? ¿Por qué?
Prefiero la ciudad porque hay muchas diversiones. (etc.)
Prefiero el campo porque es tranquilo. (etc.)
Es más/menos interesante (para los jóvenes).
¿Está cerca el centro comercial/la playa?
¿Están lejos los cines/las tiendas?

Sí/No, está(n) a … kilómetros/metros.
¿Cómo vas allí?
Andando.
En autobús/bicicleta/coche/tren/metro.
¿Cuánto tiempo tardas en llegar?
Diez minutos (andando/en coche) más o menos.
¿Te gusta el clima donde vives?
¿Prefieres el clima en España o en tu país?
¿Qué tiempo hace en verano/invierno?
Me gusta el clima en Madrid en primavera porque …
No me gusta el clima en Liverpool en otoño porque …
… hace (mucho) calor/sol/frío/viento.
… hace buen/mal tiempo.
… hay niebla/tormenta.
… llueve/nieva/es agradable.

Resources

Cassette A, side 1
CD 1, track 6
Cuaderno pp. 2–7
Hablar p. 34–35
Leer y escribir pp. 160–161
Gramática 2.4 (p. 183)

1a ¿Hablan de la ciudad o del campo? ¿Qué opinan? Pon las opiniones en la categoría correcta.

Reading: town and countryside. Students list the statements under one of the two headings.

Gramática

The comparative.

1b Con tu compañero/a haz cuatro conversaciones cortas usando las frases de 1a.

Speaking: preferring town or countryside. Working in pairs, students take turns to ask and answer the questions using the language from **1a**. You could demonstrate this with the assistant or a student before asking the class to do the task.

¡Ojo!

Using conjunctions to give extended answers.

2a Escucha las conversaciones (1–5) y escribe la letra que corresponde. En cada conversación hay un error. ¿Qué es?

Listening: places, distances and transport. Students listen to the recording and match each conversation with the appropriate letter. They also have to listen out for a mistake in each conversation. It would be helpful to play the recording twice, once for each task.

Answers

1	D – 30 kilometres away, not 40
2	A – 5 minutes away, not 15
3	E – 15 minutes away, not 20
4	B – walking, not by underground
5	C – 10 kilometres away, not 2

Tapescript

1 – *¿Está lejos la playa?*
– *Sí, bastante, a unos cuarenta kilómetros.*
– *¿Cómo vas allí?*
– *Voy en tren o en coche.*
– *¿Cuánto tiempo tardas en llegar?*
– *Bueno, en tren media hora, treinta y cinco minutos. Si voy en el coche de mi padre, unos veinte minutos.*

2 – *¿Cómo vas al colegio?*
– *Voy en bici normalmente. Si llueve voy en coche.*
– *¿Cuánto tiempo tardas en llegar?*
– *Unos quince minutos. Está muy cerca y no hay mucho tráfico.*

3 – *¿Está cerca el centro de la ciudad?*
– *Sí, bastante. Es un poco lejos andando pero hay una estación de autobús cerca de nuestra casa.*
– *¿Cuánto tiempo dura el viaje en metro?*
– *Veinte minutos, nada más.*

4 – *¿Hay unas tiendas más cerca?*
– *Sí, las tiendas están a unos quinientos metros.*
– *¿Vas en autobús?*
– *No, ¡qué va! Voy en el metro. Están a unos diez minutos.*

5 – *¿Hay una estación de trenes cerca de aquí?*
– *No, está a dos kilómetros.*
– *¿Cómo vas allí? ¿En metro?*
– *No, vamos en autobús. Es un viaje de veinticinco minutos. Depende del autobús.*

2b Escucha cinco conversaciones más y rellena la tabla.

Listening: places, distances and transport.

Answers

	Sitio	Distancia	Tiempo	Método de transporte
1	el centro comercial	3 km	30 minutos	andando
2	la estación	5 km	15 minutos	autobús
3	el parque	2 km	5 minutos	bici
4	la playa	10 km	10 minutos	coche
5	el colegio	30 km	45 minutos	autocar

Tapescript

1 – ¿Está cerca el centro comercial?
 – Sí, bastante, a unos tres kilómetros.
 – ¿Cómo vas allí?
 – Voy andando.
 – ¿Cuánto tiempo tardas en llegar?
 – Treinta minutos más o menos.
2 – ¿Dónde está la estación?
 – Está a unos cinco kilómetros.
 – ¿Vas en coche?
 – No, voy en autobús. Llego en quince minutos.
3 – ¿Hay un parque cerca de tu casa?
 – Sí, a dos kilómetros. Voy en bici y sólo tardo unos cinco minutos.
4 – ¿Estás cerca de la playa?
 – Sí, bastante.
 – ¿A qué distancia está?
 – A diez kilómetros.
 – ¿Vas en autobús o en tren?
 – Vamos en coche normalmente. Es más rápido – diez minutos. Es directo.
5 – ¿Tu colegio está cerca?
 – Está un poco lejos. Voy en autocar y el viaje dura cuarenta y cinco minutos.
 – ¿Está a cuántos kilómetros?
 – Treinta.
 – Es mucho.

2c Con tu compañero/a pregunta y contesta.

Speaking: distances and transport. Pairwork: students take turns to ask and answer the questions.

2d Describe lo que hay cerca de tu casa, cómo vas allí y cuánto tiempo tardas en llegar.

Writing: facilities and transport in the locality. Students use the expressions on this and the preceding spread to write a description of their locality and how they get around. You can refer them back to the **¡Ojo!** on page 16, which stresses the importance of extended answers and recommends using simple conjunctions to avoid too many short sentences.

3a Escribe seis frases con el sitio y la estación del año.

Writing: weather and climate. You could quickly revise weather expressions before asking students to write sentences using *gustar*.

3b Escribe el número (1–5) y la letra del sitio que corresponde.

Listening: weather and climate. Using the grid in **3a**, students listen to the recording and work out whether each statement applies to Madrid (A) or Liverpool (B).

Answers

1 B, **2** A, **3** A, **4** B, **5** A

Tapescript

1 – No me gusta ir en marzo. Hay mucha niebla.
2 – Es imposible en agosto. Hace mucho calor y mucho sol. La gente va a la costa.
3 – Hace frío pero no nieva. Los que quieren esquiar van a las montañas.
4 – No me gusta ir allí en otoño. Llueve y hace viento. Prefiero ir en verano, claro.
5 – Hace buen tiempo para ir de paseo. No hace mucho calor, pero es agradable.

3c Con tu compañero/a pregunta y contesta.

Speaking: weather and climate. Pairwork: pupils take turns to ask and answer the questions. You could point out that the cues are sometimes set out in this way in oral tests. Various formats are used in this book.

3d Describe el clima donde vives. ¿Qué estación del año te gusta más y por qué?

Writing: climate and seasons. Students should write as full a response as possible to the questions. Remind them to include opinions.

Leer y escribir

(Student's Book pages 160–161)

1 Lee el mensaje de Laura y escoge la letra correcta.

Reading. A multiple-choice exercise based on an email text about appearance and personality.

Answers

1 b,	**2** b,	**3** a,	**4** a

2 Escribe un mensaje electrónico a tu amigo/a español(a) sobre a quiénes quieres invitar a tu cumpleaños …

Writing. Using the email text as a model, students construct a similar message, following a series of bullet-point prompts. The main focus is on describing people's appearance and character.

3 Fernando habla de su pueblo en Colombia. Lee la carta y escoge la letra correcta.

Reading. A multiple-choice exercise based on a letter describing a village.

Answers

1 a,	**2** c,	**3** c,	**4** b,	**5** a

4 Lee otra vez la carta. Contesta a las preguntas.

Reading. A second exercise on the same text, in which students answer questions in Spanish.

Answers

1 Hay una plaza cuadrada justo en el centro.
2 Hay siempre una estatua.
3 Hay todos los lugares importantes: la iglesia, el banco, el colegio, la farmacia, el hotel y una tienda de ropa femenina.
4 La gente va a la plaza por la tarde o por la noche para hablar.
5 La casa de Fernando está en la plaza.
6 La farmacia, que también es el hospital.
7 Porque nunca hay clientes en el hotel.

5 Describe un pueblo o un barrio que conoces …

Writing. Students write a description of a village or locality that they know (or an imaginary one), following the guidelines given.

page 2

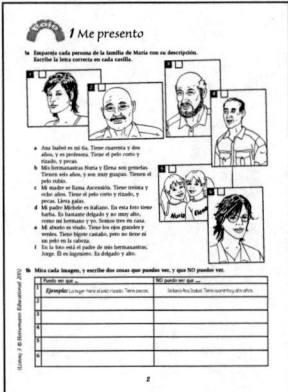

page 3

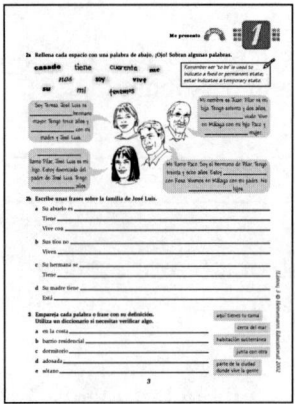

1a

1 a,	**2** e,	**3** d,	**4** f,	**5** b,	**6** c

1b

	Puedo ver que …	NO puedo ver que …
2	Tiene los ojos grandes. Tiene bigote. No tiene ni un pelo de la cabeza.	Es viudo. Tiene los ojos verdes. Es mi/su abuelo.
3	Tiene barba. Es bastante delgado.	Es mi/su padre. Se llama Michele. Es italiano. No es muy alto. Somos/Son tres en casa.
4	Es delgado.	Es el padre de mis/sus hermanastras. Se llama Jorge. Es ingeniero. Es alto.
5	Son gemelas. Son muy guapas. Tienen el pelo rubio. Se llaman Nuria y Elena.	Son mis/sus hermanastras. Tienen seis años. Tienen el pelo rubio.
6	Tiene el pelo corto y rizado, y pecas. Lleva gafas.	Es mi/su madre. Se llama Ascensión. Tiene 38 años.

2a

Soy Teresa. José Luis es mi hermano mayor. Tengo trece años y vivo con mi madre y José Luis.

Me llamo Pilar. José Luis es mi hijo. Estoy divorciada del padre de José Luis. Tengo cuarenta años.

Mi nombre es Juan. Pilar es mi hija. Tengo setenta y dos años, estoy viudo. Vivo en Málaga con mi hijo Paco y su mujer.

Me llamo Paco. Soy el hermano de Pilar. Tengo treinta y ocho años. Estoy casado con Rosa. Vivimos en Málaga con mi padre. No tenemos hijos.

2b

a Su abuelo está viudo.
   Tiene setenta y dos años./Tiene dos hijos/un hijo y una hija, Paco y Pilar.
   Vive con su hijo Paco (y su mujer).
b Sus tíos no tienen hijos.
   Viven en Málaga (con el padre de Paco/el abuelo de José Luis).
c Su hermana se llama Teresa.
   Tiene trece años.
d Su madre tiene cuarenta años/dos hijos/un hijo y una hija.
   Está divorciada (del padre de José Luis).

3

a en la costa – cerca del mar
b barrio residencial – parte de la ciudad donde vive la gente
c dormitorio – aquí tienes tu cama
d adosada – junta con otra
e sótano – habitación subterránea

page 4

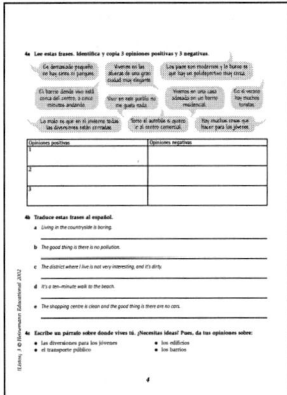

4a

Opiniones positivas	Opiniones negativas
Vivimos en las afueras de una gran ciudad muy elegante.	Es demasiado pequeño, no hay cines ni parques.
Los pisos son modernos y lo bueno es que hay un polideportivo muy cerca.	Vivir en este pueblo no me gusta nada.
Hay muchas cosas que hacer para los jóvenes.	Lo malo es que en el invierno todas las diversiones están cerradas.
(El barrio donde vivo está cerca del centro, a cinco minutos andando.)	(En el verano hay muchos turistas.)

4b

a Vivir en el campo es aburrido.
b Lo bueno es que no hay polución.
c El barrio donde vivo no es muy interesante, y es sucio.
d La playa está a diez minutos andando.
e El centro comercial es limpio y lo bueno es que no hay coches.

page 5

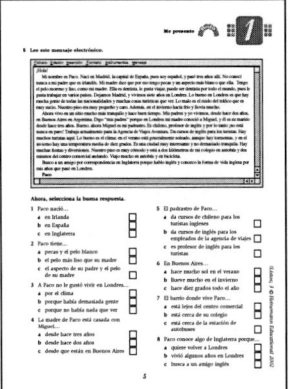

5

1 b,	2 c,	3 a,	4 a,	5 c,	6 a,	7 b,	8 b

page 6

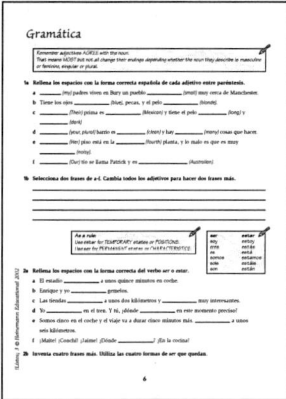

1a

a **Mis** padres viven en Bury, un pueblo **pequeño** muy cerca de Manchester.
b Tiene los ojos **azules**, pecas, y el pelo **rubio**.
c Su prima es **mexicana** y tiene el pelo **largo** y **moreno**.
d **Vuestro** barrio es **limpio** y hay **muchas** cosas que hacer.
e **Su** piso está en la **cuarta** planta, y lo malo es que es muy **ruidosa**.
f **Nuestro** tío se llama Patrick y es **australiano**.

2a

a El estadio **está** a unos quince minutos en coche.
b Enrique y yo **somos** gemelos.
c Las tiendas **están** a unos dos kilómetros y **son** muy interesantes.
d Yo **estoy** en el tren. Y tú, ¿dónde **estás** en este momento preciso?
e **Somos** cinco en el coche y el viaje va a durar cinco minutos más. **Estamos** a unos seis kilómetros.
f ¡Maite! ¡Conchi! ¡Jaime! ¿Donde **estáis**? ¿En la cocina?

Main topics and objectives	Grammar	Skills
Repaso 1 (pp. 20–21) Revising school subjects and the timetable Expressing likes and dislikes	*Me gusta(n) …*	Use of *en and *por* in Spanish and Latin American
Repaso 2 (pp. 22–23) Classroom instructions Classroom vocabulary School uniform and expressing opinions	Imperatives (familiar)	
1 Mi colegio (pp. 24–25) Describing school buildings and facilities Expressing opinions about school and giving reasons		Opinions (*afortunadamente* and *desafortunadamente*)
2 Mi rutina diaria (pp. 26–27) Describing daily routine	Reflexive verbs Stem-changing verbs	Personal descriptions and daily routine are common topics in exams, so should be learnt
3 Actividades extraescolares (pp. 28–29) Talking about extra-curricular activities Describing the activities you do at school	Impersonal verbs (*se puede, se necesita, se debe* + infinitive) *El* + day/*Los* + plural day Negatives	
4 Planes para las vacaciones (pp. 30–31) Talking about holiday plans Describing a school of the future	The future tense	

Key language

¿Qué asignaturas tienes hoy/los martes? (etc.)
Hay/Tengo/Tenemos matemáticas el lunes a las tres.
Tenemos recreo/comida a las …
¿Cuántas/Qué asignaturas estudias?
¿Qué asignaturas (no) te gustan?
(A mí) me gusta el alemán.
No me gusta (mucho/nada) la biología.
Me gustan bastante las matemáticas.

Me encantan las ciencias.
Prefiero …/Odio …
el comercio, el dibujo, el diseño, el español, el francés,
  el inglés, el teatro
la cocina, la educación física, la geografía, la gimnasia,
  la historia, la informática, la lengua, la música, la química,
  la religión, la tecnología
los trabajos manuales

Déjame el bolígrafo, por favor.
el lápiz, el sacapuntas, el rotulador
la goma, la regla, la calculadora
Cállate. Silencio por favor.
Sacad el cuaderno. (etc.)
Quítate la chaqueta.
Escuchad la cinta.
Mirad la pizarra.
Pasad.
Sentaos. Levantaos.
Lee en silencio.
Escribid la fecha y el título.

Haz los deberes.
Voy a un instituto mixto/un colegio privado.
¿Llevas uniforme?
Sí, tengo que llevar uniforme. No, no hay uniforme.
¿En qué consiste? ¿Qué llevas?
Llevo un jersey verde, una chaqueta azul y unos zapatos
  negros.
una camisa, una camiseta, una corbata, una falda
unos pantalones, unos vaqueros, unos zapatos
unas zapatillas deportivas
¿Te gusta el uniforme?
¿Qué te gustaría llevar? Me gustaría llevar …

¿Cómo se llama el colegio? Se llama …
¿Cómo es? Es (muy/bastante) grande/pequeño/
  moderno/antiguo.
¿Cuántos/as alumnos/as hay?
¿Cuántos profesores hay? Hay …
¿Qué hay en el colegio?
Afortunadamente, hay …
Desafortunadamente, no hay …
A la izquierda/derecha está la sala de profesores.
Al lado del gimnaso/de la biblioteca hay un patio.
El campo de fútbol está todo recto.

Al otro lado está el comedor.
la biblioteca, la cancha de baloncesto, la piscina

muchos laboratorios, muchas aulas
¿Qué asignaturas te gustan? ¿Por qué?
(No) me gusta el francés porque es difícil/fácil/útil.
Me encanta el dibujo porque es interesante/divertido.
Odio la tecnología porque es aburrida.
El profesor es simpático/inteligente/trabajador.
La profesora es antipática/demasiado estricta.

¿A qué hora te despiertas/tomas el desayuno/llegas/
  comes? (etc.)
¿Cómo vas al colegio?
¿Cuánto tiempo duran las clases?
¿Qué haces durante el recreo/después de las clases?
Me levanto/Salgo de casa/Vuelvo a casa/Me acuesto (etc.)
  a las …

Me ducho. Me visto. Me pongo el uniforme. Me arreglo.
  Me duermo.
Me voy al colegio en autobús/bici. (etc.)
¿A qué hora empiezan las clases/es el recreo?
Las clases empiezan a las …/duran …
Durante el recreo/Después de las clases hay clubs/un taller
  de teatro. (etc.)

Cuando llego, charlo con mis amigos/estudio en la
  biblioteca.
En el recreo/Durante la hora de comer como en el
  comedor/juego en el patio/toco el piano/canto en el coro.
Hay un club de teatro/fotografía/ajedrez/gimnasia.
Hay un taller de música/arte.
Hay un coro/una orquesta/una excursión.

Hay un equipo de baloncesto/tenis/fútbol/voleibol.
Se puede hacer atletismo/jugar al balonmano.
Hago deporte todos los días.
Voy a la piscina una vez a la semana.
tres veces al mes, los miércoles, por la tarde (etc.)
No juego ni … ni … No hago nada.
No hablo con nadie. Nunca voy al club.

¿Qué harás durante las vacaciones?
¿Adónde irás? ¿Con quién? ¿Cuándo irás?
Iré con mis padres/con amigos.
Iremos a Tenerife/a las montañas a esquiar/a la playa.
Visitaré a familiares/a amigos.
Me quedaré en casa.
Mis primos vendrán.
Tomaré el sol.
Nos quedaremos en un hotel.
Cenaremos en buenos restaurantes.

Trabajaré. Estudiaré. Descansaré. (etc.)
Iré el 23 de julio y pasaré una semana/unos días allí.
El colegio del futuro (no) será como el colegio de hoy.
(No) habrá …
Empezará a …
Los estudiantes (no) irán …/(no) tendrán …/(no) llevarán …
Los profesores (no) serán …/se comunicarán …
Las clases/los deberes durarán …
Se podrá …

Main topics and objectives

Revising school subjects and the timetable
Expressing likes and dislikes

Grammar

Me gusta(n) …

Skills

Use of *en* and *por* in Spanish and Latin American

Key language

¿Qué asignaturas tienes hoy/los martes? (etc.)
Hay/Tengo/Tenemos matemáticas el lunes a las tres.
Tenemos recreo/comida a las …
¿Cuántas/Qué asignaturas estudias?
¿Qué asignaturas (no) te gustan?

(A mí) me gusta el alemán.
No me gusta (mucho/nada) la biología.
Me gustan bastante las matemáticas.
Me encantan las ciencias.
Prefiero …/Odio …
el comercio, el dibujo, el diseño, el español, el francés, el inglés, el teatro
la cocina, la educación física, la geografía, la gimnasia, la historia, la informática, la lengua, la música, la química, la religión, la tecnología
los trabajos manuales

Resources

Cassette A, side 1
CD 1, track 7
Cuaderno pp. 8–13
Hablar p. 35

Trabajo de curso pp. 150–151
Leer y escribir pp. 162–163
Gramática 5.23 (p. 200)

1a Lee el horario y decide si las frases son verdad o mentira.

Reading: the school timetable. A true or false exercise. For further practice, students could do an information-gap activity in pairs, using timetables with some lessons blanked out.

Answers

1 ✗, 2 ✓, 3 ✗, 4 ✓, 5 ✓, 6 ✗, 7 ✗

1b Escucha las descripciones (1–6). ¿De qué día hablan?

Listening: the school timetable.

Answers

1 martes, 2 miércoles, 3 viernes, 4 miércoles, 5 viernes, 6 jueves

Tapescript

1 – Bueno, por la mañana tenemos gimnasia, biología, música y francés.
2 – Por la tarde tenemos informática a las tres y dibujo a las cuatro.
3 – Tenemos primero diseño y luego historia.
4 – A las once menos diez tenemos matemáticas y luego inglés.
5 – A las tres tenemos lengua y deporte.
6 – Bueno, tenemos tecnología, educación física, inglés y geografía.

¡Ojo!

Stress the need to say por la mañana, *etc.*

1c Túrnate con tu compañero/a.

Speaking: the school timetable. Pupils can use the timetable above, or alternatively base the questions and answers on their own timetable.

1d Describe un día de colegio, como en 1a.

Writing: the school day. Stress the importance of including words such as *primero, después, entonces* and *finalmente.* A list of subjects is given on page 21.

2a Escucha las opiniones y escribe la letra de la persona que habla.

Listening: opinions about school subjects.

Answers

1 D, 2 C, 3 E, 4 A, 5 B

Tapescript

1 – No me gustan mucho las matemáticas. Son muy difíciles.
2 – Odio los deportes. No me gustan ni el hockey ni el tenis.
3 – Me encanta el diseño. Es muy, muy interesante.
4 – Me gustan los idiomas: prefiero el francés porque me encanta París.
5 – No me gusta la biología; es aburrida.

Gramática

Me gusta(n) …

2b Con tu compañero/a pregunta y contesta.

Speaking: school subjects. Pairwork: to break up the usual pairs and give more intensive practice, students can rotate and change partners, as suggested above for Module 1, Repaso 1, activity 3b.

2c Contesta al mensaje electrónico de un amigo español.

Writing: school subjects.

Main topics and objectives

Classroom instructions
Classroom vocabulary
School uniform and expressing opinions

Grammar

Imperatives (familiar)

Key language

Déjame el bolígrafo, por favor.
el lápiz, el sacapuntas, el rotulador
la goma, la regla, la calculadora
Cállate. Silencio por favor.
Sacad el cuaderno. (etc.)
Quítate la chaqueta.
Escuchad la cinta.
Mirad la pizarra.
Pasad.
Sentaos. Levantaos.
Lee en silencio.

Escribid la fecha y el título.
Haz los deberes.
Voy a un instituto mixto/un colegio privado.
¿Llevas uniforme?
Sí, tengo que llevar uniforme. No, no hay uniforme.
¿En qué consiste? ¿Qué llevas?
Llevo un jersey verde, una chaqueta azul y unos zapatos negros.
una camisa, una camiseta, una corbata, una falda
unos pantalones, unos vaqueros, unos zapatos
unas zapatillas deportivas
¿Te gusta el uniforme?
¿Qué te gustaría llevar? Me gustaría llevar …

Resources

Cassette A, side 1
CD 1, track 7
Cuaderno pp. 8–13
Hablar p. 35
Trabajo de curso pp. 150–151
Leer y escribir pp. 162–163
Gramática 5.22 (p. 199)

1a Lee el artículo sobre la vuelta al colegio. Haz una lista en español de las cosas que necesitan los alumnos. Busca las palabras que no conoces en un diccionario.

Reading: classroom equipment. Students list the items mentioned in the text.

1b Un juego de memoria. Túrnate con tu compañero/a para pedir una cosa. Si repites una cosa, tu compañero/a gana un punto.

Speaking: classroom equipment. This is a mildly competitive pairwork activity and gives each partner an incentive to continue. You could give each student five 'lives': they lose one every time they repeat a word.

1c Escucha las instrucciones en classe (1–8) y emparéjalas con los dibujos.

Listening and reading: classroom language.

Answers

| 1 D, | 2 C, | 3 B, | 4 G, | 5 A, | 6 E, | 7 H, | 8 F |

Tapescript

1 *Cállate, silencio por favor.*
2 *Sacad el cuaderno y el bolígrafo, por favor.*
3 *Quítate la chaqueta.*
4 *Escuchad y mirad la pizarra.*
5 *Pasad.*
6 *Sentaos.*
7 *Lee en silencio.*
8 *Escribid la fecha y el título.*

1d Contrarreloj. Haz tantas frases como puedas en cinco minutos.

Writing: classroom language. Students match each command with an appropriate sentence ending.

Answers

> Sentaos en seguida.
> Quítate la chaqueta.
> Escribid el ejercicio/en el cuaderno.
> Mirad la pizarra/el ejercicio.
> Lee la pizarra/el ejercicio.
> Escuchad la cinta.
> Haz los deberes/el ejercicio.

Gramática

Imperatives (familiar form). Practice can be reinforced by a quick game of Simón dice.

2a Dos amigos describen lo que llevan en el colegio. Lee y apunta las diferencias.

Reading: school uniform. Students take notes on the texts. You could ask them to note the information in two columns.

Answers

Alfredo	Alicia
Private school	Mixed comprehensive
Uniform: black trousers, black jacket, white shirt, black shoes. Blue and white tie in winter and sometimes blue pullover. Girls wear blue skirt and no tie.	No uniform: people wear jeans and tee shirts in summer. She wears blue jeans, striped shirt, jacket and trainers. Wears woollen pullover in winter but just cotton shirt or tee shirt in summer.
Opinion: Doesn't like wearing a uniform.	Opinion: Doesn't like wearing skirts.

2b Unos jóvenes (1–5) hablan de lo que llevan en el colegio. Escucha y toma apuntes. ¿Llevan uniforme? ¿Qué llevan? ¿Qué opinan de los uniformes?

Listening: school uniform.

Answers

	¿Llevan uniforme?	¿Qué llevan?	¿Qué opinan?
1	no	falda, camisa, jersey	mala idea
2	no	vaqueros, camiseta, zapatillas	buena idea
3	no	blusa, falda, zapatos	buena idea
4	no	camisa, vaqueros	mala idea
5	sí	camisa, corbata, pantalones, zapatos	buena idea

Tapescript

1 – No llevo uniforme. Llevo una falda, una camisa y un jersey. Yo creo que es una mala idea. El uniforme no puede evitar la diferencia entre alumnos ricos y pobres.

2 – Es una buena idea porque la ropa es cara y hay alumnos que no tienen mucho dinero. Yo no llevo uniforme. Llevo vaqueros, una camiseta y zapatillas normalmente.

3 – Supongo que el uniforme es más fácil y más barato para los padres. Es una buena idea. No llevo uniforme. Me pongo una blusa, una falda y zapatos normalmente.

4 – El uniforme es tonto. No es necesario. Llevo una camisa y vaqueros.

5 – Yo llevo uniforme y creo que es una buena idea. Con el uniforme los alumnos pueden identificarse con el colegio. Llevo una camisa con corbata, pantalones y zapatos.

2c Con tu compañero/a pregunta y contesta.

Speaking: school uniform. Pairwork.

2d Escribe un mensaje electrónico sobre la ropa que llevas en el colegio. Da tu opinión.

Writing: school uniform.

1 Mi colegio

(Student's Book pages 24–25)

Main topics and objectives

Describing school buildings and facilities
Expressing opinions about school and giving reasons

Skills

Opinions (*afortunadamente* and *desafortunadamente*)

Key language

¿Cómo se llama el colegio? Se llama …
¿Cómo es? Es (muy/bastante) grande/pequeño/ moderno/antiguo.
¿Cuántos/as alumnos/as hay?
¿Cuántos profesores hay? Hay …
¿Qué hay en el colegio?
Afortunadamente, hay …
Desafortunadamente, no hay …
A la izquierda/derecha está la sala de profesores.

Al lado del gimnasio/de la biblioteca hay un patio.
El campo de fútbol está todo recto.
Al otro lado está el comedor.
la/una biblioteca, la/una cancha de baloncesto, la/una piscina
muchos laboratorios, muchas aulas
¿Qué asignaturas te gustan? ¿Por qué?
(No) me gusta el francés porque es difícil/fácil/útil.
Me encanta el dibujo porque es interesante/divertido.
Odio la tecnología porque es aburrida.
El profesor es simpático/inteligente/trabajador.
La profesora es antipática/demasiado estricta.

Resources

Cassette A, side 1
CD 1, track 8
Cuaderno pp. 8–13
Hablar p. 35
Trabajo de curso pp. 150–151
Leer y escribir pp. 162–163

1a Escucha las descripciones (1–5) y apunta las letras de las cosas mencionadas.

Listening: school buildings and facilities.

Answers

1 A, C, D	2 F, E, D, H, A	3 A, B, C, J, D, G	4 C, I, F, H, G,
5 A, B, F, E, D			

Tapescript

1 – *El instituto es bastante grande y moderno, con mil cuatrocientos alumnos y setenta profesores. Hay aulas, claro, y una biblioteca. ¿Qué más? … Sí, hay un patio donde jugamos al fútbol.*

2 – *¿Qué hay en mi colegio? Bueno, hay un gimnasio y canchas de baloncesto y un patio. Hay también una piscina. Desafortunadamente hay muchas aulas. No me gusta nada estudiar.*

3 – *Mi colegio es bastante pequeño, con 800 alumnos y 40 profesores. El colegio es muy antiguo. Hay aulas, laboratorios para las ciencias, una biblioteca y una sala de profesores. Afortunadamente, hay un patio donde jugamos al baloncesto y al fútbol, y hay también campos de fútbol.*

4 – *En el instituto hay una biblioteca y un comedor. También hay un gimnasio y una piscina. Hay campos de fútbol, pero no me gusta el fútbol.*

5 – *El colegio es bastante pequeño. Hay 700 alumnos. Tiene unas aulas y dos laboratorios. Hay un gimnasio pero muy pequeño. Desafortunadamente, no hay canchas de baloncesto. Jugamos al baloncesto en el patio.*

¡Ojo!

Using afortunadamente *and* desafortunadamente *to introduce opinions.*

1b Presenta tu colegio a un visitante.

Speaking: school buildings and facilities.

It would be helpful to revise directions and prepositions first. Then students could look at the ground plan of the school while you make some true/false statements about it. Next, ask them to cover the example and make sentences describing the picture. They should then go on to describe their own school. You could provide a simplified plan and give whatever support your students need to make sentences. If possible, simulate a visit by Spanish-speaking visitors: pupils go round the school, describing it. Alternatively, you could make a video of the school, add a soundtrack and send it to an exchange school.

1c Con tu compañero/a pregunta y contesta.

Speaking: school buildings and facilities. You can ask students to prepare their answers to the questions and aim to give extended answers.

1d ¿Cuántas frases puedes hacer en diez minutos describiendo tu colegio?

Writing: school buildings and facilities. This is an activity against the clock: pupils have 10 minutes to describe their school.

2a Empareja los dos grupos de palabras para hacer frases.

Reading and writing: reasons for liking/disliking school subjects. A sentence-building activity using the grid.

2b Escucha a los cinco alumnos y apunta la información en inglés.

Listening: reasons for liking/disliking school subjects.

Answers

	subject	likes or dislikes	reason
1	English	loves	likes teacher
2	maths	strongly dislikes	difficult, lessons every day
3	sciences	likes	easy
4	ICT	hates	boring
5	biology	dislikes	not useful, would prefer more sport

Tapescript

1 – Bueno, me encanta el inglés. Es que la profesora es muy, muy simpática. Me gusta mucho. Me gustaría estudiar el inglés en la universidad.

2 – No me gustan nada las matemáticas. Son muy difíciles. Tengo clases todos los días: lunes, matemáticas; martes, matemáticas … Es imposible.

3 – A mí se me dan bien las ciencias. Son fáciles. La física es más difícil que la biología, pero entiendo bastante bien.

4 – Odio la informática. Los ordenadores son aburridos. A mi hermano le gustan los ordenadores pero yo prefiero leer un libro.

5 – No me gusta la biología. No es útil para mí. Quiero ser futbolista. No necesito biología. Me gustaría hacer más deporte en el colegio.

2c Con tu compañero/a pregunta y contesta.

Speaking: reasons for liking/disliking school subjects.

2d Túrnate con tu compañero/a. Habla un minuto o más sobre las asignaturas. Intenta romper el récord de tu compañero/a.

Speaking: reasons for liking/disliking school subjects. This is intended to elicit extended utterances which will help students with their presentations. Encourage them to structure what they want to say. They could record it in class or for homework and have it corrected.

2e Usando las frases de 2a, escribe un mensaje a un amigo español sobre lo que estudias y tus opiniones.

Writing. Activity consolidating the material on this spread.

Main topics and objectives

Describing daily routine

Grammar

Reflexive verbs
Stem-changing verbs

Skills

Personal descriptions and daily routine are common exam topics so should be learnt

Key language

¿A qué hora te despiertas/tomas el desayuno/ llegas/comes? (etc.)
¿Cómo vas al colegio?
¿Cuánto tiempo duran las clases?
¿Qué haces durante el recreo/después de las clases?

Me levanto/Salgo de casa/Vuelvo a casa/Me acuesto (etc.) a las …
Me ducho. Me visto. Me pongo el uniforme.
Me arreglo. Me duermo.
Me voy al colegio en autobús/bici. (etc.)
¿A qué hora empiezan las clases/es el recreo?
Las clases empiezan a las …/duran …
Durante el recreo/Después de las clases hay clubs/ un taller de teatro. (etc.)

Resources

Cassette A, side 2
CD 1, track 9
Cuaderno pp. 8–13
Hablar p. 35
Trabajo de curso pp. 150–151
Leer y escribir pp. 162–163
Gramática 5.4 (p. 190)

1a Susana habla de su rutina diaria. Empareja las frases y los dibujos.

Reading: daily routine. Students match sentences describing personal routine with pictures.

Answers

1 D,	2 E,	3 A,	4 I,	5 C,	6 B,	7 J,	8 G,	9 F,	10 H

1b Escucha las entrevistas con Carlos, Graciela y Miguel. Escribe el número y la letra de la frase correcta para cada persona.

Listening: daily routine.

Answers

Carlos	1 c,	2 c,	3 b,	4 b
Graciela	1 b,	2 b,	3 c,	4 c
Miguel	1 a,	2 a,	3 a,	4 a

Tapescript

Interviewer: *Carlos, ¿a qué hora te levantas un día de colegio?*
Carlos: *Normalmente me despierto a las siete y me levanto a las siete y media.*
Interviewer: *¿Llevas uniforme?*
Carlos: *No, me pongo una camisa y unos vaqueros.*
Interviewer: *¿Tienes tiempo para ducharte?*
Carlos: *No, me lavo en el cuarto de baño y salgo de casa a las ocho.*
Interviewer: *¿No tomas el desayuno?*
Carlos: *No, no tengo tiempo.*
Interviewer: *¿Vas al colegio en el autocar?*
Carlos: *No, voy andando.*

Interviewer: *¿Y tú, Graciela? ¿Te despiertas temprano por la mañana?*
Graciela: *Me despierto a las siete y cuarto más o menos.*
Interviewer: *¿Te duchas?*
Graciela: *No, me baño. Prefiero bañarme.*
Interviewer: *¿Llevas uniforme?*
Graciela: *No, me pongo una blusa y una falda. No me gustan los uniformes.*
Interviewer: *¿Desayunas en casa?*
Graciela: *Sí. Tomo café con leche y tostadas normalmente.*
Interviewer: *¿Cómo vas al instituto?*
Graciela: *Voy con mis amigos en el autocar.*

Interviewer: *¿A qué hora te levantas, Miguel?*
Miguel: *Yo, a las siete – muy, muy temprano.*
Interviewer: *¿Qué haces después?*
Miguel: *Voy al cuarto de baño y me ducho de prisa.*
Interviewer: *¿Llevas uniforme?*
Miguel: *Sí, pantalones, chaqueta, corbata, todo.*
Interviewer: *¿Desayunas?*
Miguel: *Sí, mi madre me prepara algo en la cocina.*
Interviewer: *¿Y cómo vas al instituto?*
Miguel: *Vivo bastante cerca y voy en bicicleta. Es más práctico.*

1c Haz preguntas a tus compañeros. Apunta sus respuestas.

Speaking: daily routine. This could be turned into a survey *(sondeo)* and the data collected by the teacher or the students.

Gramática

Stem-changing verbs.

1d Haz una descripción de tu rutina diaria.

Writing: personal routine.

2a Lee las dos cartas y apunta las diferencias entre las experiencias de las dos personas.

Reading: daily routine. Students can note down the differences in Spanish, or in English if preferred. The answers that follow are simply suggestions.

Answers

Javier	Rocío
Javier empieza a las cinco.	Rocío empieza a las ocho.
En el instituto de Javier hay dos pausas de quince minutos.	En el colegio de Rocío hay un recreo de treinta minutos/media hora.
Las clases duran cincuenta minutos.	Las clases duran una hora.
Termina a las diez y media (de la noche).	Termina por la tarde a las cinco y media.
Javier tiene que trabajar por la mañana.	Hay actividades y clubs en el colegio.

¡Ojo!

Personal descriptions and daily routine as common exam topics.

2b Escucha las descripciones de Alicia, Víctor y Marta y apunta la información.

Listening: the school timetable. More able students will be able to give additional information about each speaker and can be invited to do so while the answers are being checked.

Answers

	Alicia	Víctor	Marta
las clases empiezan	8.30	8.00	8.15
hay recreo	10.30	10.45	11.15
la hora de comer	1.00	1.05	1.45
las clases empiezan por la tarde	3.30	3.45	4.00
las clases terminan	5.30	5.35	6.00

Tapescript

Alicia: *Llego al colegio a las ocho y cuarto y las clases empiezan a las ocho y media. El profesor pasa lista y las clases duran una hora. Hay recreo a las diez y media. Suelo tomar un bocadillo en el comedor. Luego hay clases de once a una. A la una vamos a un café para tomar algo. Por la tarde, las clases empiezan a las tres y media y terminan a las cinco y media. Vuelvo a casa a las seis.*

Víctor: *Las clases empiezan temprano, a las ocho. Hay tres clases de cincuenta y cinco minutos y hay recreo a las once menos cuarto. Juego con mis amigos al baloncesto. Las clases empiezan otra vez a las once y cuarto y terminan a la una y cinco. Por la tarde hay clases entre las cuatro menos cuarto y las seis menos veinticinco.*

Marta: *Yo llego al instituto a las ocho menos diez y las clases empiezan a las ocho y cuarto. Las clases duran una hora y hay recreo a las once y cuarto. Charlo con mis amigas en el patio. Luego hay clases entre las doce menos cuarto y las dos menos cuarto. Por la tarde empezamos a las cuatro y terminamos a las seis.*

2c Con tu compañero/a pregunta y contesta.

Speaking activity: the school timetable. Pairwork.

2d Haz una descripción completa de un día de colegio. Si lo haces en el ordenador, lo puedes incluir en tu fichero personal.

Writing activity: the school timetable. Pupils describe a typical school day, consolidating the material on this spread.

módulo 2 — 3 *Actividades extraescolares*

(Student's Book pages 28–29)

Main topics and objectives

Talking about extra-curricular activities
Describing the activities you do at school

Grammar

Impersonal verbs (*se puede, se necesita, se debe* + infinitive)
El + day/*Los* + plural day
Negatives

Key language

Cuando llego, charlo con mis amigos/estudio en la biblioteca.
En el recreo/Durante la hora de comer como en el comedor/juego en el patio/toco el piano/canto en el coro.
Hay un club de teatro/fotografía/ajedrez/gimnasia.
Hay un taller de música/arte.
Hay un coro/una orquesta/una excursión.
Hay un equipo de baloncesto/tenis/fútbol/voleibol.
Se puede hacer atletismo/jugar al balonmano.
Hago deporte todos los días.
Voy a la piscina una vez a la semana.
tres veces al mes, los miércoles, por la tarde (etc.)
No juego ni … ni … No hago nada.
No hablo con nadie. Nunca voy al club.

Resources

Cassette A, side 1
CD 1, track 9
Cuaderno pp. 8–13
Hablar p. 35
Trabajo de curso pp. 150–151
Leer y escribir pp. 162–163
Gramática 1.3 (p. 181), 5.5 (p. 190), 5.6 (p. 191)

1a Lee esta información en Internet sobre el Instituto Internacional y busca las palabras que no conoces en un diccionario. Decide si las frases son verdad o mentira y corrige las frases falsas.

Reading: extra-curricular activities. This true/false reading comprehension task also involves dictionary work. Students should be encouraged to ask for the necessary vocabulary to describe their own extra-curricular activities in detail.

Answers

1 ✗ Se puede hacer teatro en el tercer trimestre.
2 ✓
3 ✗ Se puede hacer atletismo durante el tercer trimestre.
4 ✗ Se puede visitar Toledo.
5 ✓
6 ✗ Hay un club de francés e inglés.
7 ✗ Se puede jugar en el equipo de fútbol en el primer y el segundo trimestre.

Gramática

Impersonal verbs: se puede, se necesita, se debe.

1b Escucha las entrevistas con alumnos (1–6) que describen su colegio. Apunta las actividades que hay.

Listening: extra-curricular activities.

Answers

1 baloncesto, tenis, fútbol, fotografía
2 teatro, informática
3 coro, orquesta
4 fotografía, excursiones
5 ajedrez, idiomas, deportes: voleibol y baloncesto
6 taller de arte

Tapescript

1 – ¿Qué actividades hay en tu colegio?
– Bueno, se puede hacer deporte: baloncesto, tenis, fútbol … También fotografía. Estoy en el club desde hace dos años. Me encanta sacar fotos. Nos reunimos después de las clases una vez a la semana.

2 – ¿Qué actividades extraescolares se pueden hacer en el colegio?
– Hay un club de teatro después de las clases. Hay también un buen club de informática durante la hora de comer. Voy al club de informática desde hace cinco años. Ayudo a los jóvenes.

3 – ¿Qué se puede hacer en el tiempo libre en el colegio?
– Hay un coro y una orquesta. Yo toco la trompeta y canto en el coro. Me gusta mucho. Prefiero cantar. Lo hago desde hace cuatro años.

4 – ¿Hay actividades después de las clases?
– Sí, hay un club de fotografía y hay excursiones. La semana pasada fuimos de excursión a un pueblo muy antiguo con casas bonitas. Saqué unas fotos muy buenas.

5 – ¿Qué se puede hacer en el colegio durante la hora de comer?
– Hay un club de ajedrez y un club de idiomas. También después de clases hay deportes: voleibol y baloncesto.

6 – ¿Hay actividades extraescolares?
– Sí, hay un taller de arte todos los días durante la hora de comer. Dura una hora aproximadamente.

1c Usando las frases claves a la derecha, describe a tu compañero/a lo que haces y cuándo.

Speaking: extra-curricular activities. The grid on page 28 will help students to form appropriate sentences.

2a Pon las frases en orden: más frecuencia → menos frecuencia.

Reading: ranking expressions of frequency.

Answers

> Voy a la piscina dos veces al día, por la mañana y por la tarde.
> Juego todos los días.
> Hay un club de deporte todos los días excepto los lunes.
> Hago deporte tres veces a la semana.
> Hay un taller de arte los lunes y los miércoles.
> Hay un club una vez a la semana.
> Hay una excursión dos veces al mes.
> No voy nunca.

Gramática

El domingo/Los domingos *(contrasting* el + *day with* los + *plural day).*

2b Lee la información sobre tres alumnos muy diferentes. Luego escucha (1–6). ¿Quién habla?

Listening: extra-curricular activities. Ensure that students have understood the three texts before playing the recording. As a pre-listening activity, you could make statements and the students say who would say that.

Answers

> **1** Antonio, **2** Sonia, **3** Isabel, **4** Antonio, **5** Isabel, **6** Sonia

Tapescript

1 – Voy al club de idiomas una vez a la semana. Me interesan los idiomas.

2 – No hago deporte, no toco un instrumento. No hago nada.

3 – Voy a la piscina dos veces a la semana. Me gusta mucho nadar. No hago otras actividades extraescolares.

4 – No tengo tiempo para ir al taller de arte, porque canto en el coro y toco un instrumento en la orquesta.

5 – El jueves voy a jugar al voleibol. No tengo mucho tiempo pero me gusta hacerlo.

6 – No me gustan nada las actividades extraescolares.

2c Escribe una página web para tu colegio ideal con muchas actividades.

Writing. A summarising activity designed to practise all that has gone before.

Gramática

Negatives (no + nunca/nada/nadie/ni … ni).

4 Planes para las vacaciones

(Student's Book pages 30–31)

Main topics and objectives

Talking about holiday plans
Describing a school of the future

Grammar

The future tense

Key language

¿Qué harás durante las vacaciones?
¿Adónde irás? ¿Con quién? ¿Cuándo irás?
Iré con mis padres/con amigos.
Iremos a Tenerife/a las montañas a esquiar/a la playa.
Visitaré a familiares/a amigos.
Me quedaré en casa.
Mis primos vendrán.
Tomaré el sol.
Nos quedaremos en un hotel.
Cenaremos en buenos restaurantes.

Trabajaré. Estudiaré. Descansaré. (etc.)
Iré el 23 de julio y pasaré una semana/unos días allí.
El colegio del futuro (no) será como el colegio de hoy.
(No) habrá …
Empezará a …
Los estudiantes (no) irán …/(no) tendrán …/(no) llevarán …
Los profesores (no) serán …/se comunicarán …
Las clases/los deberes durarán …
Se podrá …

Resources

Cassette A, side 1
CD 1, track 11
Cuaderno pp. 8–13
Hablar p. 35
Trabajo de curso pp. 150–151
Leer y escribir pp. 162–163
Gramática 5.14 (p. 195)

Gramática

The future tense.

1a Lee las frases e identifica los verbos que se refieren al futuro.

Reading: plans for the future. Contrasting sentences about future plans with sentences in the present tense. Students simply identify verbs in the future tense.

Answers

estaré, escribiré, jugaré, cenaré, hara

1b Now imagine that your holidays are coming to an end. You'll need to change all the future tenses to the present and vice versa.

Writing. Activity using the future tense.

1c Escucha a Santi, Inma y Juan Gabriel. Usando las expresiones de abajo, apunta lo que harán, dónde y cuándo.

Listening: plans for the holidays.

Answers

	¿Qué?	¿Dónde?	¿Cuándo?
Santi	visitará a familiares	en el campo	23 de diciembre
Inma	irá a esquiar	en las montañas	2 de enero
Juan Gabriel	se quedará aquí	en casa	todos los días

Tapescript

1 – Santi, ¿qué harás tú durante las vacaciones?
 – Visitaré a mis abuelos.
 – ¿Dónde viven?
 – Viven en el campo bastante lejos.
 – ¿Cuándo irás?
 – Iré el 23 de diciembre y pasaré una semana allí.
2 – Inma, ¿qué harás tú durante las vacaciones de Navidad?
 – Iremos mis padres y yo a las montañas a esquiar.
 – ¿A las montañas?
 – Sí, a los Pirineos.
 – ¿Cuándo iréis?
 – El 2 de enero para unos días.
3 – Juan Gabriel, ¿qué harás tú?
 – Me quedaré aquí en casa.
 – ¿Todo el tiempo?
 – Sí, mis abuelos vendrán como siempre.

1d Con tu compañero/a pregunta y contesta. Hay unas sugerencias en el infinitivo: tienes que cambiar los verbos al futuro.

Speaking: plans for the holidays.

2a Contesta a la carta de una amiga española.

Writing: plans for the holidays.

2b Lee la información sobre el colegio del futuro. Lee las frases y decide si son verdad o mentira.

Reading: schools in the future.

módulo 2 **En el cole**

Answers

| 1 ✗, | 2 ✓, | 3 ✗, | 4 ✗, | 5 ✓, | 6 ✓ |

2c Escucha la entrevista con el director de un instituto. Haz dos columnas bajo los títulos 'Hoy' y 'En el futuro' y apunta las diferencias.

Listening: schools in the future. A head teacher describes the present and future of a school.

Answers

Hoy	En el futuro
bastante pequeño; 500 alumnos	muy grande; 1600 alumnos
masculino	mixto
edificios antiguos	todo moderno
gimnasio, patio	polideportivo, piscina

Tapescript

Interviewer: ¿Cómo es el colegio ahora?
Principal: Es bastante pequeño con quinientos alumnos.
Interviewer: ¿Es mixto?
Principal: No, es masculino.
Interviewer: ¿Y en el futuro?
Principal: Será muy grande. Dentro de cinco años habrá 1600 alumnos y será mixto.
Interviewer: ¿Cómo son los edificios ahora?
Principal: Antiguos. Las aulas son antiguas, los laboratorios son antiguos, la biblioteca, etcétera. Todo será muy moderno: un comedor nuevo, una biblioteca nueva y una sala de informática enorme.
Interviewer: ¿Qué instalaciones deportivas tiene ahora?
Principal: Bueno, un gimnasio y el patio.
Interviewer: ¿Y en el futuro?
Principal: Construiremos un polideportivo y una piscina.
Interviewer: Muy bien.

2d Escribe sobre el colegio del futuro. Usa tu imaginación.

Writing: schools in the future. Activity encouraging an imaginative approach to what schools might be like in the future.

Topics revised

Talking about your family and your home
Talking about the area where you live
Talking about school and daily routine

1 Me presento

Conversación 1 and 2

Two general conversation topics: describing your family and describing the area where you live. Both lead questions are open-ended *(Describe a …, Dime algo sobre …)*, and areas that students should aim to cover in their reply are suggested. At Higher Tier in particular, students need to get into the habit of taking the initiative and including as much detail as possible. From the start, they should be encouraged to avoid giving brief answers. Draw attention to the general advice about general conversation questions at the top of page 34 before students tackle these conversations. They could work in pairs.

Juego de rol 1

Role-play about family, birthday and home. This and many of the later role-plays include an 'exclamation mark' prompt, commonly used in Higher Tier role-plays, to indicate that students should make up their own answer. They should first read the general advice about role-plays at the top of page 34, which includes guidance on tackling the unpredictable and unscripted elements in this section of the speaking test. The student answering the questions should cover up the examiner's column to preserve the element of unpredictability.

Juego de rol 2

Role-play about your home and bedroom.

2 En el cole

Conversación 1, 2, 3 and 4

Four general conversation topics: describing your school, saying what you do at break and lunchtime, school subjects and after-school activities. All four conversations provide opportunities for students to give opinions and back up their views with reasons. Again, students should be coached from the start to volunteer opinions whenever possible, rather than waiting to be asked.

The third conversation also invites students to use the future tense (introduced in Module 2) to talk about what they plan to do after their exams. Depending on ability, some students could be encouraged to make use of the future tense in the other question areas, too. Some may also be able to use the preterite (for example, to talk about the activities they did yesterday, after school). However, the preterite will be fully revised and extended in Module 3, so you may wish to wait until later to encourage students to use all three tenses in their general conversation work.

Juego de rol

Role-play about school subjects and lesson times.

Presentación

Students are offered a choice of three oral presentation topics: daily routine at school, family and where you live, and school uniform. Again, before tackling these, students' attention should be drawn to the general advice at the top of page 34 about preparing presentations.

módulo 2

Trabajo de curso

(Student's Book pages 150–151)

Students are given a coursework-style assignment: to write about their ideal school uniform. They are presented with a model text, comprehension tasks and preparation activities. The **Ayuda** section introduces the conditional tense and provides key expressions, as well as giving students guidance on enhancing their coursework assignment.

1 Lee el texto y traduce al inglés las expresiones en verde.

Answers

los chicos tienen que llevar – the boys have to wear
gris oscuro – dark grey
el nombre del último grupo de música de moda – the name of the latest fashionable pop group
Encima – On top
La parte de abajo – The lower part
se compondrá de vaqueros – will consist of jeans
azul claro – light blue
rayados – striped
los chicos podrán escoger – the boys will be able to choose
de marca – designer-label, branded

2 En el texto, busco lo contrario de las expresiones siguientes.

Answers

1 odio – adoro
2 los viejos – los jóvenes
3 incómodo – cómodo (cómoda)
4 claros – oscuros
5 estrechos – anchos
6 pasado – futuro
7 me gusta mucho – no me gusta nada
8 arriba – abajo

3 Imagina que eres Paca y contesta a las preguntas.

Answers

1 No, no tenemos/llevamos uniforme.
2 No, no estoy de acuerdo con el uniforme porque creo que la ropa es un buen medio de expresión para los jóvenes.
3 El uniforme ideal para los chicos será vaqueros anchos (negros o azules), camiseta, sudadera grande (marrón o rojo), chaqueta de cuero y zapatillas de deporte. Y para las chicas, vaqueros (azul claro), jersey (rayado) de lana, chaqueta de cuero (camiseta en verano) y sandalias (amarillas de cuero).
4 El mejor color sería negro o azul para los chicos y azul claro para las chicas.
5 Prefiero el algodón porque puede hacer mucho calor en España.
6 Lo más importante son los colores.

1 Lee este artículo que apareció en una revista de jóvenes y contesta a las preguntas en inglés.

Reading. Students read the text about schools in South America and answer questions in English.

Answers

1 Pupils have to take between 10 and 12 subjects.
2 They study each subject 2 or 3 times a week.
3 A pupil has to repeat a year if he or she fails the final examination.
4 Because most schools do not have sports teams/facilities.
5 The holidays last from November to the first week of February.

2 Lee las frases y decide si son verdad o mentira.

Reading. A second comprehension task, this time a true/false exercise.

Answers

1 Mentira, 2 Verdad, 3 Verdad, 4 Verdad,
5 Mentira, 6 Mentira, 7 Mentira

3 Imagina que tú eres un chico o una chica sudamericano/a que estudia en el Reino Unido por un año. Escribe una carta en español sobre tu colegio a tu amigo/a en Perú.

Writing. Students write about their school from the perspective of a visiting South American student, following a series of bullet-point prompts.

4 Lee el artículo de Pedro y contesta a las preguntas.

Reading. Questions in Spanish on a magazine-style article about the life and daily routine of a rural South American boy.

Answers

1 Se viste muy rápidamente porque tiene que traer el agua del río para el desayuno.
2 Busca la leche de la vaca.
3 Comen pan y beben leche caliente.
4 Porque deben bañarse en el río y está bastante lejos.
5 Alberto acompaña a los hermanitos de Pedro a la escuela.
6 Alberto va al pueblo para vender las frutas en el mercado.
7 Pedro da el desayuno al burro, a los perros y a los otros animales.
8 Porque va al pueblo, a la iglesia.
9 Ve a otros chicos y chicas.
10 Porque no les gusta caminar en la oscuridad.

5 Describe tu rutina durante toda la semana.

Writing. Students write about their daily routine, following a series of bullet-point prompts.

page 9

3b

2 He stays in bed an extra 10 minutes.
3 My daughter has breakfast 20 minutes before Juan.
4 He has a very quick shower at half past seven.
5 He only brushes his teeth every three days.
6 He gets dressed in a hurry.
7 He always goes out without brushing his hair.
8 He leaves the house at twenty to eight.
9 He runs to school.
10 Classes start at 8 o'clock.

4

a They come back home for something to eat at two o'clock.
b They go to bed at quarter to eleven.
c Nuria reads a little and then goes to sleep.
d You wake up at 6 o'clock and do your homework in the morning.
e My father goes out at seven o'clock, then we get dressed and have breakfast.

page 10

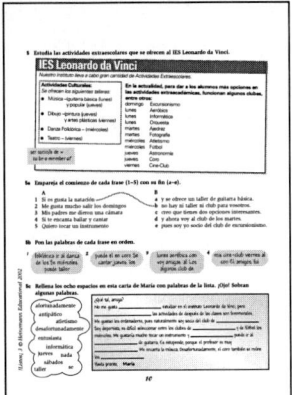

5a

1 b, 2 e, 3 d, 4 c, 5 a

5b

1 Se puede ir al taller de danza folklórica los miércoles.
2 Los jueves se puede cantar en el coro.
3 Los lunes voy al club de aeróbics con algunas amigas.
4 El viernes fui al cine-club con mis amigos.

5c

No me gusta nada estudiar …
… pero afortunadamente las actividades …
… soy socia del club de informática.
… los clubes de atletismo …
… se puede ir al taller de guitarra.
…el profesor es muy entusiasta.
… se reúne los jueves.

page 11

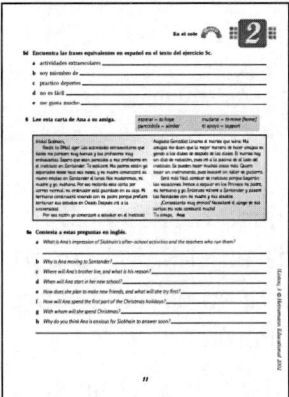

5d

a actividades de después de las clases
b soy socia de(l)
c soy deportista
d es difícil
e me encanta

6a

a The activities seem very good and the teachers enthusiastic.
b Her parents are separated, and her mother is starting a new job there.
c He will stay in Oviedo with his father to complete his studies.
d Next Monday.
e She will go to after-school clubs and will try swimming first.
f Skiing in the Pyrenees/mountains (with her brother and father).
g With her mother and grandparents.
h Moving to Santander is a big change in her life.

page 12

1

a Vuelvo a casa para cenar/comer a las nueve.
b Se acuestan a las diez.
c Maite se duerme inmediatamente.
d Vuelves y haces tus deberes.
e Salgo a las ocho, después os vestís.

2

a No iré al club de ajedrez.
b No bebo nunca agua mineral.
c No me gustan nada las matemáticas.
d No tocan ni la guitarra ni el piano.
e No habla con nadie.

3

a explicaremos
b tendré
c irás
d hablarán
e quedará
f escribiréis

a We won't explain to you again.
b Tomorrow morning I'll have to get up very early.
c Will you be going to the folkdance workshop on Thursday?
d The teachers will talk about that with my parents.
e He/She will stay here in Bilbao to finish his/her studies.
f Will you write if I change school?

Main topics and objectives	Grammar	Skills
Repaso (pp. 36–37) Ordering a meal in a restaurant Revising places in town Revising describing the weather		
1 ¡Infórmate! (pp. 38–39) Asking for tourist information		Using the near future to say what you are going to do (*voy a* + infinitive)
2 Haciendo planes (pp. 40–41) Understanding weather forecasts Understanding descriptions of Spanish festivals	Future tense	Picking out key words in weather forecasts and using common sense to understand the meaning
3 En el restaurante (pp. 42–43) Booking a table and ordering a meal Problems and complaints in a restaurant		
4 ¿Qué tal las vacaciones? (pp. 44–45) Reading about holidays	The preterite	
5 ¿Qué hiciste? (pp. 46–47) Describing what you did on holiday	The preterite Adjectives + *-ísimo*	Using a variety of tenses and giving full answers in the speaking test

Key language

¡Camarero!
¿Qué va a tomar? Voy a tomar …
De primero/segundo …
¿Y para beber/postre?
calamares, gambas, salchichón, jamón serrano, patatas
 bravas, quesos, ensalada, paella, gazpacho, sopa de
 mariscos, champiñones al ajillo, judías verdes con jamón
tortilla española/francesa, bacalao, atún, filete de cerdo,
 chuletas de cordero
helado de vainilla/fresa/chocolate, tarta helada, flan
 casero, piña, arroz con leche
vino tinto/blanco, cerveza, agua mineral (con gas), pan,
 café solo

Prefiero la carne.
Soy vegetariano.
La cuenta, por favor.
el centro comercial, el cine, el polideportivo, el parque,
 el estadio
la estación de trenes/de autobuses, la plaza mayor, la plaza
 de toros, la catedral
los bares, los restaurantes
Hace sol/viento/calor/frío.
Hace buen/mal tiempo.
Hay niebla/tormenta.
Llueve. Nieva.

¿Qué desea?
¿Tiene …? Quisiera …
un mapa de la región, un plano de la ciudad, un folleto
 de excursiones/de la ciudad/de alquiler de coches, un
 horario de trenes/de autocares
una lista de hoteles y hostales/de campings y albergues/
 de restaurantes
información sobre (lo que hay de interés en) Santander
Aquí tiene usted. ¿Algo más?
¿Me puede recomendar unos restaurantes?
Le ruego que me envíe …

Agradeciéndole de antemano,
Le saluda atentamente
¿Adónde vas a ir de vacaciones? Voy a ir a Canadá/París.
¿Con quién? Con mis padres.
¿Cuándo vas a ir? En agosto.
¿Dónde vas a quedarte? En un albergue./En casa de mi abuela.
¿Cuánto tiempo vas a estar allí? Tres semanas./Un mes.
¿Cómo vas a ir? En avión./Voy a alquilar una caravana.
¿Qué vas a hacer allí? Voy a visitar monumentos y museos/ir
 al teatro.
¿Qué hay de interés? Hay la catedral.

---

el pronóstico del tiempo/las previsiones
Para hoy/la mañana …
… (el) cielo (estará) nublado/despejado.
… habrá sol/vientos fuertes/niebla/tormentas.
… lloverá/podría llover.
… hará buen tiempo.
Temperaturas máximas/mínimas de …
¿Qué tiempo hace hoy? ¿Qué tiempo hará mañana?
La feria llegará en abril.

Tendrá lugar en las calles.
Durará nueve días.
Toda la ciudad se vestirá con los trajes tradicionales.
Se pasará el día bailando flamenco/cantando/comiendo/
 bebiendo.
Yo iré con …
Tomaremos tapas.
Volveremos a casa a las seis de la mañana.
Será estupendo.

Quisiera reservar una mesa, por favor.
¿Para qué fecha? Para hoy.
¿Para cuántas personas? Para cinco personas.
¿A qué hora? A las diez.
¿De parte de quién? De parte de …
Quisiera una mesa cerca de la ventana.
¿Hay mesas en la terraza?
¿Me trae el menú (del día)/la lista de vinos?
¿Qué recomienda?
ensalada de la casa, sopa de cebolla, ensaladilla rusa,
 guisantes con jamón, cóctel de gambas
cordero asado, bistec a la pimienta, merluza a la vasca,
 trucha con almendras, salmón, pollo al ajillo

tarta helada, flan, fruta (del tiempo), sorbete, quesos
 regionales
Lo siento, no queda.
¿Está incluido el servicio?
Hay un error (en la cuenta).
El plato/cuchillo está sucio.
La cuchara está sucia.
El vino está malo.
El café está frío.
El bistec está poco hecho.
Falta un tenedor.
No hay ni aceite ni vinagre en la mesa.

See under Unit 5 – receptive only

¿Adónde fuiste de vacaciones?
Fui a España/a la montaña.
Me quedé en casa.
¿Cómo fuiste y con quién?
Fuimos en barco/en avión.
Fui con amigos/mis padres.
¿Cuánto tiempo pasaste allí?
Pasé quince días/un fin de semana.
¿Dónde te alojaste?
Me alojé en casa de amigos/en un albergue juvenil.
¿Qué hiciste? Tomé el sol.

Di una vuelta en bicicleta.
Nadé. Saqué fotos.
Comí/Cené en restaurantes.
Jugué al tenis.
Visité castillos/museos.
Bailé. Esquié.
¿Cómo fue el viaje/la comida? ¿Qué tal fue?
Fue un desastre/muy lento/estupendo/buenísimo/
 aburridísimo/riquísima. (etc.)
Lo pasé fatal/bomba.

Main topics and objectives

Ordering a meal in a restaurant
Revising places in town
Revising describing the weather

Key language

¡Camarero!
¿Qué va a tomar? Voy a tomar …
De primero/segundo …
¿Y para beber/postre?
calamares, gambas, salchichón, jamón serrano,
patatas bravas, quesos, ensalada, paella, gazpacho,
sopa de mariscos, champiñones al ajillo, judías
verdes con jamón
tortilla española/francesa, bacalao, atún, filete de
cerdo, chuletas de cordero
helado de vainilla/fresa/chocolate, tarta helada, flan
casero, piña, arroz con leche
vino tinto/blanco, cerveza, agua mineral (con gas),
pan, café solo

Prefiero la carne.
Soy vegetariano.
La cuenta, por favor.
el centro comercial, el cine, el polideportivo,
el parque, el estadio
la estación de trenes/de autobuses, la plaza mayor,
la plaza de toros, la catedral
los bares, los restaurantes
Hace sol/viento/calor/frío.
Hace buen/mal tiempo.
Hay niebla/tormenta.
Llueve. Nieva.

Resources

Cassette A, side 2
CD 1, track 12
Cuaderno pp. 14–20
Hablar p. 64
Trabajo de curso pp. 152–153
Leer y escribir pp. 164–165

1a Escucha la conversación y haz una lista de lo que van a comer.

Listening: restaurant food. Practise the food vocabulary to ensure that students are re-familiarised with it. Play the recording once without students writing anything down. Then play it twice more to allow students to take notes. You could ask the most able students to note down what is not ordered as well.

Answers

Alicia: tortilla, gambas
Ángel: jamón serrano, salchichón
Señora: calamares

Tapescript

Señora: Vamos a tomar unas tapas. ¡Camarero! ¿Hay tapas hoy?

Camarero: Bueno, están todas aquí: hay calamares muy ricos, gambas, patatas bravas, tortilla, salchichón, un jamón serrano muy bueno y … quesos de la región.

Señora: Bien. ¿Qué vamos a tomar? Alicia, ¿quieres tortilla?

Alicia: Sí, me gusta la tortilla y también las gambas.

Señora: ¿Y tú, Ángel? ¿Las patatas bravas te apetecen?

Ángel: No, no me gustan. Yo voy a tomar el jamón serrano y el salchichón.

Señora: Y a mí no me gustan los quesos, pero los calamares sí. Voy a pedir calamares. Entonces tortilla, gambas, jamón, salchichón y calamares.

1b (a) Lee los menús del día. Busca las palabras que no conoces en un diccionario y haz una lista de ellas. (b) Decide qué menú escoge cada persona.

Reading: menus. Students read the menus and look up any unknown words. (It may be worth pointing out that even people who know a language well often find words on the menu that they don't understand.) Students then match the statements to the menus.

Answers

1 C, **2** B, **3** C, **4** C, **5** A, **6** A

1c Túrnate con tu compañero/a. Haz conversaciones (tres cada persona) usando el vocabulario de 1b.

Speaking: ordering food. Pairwork exercise.

2a Empareja los sitios con los dibujos.

Reading: places in town.

Answers

1 G, **2** H, **3** D, **4** C, **5** K, **6** L, **7** A, **8** B, **9** J, **10** I, **11** E, **12** F

2b Escucha las conversaciones (1–8). ¿Adónde quiere ir cada persona?

Listening: places in town. Students should listen to each statement twice.

Answers

> **1** centro comercial, **2** bares, **3** cine, **4** polideportivo,
> **5** estación de trenes, **6** restaurantes, **7** parque, **8** estadio

Tapescript

1 – Quisiera comprar una blusa. ¿Sabe dónde están las tiendas?

2 – Tengo sed. ¿Te apetece tomar una cerveza?

3 – ¿A qué hora empieza la película?

4 – Voy a jugar al badminton con mi primo.

5 – Voy a Madrid esta tarde y el tren sale a las cinco y media.

6 – Tengo hambre. ¿Vamos a comer algo?

7 – Hace sol y quiero dar un paseo.

8 – ¿A qué hora empieza el partido?

2c Túrnate con tu compañero/a. Mira los dibujos un minuto, luego cierra tu libro. Tu compañero/a te hace cinco preguntas. ¡A ver quién gana!

Speaking: describing the weather. Students memorise the pictures of weather conditions and then ask each other to identify the weather by giving the number of the picture. They could be given five lives each or be given a point for each correct answer.

2d Copia la postal y rellena los espacios con palabras de abajo. ¡Ojo! Sobran muchas palabras.

Writing: completing a holiday postcard. This activity brings in all the topics on the spread.

Answers

> Querida Ana:
> Hoy hace mucho **sol** y mucho calor con temperaturas de 35 grados. Esta mañana visitamos el acueducto, el castillo y la **catedral**. Esta tarde vamos a Madrid en autocar a ver un **partido** de fútbol entre el Real Madrid y el Barça. El **estadio** es inmenso.
> Ayer cenamos en un **restaurante** muy bueno. Comí una **paella** de mariscos y **chuletas** de cordero – muy típico de aquí.

Main topics and objectives

Asking for tourist information

Skills

Using the near future to say what you are going to do (*voy a* + infinitive)

Key language

¿Qué desea?
¿Tiene …? Quisiera …
un mapa de la región, un plano de la ciudad, un folleto de excursiones/de la ciudad/de alquiler de coches, un horario de trenes/de autocares
una lista de hoteles y hostales/de campings y albergues/de restaurantes
información sobre (lo que hay de interés en) Santander
Aquí tiene usted. ¿Algo más?
¿Me puede recomendar unos restaurantes?
Le ruego que me envíe …
Agradeciéndole de antemano,

Le saluda atentamente
¿Adónde vas a ir de vacaciones? Voy a ir a Canadá/París.
¿Con quién? Con mis padres.
¿Cuándo vas a ir? En agosto.
¿Dónde vas a quedarte? En un albergue./En casa de mi abuela.
¿Cuánto tiempo vas a estar allí? Tres semanas./ Un mes.
¿Cómo vas a ir? En avión./Voy a alquilar una caravana.
¿Qué vas a hacer allí? Voy a visitar monumentos y museos/ir al teatro.
¿Qué hay de interés? Hay la catedral.

Resources

Cassette A, side 2
CD 1, track 13
Cuaderno pp. 14–20
Hablar p. 64
Trabajo de curso pp. 152–153
Leer y escribir pp. 164–165

1a Empareja las listas en español e inglés.

Reading: tourist office vocabulary. Matching lists of items in Spanish and English.

Answers

1 E,	2 J,	3 F,	4 I,	5 B,	6 G,	7 C,	8 D,	9 H,	10 A

1b Escucha a los clientes (1–6) en la oficina de turismo. Apunta lo que reciben.

Listening: tourist office requests. Students should listen to the recording twice and note down what the tourists have requested. They can do this in Spanish or English, or simply write down the letters from **1a**.

Answers

1 un horario de trenes y una lista de hoteles
2 un folleto sobre Granada, un plano de Málaga, un mapa de la región y un folleto de alquiler de coches
3 una lista de hoteles y hostales
4 un folleto de excursiones, un folleto de/sobre la ciudad y un plano
5 un horario de trenes, un horario de autocares y una lista de restaurantes
6 un plano

Tapescript

1 – Perdón, señor.
  – Sí, ¿qué desea?
  – Quisiera un horario de trenes.
  – ¿Algo más?
  – Sí, una lista de hoteles.
  – Aquí tiene usted.
  – Gracias.

  – De nada.
2 – Buenos días.
  – Buenos días, ¿qué desea?
  – ¿Tiene información sobre Granada?
  – Sí, claro. ¿Cuánto tiempo va a estar aquí?
  – Una semana.
  – Muy bien. Aquí tiene un folleto.
  – ¿Me da también un plano de Málaga, por favor, y un mapa de la región?
  – Sí, señora. Aquí tiene. ¿Algo más?
  – Sí, quisiera alquilar un coche.
  – Entonces, aquí tiene un folleto.
  – Adiós.
3 – Hola. ¿Tiene una lista de campings, por favor?
  – Lo siento, no tengo. ¿Le doy una lista de hoteles y hostales?
  – Sí, gracias.
  – Hay un camping no muy lejos de aquí. Vamos a ver …
4 – Buenas tardes.
  – Muy buenas. ¿Qué quiere usted?
  – Quisiera saber qué hay de interés en Zaragoza.
  – ¿De día o de noche?
  – De día.
  – Hay unas excursiones muy buenas en autocar. Le doy un folleto.
  – Gracias. ¿Me da un folleto informativo sobre la ciudad y un plano, por favor? Muchas gracias.
  – De nada. ¡Que pase una buena estancia aquí!
5 – Buenos días.
  – ¿Qué desea?
  – ¿A qué hora salen los trenes a Buenos Aires?
  – Le doy un horario de trenes.
  – ¿Hay autocares que van también?
  – Sí, señorita. Tome, un horario de trenes y un horario de autocares.

– Gracias. ¡Ay! Se me olvidó. ¿Me da una lista de restaurantes?
– ¿Le gusta la cocina argentina o prefiere la cocina europea?
– Argentina, por favor.
– Entonces, mire hay unos buenos en este barrio.
– Gracias.
– Adiós. ¡Que aproveche!
– Adiós.
6 – Hola, ¿me puede recomendar unos restaurantes?
– Sí. Mire el plano, los restaurantes están aquí.
– ¿Tiene una lista de restaurantes?
– No, pero los restaurantes principales están marcadas en el plano.

1c Haz una conversación con tu compañero/a. Luego, escucha y compara la conversación en la oficina de turismo. Finalmente, cambia los detalles para hacer más conversaciones.

Speaking: asking for information in a tourist office. First, students prepare their dialogue. Next, they listen to the model and make comparisons. They can then correct and refine their own and finally, by changing the details, make up new dialogues which they can record or run through later with the teacher, assistant and/or class.

Tapescript

– Quisiera un plano del pueblo y un mapa de la región.
– Aquí tiene, señor. ¿Algo más?
– Sí. ¿Qué hay de interés en el pueblo?
– Hay parques, playas y hay un casino. Le doy un folleto de la ciudad.
– Quisiera también una lista de hoteles y hostales.
– Tome. ¿Quiere también una lista de restaurantes?
– Sí, gracias.
– De nada, adiós.

1d Pon las frases de esta conversación en orden. Imagina otra conversación cambiando los detalles.

Writing: tourist office phrases. Students order the sentences to form a conversation. The two colours of the speech bubbles correspond to the two speakers.

Answers

Buenos días.
Buenos días, ¿qué desea?
Quisiera información sobre lo que hay de interés en Santander.
Aquí tiene un plano y un mapa de la provincia.
¿Tiene una lista de campings?
Sí, y hay dos campings cerca de las playas del Sardinero.
¿Dónde están las playas?
Están aquí.
¿Qué hay de interés para los jóvenes?
Hay un zoo cerca de la playa.
¿A qué hora abre y cierra?
Abre a las diez y cierra a las ocho.
Muy bien, gracias.
De nada, adiós.

2a Mira la información turística y contesta a las preguntas.

Reading: tourist information. Students read the publicity about Patagonia and answer the questions. The text offers students an opportunity to find out about ecotourism and about the role of tourism in causing pollution and environmental damage. They could be encouraged to do an Internet search on *ecoturismo*; the search engine AltaVista is especially good for sites in Spain and Latin America.

Answers

1 La compañía se llama TurismoEco.
2 La Laguna de San Rafael está en Chile/Patagonia.
3 Es especial porque la naturaleza se mantiene en estado primitivo.
4 Se puede pescar y hacer excursiones.
5 Los turistas se alojan en campamentos.
6 Los turistas van en Jeep y en botes neumáticos.
7 Se puede ir entre octubre y abril.
8 Cuesta $2000 por persona.

2b Escucha a los clientes (1–4) que están en una agencia de viajes en España. Apunta sus preferencias: el país, el alojamiento y las actividades.

Listening: travel agency information. Students could draw up a grid to fill in. Notice that they aren't required to mention how long the tourists are staying, but more able students might be asked to provide this extra detail.

Answers

	País	Alojamiento	Actividades
1	Inglaterra y Escocia: Londres, York, Edimburgo	hotel	visitar monumentos y museos
2	Estados Unidos: de Los Angeles a Nueva York	alquilar una caravana	visitar muchas ciudades
3	París	hotel	ir al teatro y a un concierto
4	Canadá	en casa de abuela	visitar a amigos

Tapescript

1 – Buenos días.
  – Buenos días. ¿Adónde quiere ir?
  – Quisiera visitar Inglaterra y Escocia.
  – ¿Londres?
  – Sí, Londres y también York y Edimburgo.
  – ¿Cuánto tiempo?
  – Quince días, más o menos.
  – ¿Dónde quiere quedarse?
  – En un hotel.
  – ¿Qué le interesa hacer?
  – Bueno, visitar monumentos, museos, cosas así.
  – Vamos a ver …

2 – Buenas tardes.
  – Sí, señora. ¿Qué desea?
  – Quisiera ir de vacaciones a los Estados Unidos.
  – ¿Adónde exactamente?
  – Quiero ir de Los Angeles a Nueva York.
  – ¿Cuánto tiempo quiere pasar allí?
  – Un mes.
  – ¿Cómo va a viajar?
  – Vamos a alquilar una caravana y a visitar muchas ciudades en el camino.
  – ¡Ay! ¡Qué bien!

3 – Perdón, señor.
  – ¿Sí?
  – Quisiera ir a París a pasar un fin de semana.
  – Muy bien. ¿Usted quiere un hotel en el centro de París?
  – Sí, por favor. Vamos a ir al teatro y a un concierto.
  – Bueno …

4 – Buenos días.
  – Buenos días, ¿qué desea?
  – Quiero ir a Canadá a ver a mi abuela que vive allí.
  – ¿Cuánto tiempo quiere pasar en Canadá?
  – Tres semanas.
  – Usted va a quedarse en un albergue?
  – No, voy a quedarme en casa de mi abuela. También voy a visitar a amigos.
  – Muy bien …

2c Con tu compañero/a haz cinco conversaciones usando las preguntas de abajo. ¡Ojo! No puedes repetir un detalle.

Speaking: asking for information about holidays. The pairwork activity is straightforward. The requirement that students avoid repeating any piece of information creates an additional challenge and could introduce an sense of competition. Elements of challenge, competition or chance can often sustain pairwork.

2d Escribe una carta a la oficina de turismo como el ejemplo. Indica qué tipo de alojamiento quieres (hotel, camping, albergue), cuándo quieres ir y para cuánto tiempo.

Writing: letter to a tourist office. You may want to provide a more detailed writing frame for this type of official letter.

¡Ojo!
Voy a + *infinitive.*

módulo 3

2 Haciendo planes

(Student's Book pages 40–41)

Main topics and objectives

Understanding weather forecasts
Understanding descriptions of Spanish festivals

Grammar

Future tense

Skills

Picking out key words in weather forecasts and using common sense to understand the meaning

Key language

el pronóstico del tiempo/las previsiones
Para hoy/la mañana …
… (el) cielo (estará) nublado/despejado.
… habrá sol/vientos fuertes/niebla/tormentas.
… lloverá/podría llover.
… hará buen tiempo.

Temperaturas máximas/mínimas de …
¿Qué tiempo hace hoy? ¿Qué tiempo hará mañana?
La feria llegará en abril.
Tendrá lugar en las calles.
Durará nueve días.
Toda la ciudad se vestirá con los trajes tradicionales.
Se pasará el día bailando flamenco/cantando/comiendo/bebiendo.
Yo iré con …
Tomaremos tapas.
Volveremos a casa a las seis de la mañana.
Será estupendo.

Resources

Cassette A, side 2
CD 1, track 14
Cuaderno pp. 14–20
Hablar p. 64
Trabajo de curso pp. 152–153
Leer y escribir pp.164–165

1a Estás en Santander y miras el pronóstico del tiempo en una página web. ¿Qué día es el mejor para las personas que hablan?

Reading: weather forecasts. Students match the sentences with the forecasts.

Answers

1 martes, 2 miércoles, 3 miércoles, 4 martes,
5 jueves, 6 jueves

¡Ojo!

Picking out key words in weather forecasts and using general knowledge to predict meaning.

1b Escucha las previsiones en la radio (1–4). Apunta la información.

Listening: weather forecasts. Students should listen to the forecasts several times. In this case, it would be helpful to give plenty of pre-listening practice of the different types of information and play the first item as an example. You could support less able students by giving them the grid on the right with just a few details missing.

Answers

	Fecha	Mañana	Tarde	Noche	Temperaturas máx/mín
1	22/6	cielo despejado	mucho sol	cielo despejado	32/22
2	27/7	niebla	lloverá	tormenta y vientos	25/17
3	1/9	nubes	sol	cielo despejado	26/16
4	5/8	sol, temperaturas altas	sol, cielo despejado	cielo despejado	34/27

Tapescript

1 – Buenos días. Las previsiones para hoy lunes, 22 de junio. Por la mañana cielo despejado y mucho sol por la tarde. Por la noche habrá cielo despejado. Temperaturas máximas de 32, mínimas de 22.

2 – Muy buenos días. Aquí el pronóstico para hoy, 27 de julio. Temperaturas bajas hoy. Por la mañana habrá niebla y por la tarde lloverá por toda la provincia. Por la noche habrá intervalos tormentosos y vientos. Temperaturas máximas de 25, mínimas de 17.

3 – Las previsiones meteorológicas para hoy, 1 de septiembre son las siguientes: Por la mañana habrá nubes y temperaturas bastante bajas. Por la tarde sol y por la noche cielo despejado. Temperaturas máximas de 26 y mínimas de 16.

4 – Hoy, 5 de agosto. Aquí las previsiones para hoy. Por la mañana sol, sol, sol y temperaturas muy altas. Por la tarde cielo despejado y más sol. Por la noche cielo despejado. Temperaturas máximas de 34 y mínimas de 27.

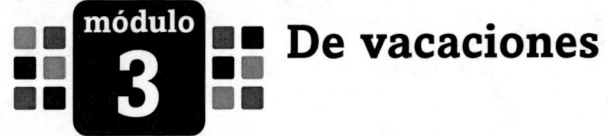

1c Copia la tabla y pon un símbolo en cada espacio. Túrnate con tu compañero/a para preguntar y contestar.

Speaking: weather descriptions. In this pairwork activity, students practise describing the weather in the present and future tenses.

2a Lee lo que escriben unos jóvenes sobre las fiestas que hay en su ciudad. Empareja las frases con las descripciones.

Reading: Spanish festivals. Comprehension activity introducing useful vocabulary associated with fiestas.

Answers

1 A,	2 C,	3 B,	4 C,	5 A,	6 B,	7 A,	8 C,	9 B

2b Si tienes acceso a Internet, busca información sobre otras fiestas: Moros y Cristianos, Carnaval de Tenerife, Semana Santa.

Reading: Spanish festivals. Students should be encouraged to use the Internet to find out more about life in Spain and the Spanish-speaking world.

3 En el restaurante

(Student's Book pages 42–43)

Main topics and objectives

Booking a table and ordering a meal
Problems and complaints in a restaurant

Key language

Quisiera reservar una mesa, por favor.
¿Para qué fecha? Para hoy.
¿Para cuántas personas? Para cinco personas.
¿A qué hora? A las diez.
¿De parte de quién? De parte de …
Quisiera una mesa cerca de la ventana.
¿Hay mesas en la terraza?
¿Me trae el menú (del día)/la lista de vinos?
¿Qué recomienda?
ensalada de la casa, sopa de cebolla, ensaladilla rusa,
guisantes con jamón, cóctel de gambas
cordero asado, bistec a la pimienta, merluza a la
vasca, trucha con almendras, salmón, pollo al ajillo
tarta helada, flan, fruta (del tiempo), sorbete,
quesos regionales

Lo siento, no queda.
¿Está incluido el servicio?
Hay un error (en la cuenta).
El plato/cuchillo está sucio.
La cuchara está sucia.
El vino está malo.
El café está frío.
El bistec está poco hecho.
Falta un tenedor.
No hay ni aceite ni vinagre en la mesa.

Resources

Cassette A, side 2
CD 1, track 15
Cuaderno pp. 14–20
Hablar p. 64
Trabajo de curso pp. 152–153
Leer y escribir pp. 164–165

1a Mira la información sobre los restaurantes y decide si las frases son verdad o mentira.

Reading: restaurant advertisements. True or false comprehension activity.

Answers

1 X, 2 ✓, 3 X, 4 ✓, 5 X, 6 ✓

1b Escucha la conversación telefónica. Pon las frases en orden: escribe las letras solamente.

Listening: booking a table. The conversation is between a waiter and a customer booking a table. Students listen to the recording and identify the sentences in order.

Answers

A, O, D, I, G, K, H, L, C, N, E, J, F, M, B, P

Tapescript

– *Restaurante Los Picos, dígame.*
– *Quisiera reservar una mesa.*
– *¿Para qué fecha?*
– *Para hoy.*
– *¿Para cuántas personas?*
– *Para cinco personas.*
– *¿A qué hora?*
– *A las diez.*
– *Lo siento, a las once, sí.*
– *Vale. Quisiera una mesa cerca de la ventana, por favor.*
– *Lo siento, hay mesas en la terraza.*
– *En la terraza, entonces.*
– *¿De parte de quién?*
– *De parte de Marisa Velázquez.*
– *Muy bien.*
– *Adiós.*

1c Haz conversaciones con tu compañero/a como en 1b.

Speaking: booking a table. Pairwork practice.

2a Lee la conversación y estudia el menú. Practica estas conversaciones con tu compañero/a usando el menú y cambiando los detalles.

Reading: menus and ordering a meal. Work through the menus with the class, making sure all the vocabulary is known. You could call out a dish and ask students to give the category (e.g. *primer plato*), or vice versa. Students then practise their own conversations.

2b ¡Camarero! Hay un problema. Mira los dibujos y emparéjalos con los problemas.

Reading: problems and complaints in a restaurant. Matching exercise.

Answers

1 H, 2 B, 3 C, 4 A, 5 E, 6 F, 7 D, 8 G

2c Escucha al camarero (1–5). ¿Cuál es el problema?

Listening: problems and complaints in a restaurant. Students match the conversations to the pictures in 2b.

Answers

1 H, 2 C, E, 3 F, 4 G, 5 A

Tapescript

1 – ¡Camarero! Mire. Aquí pone treinta y cinco euros y
  usted ha dicho treinta.
  – ¡Ay! Lo siento, señor.

2 – ¡Camarero!
  – Sí, señora.
  – Falta un cuchillo y no hay aceite.

3 – ¡Camarero! Pruebe este vino. Está malo.
  – Lo siento. Le traigo otro en seguida.

4 – ¡Camarero! He pedido el bistec bien hecho.
  – ¿Sí?
  – Bueno, está poco hecho. Mire.
  – Lo siento, señor.

5 – Mire. El plato está sucio. ¿Me da otra plato, por favor?
  – ¿Cómo no, señora? Ahora mismo.

4 ¿Qué tal las vacaciones?

(Student's Book pages 44–45)

Main topics and objectives

Reading about holidays

Grammar

The preterite

Key language

See under Unit 5 – receptive only

Resources

Cuaderno pp. 14–20
Hablar p. 64
Trabajo de curso pp. 152–153
Leer y escribir pp. 164–165
Gramática 5.10 (p. 193)

This unit consists largely of reading matter about holidays, and the language is used mainly for receptive purposes.

1a Haz este test en una revista. Luego lee los resultados de abajo.

Reading: holiday preferences. Students read the magazine-style multi-choice test and the results.

1b Lee las cartas de tres jóvenes y emparéjalas con las frases de abajo.

Reading: accounts of holidays. Students match the sentences with the texts.

Answers

1 A,	**2** B,	**3** B,	**4** C,	**5** C,	**6** A,	**7** B,	**8** C,	**9** A

Gramática

The preterite.

Main topics and objectives

Describing what you did on holiday

Grammar

The preterite
Adjectives + -ísimo

Skills

Using a variety of tenses and giving full answers in the speaking test

Key language

¿Adónde fuiste de vacaciones?
Fui a España/a la montaña.
Me quedé en casa.
¿Cómo fuiste y con quién?
Fuimos en barco/en avión.
Fui con amigos/mis padres.
¿Cuánto tiempo pasaste allí?
Pasé quince días/un fin de semana.

¿Dónde te alojaste?
Me alojé en casa de amigos/en un albergue juvenil.
¿Qué hiciste? Tomé el sol.
Di una vuelta en bicicleta.
Nadé. Saqué fotos.
Comí/Cené en restaurantes.
Jugué al tenis.
Visité castillos/museos.
Bailé. Esquié.
¿Cómo fue el viaje/la comida? ¿Qué tal fue?
Fue un desastre/muy lento/estupendo/buenísimo/
aburridísimo/riquísima. (etc.)
Lo pasé fatal/bomba.

Resources

Cassette A, side 2
CD 1, track 16
Cuaderno pp. 14–20
Hablar p. 64
Trabajo de curso pp. 152–153
Leer y escribir pp. 164–165
Gramática 2.4 (p. 183)

1a Lee las frases claves de abajo. Si hay palabras o expresiones que no entiendes, pregunta a tu profesor(a).

Reading: past holidays. These are all key sentences when describing one's holidays and students must be able to use them all.

1b Cuatro jóvenes hablan de sus vacaciones. Escucha y apunta información en inglés sobre las vacaciones de cada persona.

Listening: past holidays. Comprehension activity on past holiday descriptions.

Answers

> 1 Ángel: South of France; by car with mother and brother; three weeks in uncle and aunt's house; went on bike rides and played volleyball with cousins; went to restaurants in the town.
> 2 María: Seville; travelled by train from Madrid; went with sister; spent a week at grandparents' house; went to see the processions and danced at night.
> 3 Jorge: Mallorca; went from Barcelona by ferry with friends; spent five days there; stayed in hotel by beach; sunbathed by day and went to bars and discos at night.
> 4 Conchi: the Pyrenees with the school; spent ten days there; camped near the border; visited San Sebastian; took a lot of photos of the countryside and the sea.

Tapescript

1 – Ángel, ¿adónde fuiste de vacaciones este año?
  – Fui al extranjero, al sur de Francia.
  – ¿Cómo fuiste y con quién?

  – Fuimos en coche, mi madre, mi hermano y yo.
  – ¿Cuánto tiempo pasaste allí?
  – Tres semanas.
  – ¿Dónde te alojaste?
  – Mis tíos tienen una casa allí.
  – ¿Qué hiciste?
  – Dimos unas vueltas en bicicleta. Jugué al voleibol con mis primos y por la noche fuimos a restaurantes en el pueblo.
  – Muy bien.
2 – María, ¿adónde fuiste de vacaciones de Semana Santa?
  – Fuimos a Sevilla como siempre.
  – ¿Cómo fuiste y con quién?
  – Fuimos en tren desde Madrid. Es muy rápido el tren. Fui con mi hermana.
  – ¿Cuánto tiempo pasaste allí?
  – Una semana.
  – ¿Dónde te alojaste?
  – En casa de mis abuelos. Viven allí desde hace setenta años.
  – ¿Qué hiciste?
  – Salimos a ver las procesiones de Semana Santa y por la noche bailamos en la fiesta.
3 – Jorge, ¿adónde fuiste tú de vacaciones?
  – Fui a Mallorca.
  – ¿Cómo fuiste y con quién?
  – Fuimos en ferry desde Barcelona con unos amigos.
  – ¿Cuánto tiempo pasaste allí?
  – Cinco días.
  – ¿Dónde te alojaste?
  – En un hotel cerca de la playa.
  – ¿Qué hiciste?
  – Durante el día tomamos el sol en la playa y por la noche fuimos a bares y a discotecas.

4 – Conchi, ¿adónde fuiste de vacaciones?
  – Fui a los Pirineos.
  – ¿Cómo fuiste y con quién?
  – Fui con el colegio. Fue un viaje de fin de curso.
  – ¿Cuánto tiempo pasaste allí?
  – Diez días.
  – ¿Dónde te alojaste?
  – Hicimos camping cerca de la frontera.
  – ¿Qué hiciste?
  – Visitamos San Sebastían. Saqué muchas fotos del
    paisaje, del mar, etcétera.

1c Con tu compañero/a imagina conversaciones usando las preguntas de abajo. Intenta decir muchas cosas.

Speaking: past holidays. Encourage extended responses and the giving of opinions, e.g. *Fuimos a Ibiza porque es una isla para jóvenes.*

¡Ojo!
Giving full answers in speaking tests.

2a Empareja las preguntas y las respuestas.

Reading: opinions about holidays. Matching activity.

Answers

1 C,	2 A,	3 F,	4 E,	5 H,	6 I,	7 G,	8 B,	9 D

2b Lee la descripción. Con tu compañero/a prepara preguntas y respuestas.

Speaking: past holidays. This activity is important because it concentrates on asking questions: students are much more used to and better at answering questions than asking them. The activity also practises the adjective suffix *-ísimo*, which is of course very useful for expressing opinions.

Gramática
*The use of -*ísimo.

2c Escribe una carta describiendo tus vacaciones. Incluye una fiesta (mira la página 41 otra vez) …

Writing. This activity brings together all the material of the module.

Trabajo de curso

(Student's Book pages 152–153)

Students are given a coursework-style assignment: to write about a past holiday. They are presented with a model text, followed by comprehension tasks and preparation activities. The **Ayuda** section demonstrates the use of past, present and future tenses and provides key expressions, as well as giving students guidance on enhancing their coursework assignment.

1 Empareja las expresiones españolas del texto con las expresiones inglesas siguientes.

Answers

| 1 h, | 2 i, | 3 c, | 4 a, | 5 g, | 6 d, | 7 e, | 8 b, | 9 j, | 10 f |

2 Contesta a las preguntas, la primera vez como Diego y la segunda vez personalmente.

Answers

1 Fui con mis padres y mi hermano mayor.
2 Fui a La Manga, en la Costa Blanca.
3 Viajamos en coche.
4 No, porque mis padres tienen un piso en La Manga.
5 Al llegar dejamos el equipaje en el piso y fuimos a cenar a un restaurante.
6 En mi opinión no es malo si no te quedas demasiado tiempo y si usas bronceador.
7 Visité con mi familia un pueblo muy pintoresco cerca del puerto.
8 Pasé las noches en la discoteca porque me encanta bailar.
9 Me gusta ir a La Manga porque hay siempre cosas que hacer.
10 El año que viene iremos a Italia y a Francia.
11 Viajaré con mi hermano.
12 Viajaremos/Iremos en tren.
13 –

1 Read the recipe for *cazuela de mariscos* and put the English instructions into the correct order, to match the Spanish recipe.

Reading. Students read the recipe and put the English version of the instructions into the correct order.

Answers

E, C, B, G, F, A, D

2 Escribe la receta de tu plato preferido en español.

Writing. Students write another recipe in Spanish, using the one on the page as a model.

3 Lee el folleto y completa el texto. Escoge las palabras de la lista.

Reading. An examination-style gap-filling exercise based on a text about the city of Cartagena in Colombia.

Answers

1 ciudad, **2** playa, **3** costa, **4** nieve, **5** sitios, **6** turistas, **7** siglos, **8** actividades, **9** murallas, **10** barcos

4 La revista de tu colegio te ha pedido que escribas un anuncio sobre tu lugar preferido: "Un lugar para los turistas".

Writing. Students write a description of their favourite place, as though advertising it to holidaymakers. A series of bullet-point prompts is given for guidance.

page 14

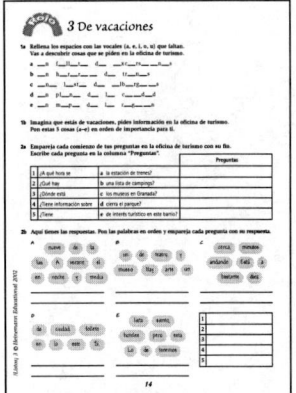

4a

bañarse en el mar – to go in the sea
hacer ciclismo – to go cycling
ir a la pista de hielo – to go to the ice rink
jugar al ajedrez – to play chess
ir de compras – to go shopping
ir de excursión – to go on a trip
participar en torneos de billar – to take part in snooker tournaments
montar a caballo – to go riding
nadar – to swim
tomar el sol – to sunbathe
ir a la bolera – to go bowling

1a

a un folleto de excursiones
b un horario de trenes
c una lista de albergues
d un plano de la ciudad
e un mapa de la región

2a

1 ¿A qué hora se cierra el parque?
2 ¿Qué hay de interés turístico en este barrio?
3 ¿Dónde está la estación de trenes?
4 ¿Tiene información sobre los museos en Granada?
5 ¿Tiene una lista de campings?

2b

a A las nueve y media de la noche en el verano.
b Hay un museo de arte y un teatro.
c Está bastante cerca, a diez minutos andando.
d Sí, en este folleto de la ciudad.
e Lo siento, pero tenemos esta lista de hoteles.

page 15

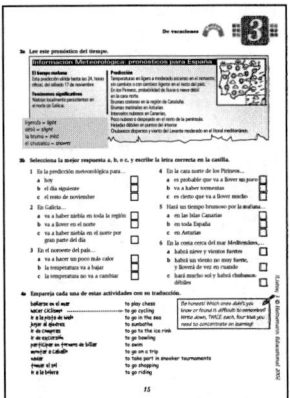

3b

1 b, **2** c, **3** a, **4** a, **5** c, **6** b

page 16

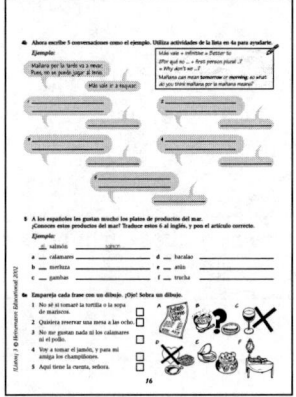

5

a los calamares – squid
b la merluza – hake
c las gambas – prawns
d el bacalao – cod
e el atún – tuna
f la trucha – trout

6a

1 B, **2** F, **3** D, **4** E, **5** A

page 17

6b

Voy a tomar el jamón, y para mi amiga los champiñones.
Aquí tiene la cuenta, señora.

–

Quisiera reservar una mesa a las ocho.
No me gustan nada ni los calamares ni el pollo.
No sé si tomaré la tortilla o la sopa de mariscos.

7a

Cuando llegamos, no había …
… faltaban los tenedores.
No había ni una sola botella.
El blanco estaba muy malo, los vasos estaban sucios.
… estaban riquísimas, pero mi pollo estaba poco hecho y
faltaba la salsa …
Había una buena selección …
… ¡otra vez no estaba el camarero!

7b

1 ✗, 2 ✓, 3 ✓, 4 ✗, 5 ✗

page 18

page 19

1

a quién
b Dónde
c Qué
d Cómo
e Cuántas
f Adónde

2

b Va a haber chubascos dispersos por toda la región.
c ¿Vas a alojarte/Te vas a alojar en un hostal?
d Vamos a sacar muchas fotos del castillo.
e ¿Qué van a hacer en este pueblo?
f Vais a tomar la trucha con judías verdes de segundo
plato, ¿verdad?
g Va a hacer mucho frío y va a llover.
h El cielo va a estar despejado.
i Lo voy a pasar bomba.
j ¿Va usted a comer en el restaurante Babosa Aturdida?

3

b La excursión fue muy aburrida.
c Bebí un vaso de agua mineral.
d ¿Pasasteis mucho tiempo en Suecia?
e Salieron en la ciudad todas las noches.
f Compraron recuerdos en el barrio antiguo.
g Empecé a conocer Menorca.
h Entró en el cine sin pagar.

page 20

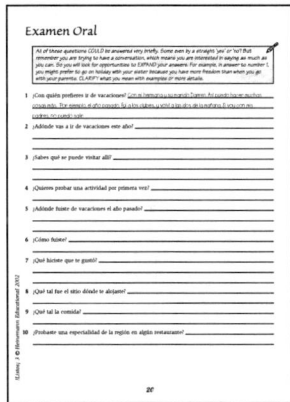

Main topics and objectives	Grammar	Skills
Repaso (pp. 50–51) Asking the way and giving directions in town		Using a dictionary before starting an activity
1 En camino (pp. 52–53) Asking for and giving travel information		
2 En la estación (pp. 54–55) Finding your way around a railway station Buying train and underground tickets Asking for information about underground travel		
3 ¿Cómo prefieres viajar? (pp. 56–57) Expressing opinions about travel and transport Describing transport in the local area Describing a difficult journey		
4 En la carretera (pp. 58–59) Reporting car breakdowns and road accidents	Imperfect and preterite	Anticipating language in a listening test to better understand meaning
5 ¿Qué pasó? (pp. 60–61) Describing what happened in an accident Reporting what you and others were doing Describing traffic problems	The imperfect continuous tense	

Key language

Perdón, señor/señorita. ¿Dónde está el/la …?	*Siga todo recto.*
¿Por dónde se va al/a la …?	*Tuerza a la izquierda (en los semáforos).*
el centro comercial, el mercado, el restaurante,	*Tome la primera/segunda/tercera (calle) a la derecha.*
el teatro, el hospital, el cine, el camping, el polideportivo,	*Cruce la plaza.*
el colegio	*Pase el puente/los semáforos.*
la agencia de viajes, la oficina de turismo, la peluquería,	*Doble la esquina.*
la estación de trenes/de autobuses/de autocares, la estación	*Está delante/detrás/enfrente/al lado/cerca/lejos del/de la …*
de servicio, la comisaría, la piscina	*Está entre la carnicería y la frutería.*
Correos	*Está en la esquina/a mano izquierda/a mano derecha.*

Está (bastante/muy) lejos/cerca de aquí.	*¿(No) hay trenes los domingos?*
¿Hay autobús? No, hay que coger el tren/el metro/un taxi.	*¿Es más fácil ir en autocar o en tren?*
¿Cuánto tiempo hace falta? Treinta minutos (más o menos).	*¿Es más rápido el autobús o el metro?*
¿A qué hora sale/llega el primer autobús/el último tren/	*¿Cuánto cuesta ida y vuelta?*
el próximo tren a Madrid?	*Ida y vuelta segunda clase, ¿cuánto es?*
Sale/Llega a las …	*Saldré de casa a las … y cogeré el tren a las …*
¿Es directo? No. Hay que cambiar en …	*El tren llegará a Madrid a las …*

información, sala de espera, salida de emergencia,	*¿Ir a Atocha es directo?*
taquilla, objetos perdidos, parking, cantina, entrada,	*Sí, es directo.*
señoras/caballeros, cambio, estación de metro, quiosco,	*¿Hay que cambiar?*
paso subterráneo, consigna automática, andén	*No, no hay que cambiar.*
Quisiera un billete de ida/ida y vuelta a Málaga.	*Coja la línea 1 dirección Plaza de Castilla y hay que*
¿Primera o segunda clase? ¿Fumador o no fumador?	*cambiar en Pacífico.*
¿De qué andén sale? Del andén número 4.	*¿Cuántas paradas hay? (Hay) dos paradas.*
¿Qué tipo de billete quiere? Un bono-metro./Un billete	
sencillo.	

¿Cómo prefieres viajar y por qué?	*¿Hay problemas con el tráfico o con la contaminación?*
Yo cojo siempre/normalmente el metro.	*En mi ciudad/pueblo hay autobuses pero no hay trenes.*
Es rápido y bastante barato.	*Hay autobuses cada quince minutos.*
Prefiero ir andando o en bicicleta.	*El último autobús sale a las …*
No hay contaminación.	*Es difícil si quieres ir …*
Es mejor para el medio ambiente.	*Hay que coger un taxi para volver a casa y los taxis*
No me gusta esperar en la parada de autobús/estar de	*son caros.*
pie en el autobús.	*Hay pistas para bicicletas.*
Me molesta la gente en el metro.	*Las ventajas de la bicicleta son que es …*
Tengo miedo a veces.	*Lo malo es que hay/puede ser …*
Me importa la independencia.	*El tren no llegó/El avión (no) salió a …*
Es cómodo.	*Hubo un retraso a causa de …*
Puedo trabajar/leer tranquilamente.	*Empezó a llover/nevar.*
Los taxis/autobuses son limpios/ruidosos.	*No tuvimos bastante dinero para …*
El avión es más rápido/no es tan cómodo.	*El viaje duró …*
¿Cómo es el transporte público donde vives?	*Llegamos a casa muy cansados.*

¡Oiga! Tengo un problema con el coche.	*¿De qué marca/color es su coche? ¿Cuál es la matrícula?*
Mi coche tiene una avería.	*Es un Mercedes negro, matrícula …*
¿Qué le pasa?	*Vengo/Llegamos en seguida.*
Tengo un problema con la batería/un pinchazo.	*¿Qué pasa? Ha habido un accidente.*
Los frenos/Las luces no funcionan.	*¿Está usted herido/a? ¿Hay algún herido?*
Se ha roto el parabrisas.	*(No) estoy herido/a.*
¿Dónde está usted exactamente?	*El conductor/La conductora (no) está herido/a.*
Estoy en la autopista A2 cerca de la salida de Lérida.	*¿Es grave? No es grave, pero necesita una ambulancia.*
Estoy entre … y …/a 2 kilómetros de …	*¿Dónde se puede llamar a una ambulancia/a la policía?*

¿Qué estaba usted haciendo?	*Una moto atropelló a un peatón/un perro.*
(Yo) estaba cruzando la calle/saliendo de la estación de	*Un coche chocó con un camión/otro coche.*
servicio/leyendo un libro.	*El peatón/La motociclista (no) fue herido/a.*
Vi/Tuve/Hubo un accidente.	*Hay obras en la carretera.*
Estaba lloviendo (mucho)/nevando.	*Los semáforos no funcionan.*
Hacía sol/viento.	*Hay retrasos muy largos.*
Empezaron a cruzar la calle en el paso de peatones.	*La carretera está bloqueada.*
El conductor frenó pero no pudo parar.	*Hay mucha lluvia/visibilidad muy reducida.*

Main topics and objectives

Asking the way and giving directions in town

Grammar

Prepositions

Skills

Using a dictionary before starting an activity

Key language

Perdón, señor/señorita. ¿Dónde está el/la …?
¿Por dónde se va al/a la …?
el centro comercial, el mercado, el restaurante,
el teatro, el hospital, el cine, el camping,
el polideportivo, el colegio
la agencia de viajes, la oficina de turismo, la peluquería,
la estación de trenes/de autobuses/de autocares, la
estación de servicio, la comisaría, la piscina

Correos
Siga todo recto.
Tuerza a la izquierda (en los semáforos).
Tome la primera/segunda/tercera (calle) a la derecha.
Cruce la plaza.
Pase el puente/los semáforos.
Doble la esquina.
Está delante/detrás/enfrente/al lado/cerca/lejos del/
de la …
Está entre la carnicería y la frutería.
Está en la esquina/a mano izquierda/a mano
derecha.

Resources

Cassette B, side 1
CD 2, track 2
Cuaderno pp. 21–26
Hablar p. 65
Leer y escribir pp. 166–167

1a Empareja los símbolos con las direcciones.

Reading: directions. You may want to revise places in town before students do this matching activity.

Answers

1 J, 2 A, 3 F, 4 D, 5 K, 6 I, 7 G, 8 B, 9 H, 10 C, 11 E

1b Mira el plano y escucha las direcciones (1–6). ¿Son verdad o mentira?

Listening: asking the way and giving directions. You could revise directions before students do this activity.

Answers

1 ✓, 2 ✗, 3 ✗, 4 ✗, 5 ✗, 6 ✓

Tapescript

1 – *Perdón, señor. ¿Por dónde se va a la estación de*
   autobuses?
 – *La estación de autobuses … vamos a ver … la tercera*
   a la derecha. Sí.
 – *Gracias.*
2 – *Señorita, ¿dónde está el hospital?*
 – *Bueno, tome la tercera a la izquierda.*
3 – *¿Me puede decir dónde está el mercado?*
 – *Sí, cruce la plaza y tome la segunda a la izquierda.*
 – *Gracias.*
 – *De nada. Adiós.*
4 – *¿El centro comercial, por favor?*
 – *Doble la esquina y pase el puente. Está muy cerca.*
5 – *Perdón, señora.*
 – *¿Sí?*
 – *¿Por dónde se va al camping?*
 – *Tome la tercera a la izquierda, todo recto en los*
   semáforos y ya está.

6 – *Perdón, señor. ¿Dónde está la comisaría?*
 – *Bueno, la comisaría. Tome la primera a la izquierda y*
   siga todo recto. Está a unos trescientos metros.
 – *Gracias. Adiós.*

1c Túrnate con tu compañero/a. Haz preguntas y decide si la respuesta es verdad o mentira.

Speaking: asking the way and giving directions. In this pairwork activity, students devise role-plays giving either correct or incorrect directions.

1d Escribe direcciones a un(a) amigo/a.

Writing: giving directions.

2a Mira el plano y la leyenda. Usted está aquí (X). ¿Qué es en cada caso?

Reading: map and directions. Students follow the directions and identify the corresponding place on the map in each case.

Answers

1 oficina de turismo, 2 estación de trenes, 3 colegio San Fernando, 4 polideportivo, 5 mercado, 6 cine

2b Escucha las conversaciones (1–5) y mira el plano. ¿Adónde van?

Listening: directions.

Answers

1 cine, 2 peluquería, 3 hospital, 4 teatro, 5 polideportivo

Tapescript

1 – *Siga todo recto y tome la primera a la derecha en los semáforos. Luego todo recto y está enfrente. Está bastante cerca.*

2 – *Tuerza a la izquierda y tome la segunda a la derecha. Tome la primera a la izquierda y está a mano izquierda enfrente de la oficina de turismo. No está lejos.*

3 – *Tuerza a la derecha. En los semáforos tuerza a la izquierda. Siga todo recto y está a mano izquierda en el cruce. Está cerca.*

4 – *Siga todo recto. Tuerza a la izquierda en los semáforos y todo recto. Está a mano derecha enfrente de Correos.*

5 – *Tuerza a la derecha. Tuerza a la izquierda en los semáforos, pase por delante del hospital y está al lado del camping. La piscina también está cerca.*

2c Túrnate con tu compañero/a para dar direcciones (cinco cada persona). ¿Adónde vais? ¡Ojo! No puedes repetir un sitio.

Speaking: giving directions. Role-play covering as many directions as possible.

Main topics and objectives

Asking for and giving travel information

Key language

Está (bastante/muy) lejos/cerca de aquí.
¿Hay autobús? No, hay que coger el tren/el metro/ un taxi.
¿Cuánto tiempo hace falta? Treinta minutos (más o menos).
¿A qué hora sale/llega el primer autobús/el último tren/el próximo tren a Madrid?
Sale/Llega a las …
¿Es directo? No. Hay que cambiar en …

¿(No) hay trenes los domingos?
¿Es más fácil ir en autocar o en tren?
¿Es más rápido el autobús o el metro?
¿Cuánto cuesta ida y vuelta?
Ida y vuelta segunda clase, ¿cuánto es?
Saldré de casa a las … y cogeré el tren a las …
El tren llegará a Madrid a las …

Resources

Cassette B, side 1
CD 2, track 3
Cuaderno pp. 21–26
Hablar p. 65
Leer y escribir pp. 166–167

1a Escucha cuatro conversaciones entre turistas y gente en la calle. Rellena los espacios en cada caso.

Listening: distance, transport and journey time.

Answers

	1	2	3	4
A	a la estación de autocares	a la estación de RENFE	al ferry	a la estación de autobuses
B	lejos	bastante cerca	muy lejos	muy cerca
C	cinco	dos	diez	dos
D	autobús	autobús	autobús	una parada de taxis
E	el metro	un taxi	el tren	el autobús número 5
F	treinta	diez	quince	veinticinco

Tapescript

1 – *Perdón, señora. ¿Por dónde se va a la estación de autocares, por favor?*
 – *Está lejos de aquí a unos cinco kilómetros.*
 – *¿Hay autobús?*
 – *No, hay que coger el metro.*
 – *¿Cuánto tiempo hace falta?*
 – *30 minutos.*
 – *Gracias, adiós.*
2 – *Perdón, señor. ¿Por dónde se va a la estación de RENFE, por favor?*
 – *Está bastante cerca de aquí a unos dos kilómetros.*
 – *¿Hay autobús?*
 – *No, hay que coger un taxi.*
 – *¿Cuánto tiempo hace falta?*
 – *Diez minutos en taxi.*
 – *Gracias, adiós.*
3 – *Perdón, señor. ¿Por dónde se va al ferry, por favor?*
 – *Está muy lejos de aquí a unos diez kilómetros.*
 – *¿Hay autobús?*
 – *No, hay que coger el tren.*
 – *¿Cuánto tiempo hace falta?*

 – *Quince minutos. Es directo.*
 – *Gracias, adiós.*
4 – *Perdón, señora. ¿Por dónde se va a la estación de autobuses, por favor?*
 – *Está muy cerca de aquí a unos dos kilómetros.*
 – *¿Hay una parada de taxis cerca de aquí?*
 – *No, hay que coger el autobús número 5.*
 – *¿Cuánto tiempo hace falta?*
 – *Veinticinco minutos más o menos.*
 – *Gracias, adiós.*

1b Haz conversaciones usando las frases de 1a.

Speaking: distance, transport and journey time.
Students do role-plays using the visual cues provided.

1c En la oficina de información quieres saber: A cómo ir; B la hora; C cuánto cuesta; D problemas. Mira las preguntas. ¿A qué categoría (A–D) corresponden?

Reading: travel information. Categorising activity: students read the questions and decide whether they refer to A, B, C or D.

Answers

1 B, **2** D, **3** A, **4** B, **5** C, **6** D, **7** C, **8** A

2a Mira el horario y contesta a las preguntas.

Reading: train timetable. Students study the timetable and work out the best train for each traveller.

Answers

1 TALGO de las nueve
2 INTERCITY de las ocho
3 INTERCITY de las ocho
4 TALGO de las siete
5 TALGO de las siete
6 TALGO de las once
7 TALGO de las nueve
8 Tren Hotel de las 00.46

2b Escucha la información (1–5). Decide si las horas son correctas o no. Si no son correctas, corrígelas.

Listening: train journey information.

Answers

> **1** ✗ El tren llega a las cuatro dieciséis.
> **2** ✓
> **3** ✗ Llega a las dos de la tarde.
> **4** ✓
> **5** ✗ Sale a las cero cero cuarenta y seis.

Tapescript

1 – ¿A qué hora llega el primer tren de Madrid a Zaragoza?
 – El primer tren del día llega a Zaragoza a las cuatro y diecisiete.
2 – ¿A qué hora sale el Intercity a Zaragoza por la mañana?
 – Sale a las ocho en punto.
3 – ¿A qué hora llega el TALGO de las once?
 – Llega a las doce.
4 – El tren de las siete, ¿qué tipo de tren es?
 – Es un TALGO.
5 – ¿A qué hora sale el Tren Hotel?
 – A la una y cuarenta y seis.
 – ¿Se puede comer en el tren?
 – Sí, señor.

2c Con tu compañero/a haz conversaciones siguiendo el ejemplo.

Speaking: train journey information. Students do role-plays using the cues provided.

2d Escribe un mensaje electrónico dando información sobre tu viaje. Usa el futuro.

Writing: describing a planned journey.

Main topics and objectives

Finding your way around a railway station
Buying train and underground tickets
Asking for information about underground travel

Key language

*información, sala de espera, salida de emergencia,
taquilla, objetos perdidos, parking, cantina, entrada,
señoras/caballeros, cambio, estación de metro, quiosco,
paso subterráneo, consigna automática, andén
Quisiera un billete de ida/ida y vuelta a Málaga.
¿Primera o segunda clase? ¿Fumador o no fumador?
¿De qué andén sale? Del andén número 4.
¿Qué tipo de billete quiere?*

*Un bono-metro./Un billete sencillo.
¿Ir a Atocha es directo?
Sí, es directo.
¿Hay que cambiar?
No, no hay que cambiar.
Coja la línea 1 dirección Plaza de Castilla y hay que
cambiar en Pacífico.
¿Cuántas paradas hay? (Hay) dos paradas.*

Resources

Cassette B, side 1
CD 2, track 4
Cuaderno pp. 21–26
Hablar p. 65
Leer y escribir pp. 166–167

1a ¿Adónde vas para …?

Reading: facilities in a railway station. Matching
descriptions and places.

Answers

| 1 B, | 2 M, | 3 E, | 4 F, | 5 N, | 6 G, | 7 O, | 8 J, | 9 A, |
| 10 D, | 11 H, | 12 K, | 13 I, | 14 L, | 15 C | | | |

1b Escucha a los viajeros (1–8). Apunta la letra
del sitio que necesitan.

Listening: facilities in a railway station.

Answers

| 1 K, | 2 O, | 3 G, | 4 L, | 5 D, | 6 A, | 7 E, | 8 N |

Tapescript

1 – Tengo que coger el metro pero no sé adónde ir.
2 – ¿Cómo se llega al andén número 4, por favor?
3 – Tengo hambre. ¿Quieres un bocadillo?
4 – No tengo nada que leer en el tren. Voy a comprarme un
periódico.
5 – No tengo billete. Voy a sacar mi billete. Espera aquí un
momento.
6 – ¿A qué hora sale el próximo tren? No tengo ni idea.
7 – He perdido mi maleta. La dejé aquí y no está ahora.
8 – El tren sale en dos horas. Vamos a dejar los bolsos.

1c Túrnate con tu compañero/a.

Speaking: asking for facilities in a station. Guided
role-play.

1d En la taquilla compras el billete. Sigue el
ejemplo y usa las palabras de abajo.

Speaking: at the station ticket office. Role-plays using
the model and cues provided.

2a Viajar en metro es un poco diferente. Lee la
conversación y apunta las palabras y
expresiones nuevas.

Reading: underground travel. Students note down the
vocabulary that is different from the vocabulary they
have used in the railway station context.

2b Escucha las conversaciones (1–4) y sigue
las direcciones en el mapa del metro. Estás
en Legazpi.

Listening: underground travel. The metro map
(although simplified) is quite complex, so some pre-
listening activities may be helpful.

Tapescript

1 – Perdón, señora. ¿Para ir a Gran Vía?
– Coja la línea 3.
– ¿Hay que cambiar?
– Sí, en Sol. Coja la línea 1. Es una parada.
– Gracias.
– De nada.
2 – Señorita, ¿por dónde se va a Buenos Aires?
– Coja la línea 6 a Pacífico y luego la línea 1 dirección
Congosto.
– ¿Buenos Aires está cerca de Pacífico?
– Sí, cuatro paradas.
3 – Quisiera ir a Goya.
– Vale. Coja la línea 3 a Sol.
– ¿Y luego?
– Línea 2 dirección Ventas.
– Gracias.
4 – Quisiera ir a Moncloa.
– Es muy fácil. Línea 3 y no hay que cambiar. Es directo.
– Gracias.

2c Con tu compañero/a haz conversaciones
usando estas preguntas.

Speaking: underground travel. Students practise
asking for information about underground routes.

2d Escucha los anuncios (1–4). Apunta la información importante.

Listening: train travel announcements. Comprehension activity. It may be advisable to let some students listen for one detail at a time: type of train; platform; leaving/arriving; arrival/departure time.

Answers

1 TALGO from Bilbao, arriving at 13.50, platform 3
2 AVE from Seville, on platform 1, leaving in 10 minutes
3 Express train to Santiago, on platform 8, leaving in 2 minutes
4 TALGO from Barcelona, arriving on platform 5

Tapescript

1 – *¡Atención! ¡Atención! El tren TALGO procedente de Bilbao que tiene su llegada a las 13.50 efectuará su llegada por vía 3.*

2 – *¡Atención! ¡Atención! El AVE de Sevilla está en la vía 1. Faltan diez minutos para que efectúe su salida.*

3 – *¡Atención! ¡Atención! El tren expreso Costa Verde con destino a Santiago está en la vía 8. Faltan dos minutos para que efectúe su salida.*

4 – *¡Atención! ¡Atención! El tren TALGO procedente de Barcelona efectuará su llegada por vía 5.*

3 ¿Cómo prefieres viajar?

(Student's Book pages 56–57)

Main topics and objectives

Expressing opinions about travel and transport
Describing public transport in the local area
Describing a difficult journey

Key language

¿Cómo prefieres viajar y por qué?
Yo cojo siempre/normalmente el metro.
Es rápido y bastante barato.
Prefiero ir andando o en bicicleta.
No hay contaminación.
Es mejor para el medio ambiente.
No me gusta esperar en la parada de autobús/estar de pie en el autobús.
Me molesta la gente en el metro.
Tengo miedo a veces.
Me importa la independencia.
Es cómodo.
Puedo trabajar/leer tranquilamente.
Los taxis/autobuses son limpios/ruidosos.
El avión es más rápido/no es tan cómodo.
¿Cómo es el transporte público donde vives?
¿Hay problemas con el tráfico o con la contaminación?

En mi ciudad/pueblo hay autobuses pero no hay trenes.
Hay autobuses cada quince minutos.
El último autobús sale a las ...
Es difícil si quieres ir ...
Hay que coger un taxi para volver a casa y los taxis son caros.
Hay pistas para bicicletas.
Las ventajas de la bicicleta son que es ...
Lo malo es que hay/puede ser ...
El tren no llegó/El avión (no) salió a ...
Hubo un retraso a causa de ...
Empezó a llover/nevar.
No tuvimos bastante dinero para ...
El viaje duró ...
Llegamos a casa muy cansados.

Resources

Cassette B, side 1
CD 2, track 5
Cuaderno pp. 21–26
Hablar p. 65
Leer y escribir pp. 166–167

1a Lee las opiniones de unos españoles. Haz dos listas (en español) de los argumentos a favor del transporte público y en contra.

Reading: transport preferences. Students can write just the letters.

Answers

A favor: A, E, F, (G)	En contra: B, C, D, (H)

1b Escucha las opiniones (1–4). De las personas en 1a, apunta quién habla (A–H).

Listening: transport preferences. Students will need time to read the statements in 1a again carefully before listening. Neither the reading nor the listening is particularly difficult, but the combination adds complications and increases the challenge.

Answers

1 D, 2 B, 3 E, 4 H

Tapescript

1 – *Me encanta mi coche. Voy siempre en coche. Salgo cuando quiero. Estoy libre. No me gusta el transporte público. Hay demasiada gente.*
2 – *Vivo cerca de mi colegio y las tiendas están cerca también. Prefiero ir a pie o en bici. Es más ecológico y más sano.*

3 – *Prefiero el tren porque me permite hacer mi trabajo tranquilamente. Eso es imposible en el coche.*
4 – *Yo voy en avión si puedo. No tengo mucho tiempo y es tan rápido.*

1c Prepara una presentación sobre el transporte público. Describe los servicios que hay, sus ventajas y sus desventajas. Habla un minuto si es posible.

Speaking: public transport in the local area.

1d Contesta al mensaje de una joven que hace una encuesta sobre el transporte público.

Writing: transport problems.

2a Lee la carta y escoge las frases correctas.

Reading: a difficult journey. Multiple-choice comprehension questions on a text that is based on a real incident.

Answers

1 b, 2 b, 3 c, 4 b, 5 b

2b Haz una descripción de un viaje difícil.
Estas frases pueden ser útiles.

Writing: describing a difficult journey. Encourage
students to prepare their writing carefully before
starting. You may also want to provide a writing
frame to support students.

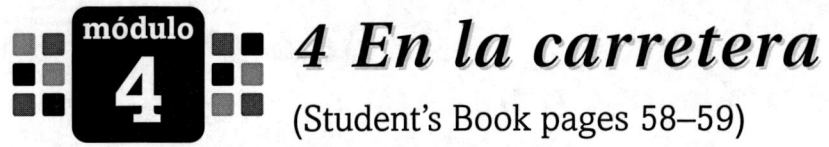
Main topics and objectives

Reporting car breakdowns and road accidents

Grammar

Imperfect and preterite

Skills

Anticipating language in a listening test to better understand meaning

Key language

¡Oiga! Tengo un problema con el coche.
Mi coche tiene una avería.
¿Qué le pasa?
Tengo un problema con la batería/un pinchazo.
Los frenos/Las luces no funcionan.
Se ha roto el parabrisas.
¿Dónde está usted exactamente?

Estoy en la autopista A2 cerca de la salida de Lérida.
Estoy entre … y …/a 2 kilométros de …
¿De qué marca/color es su coche? ¿Cuál es la matrícula?
Es un Mercedes negro, matrícula …
Vengo/Llegamos en seguida.
¿Qué pasa? Ha habido un accidente.
¿Está usted herido/a? ¿Hay algún herido?
(No) estoy herido/a.
El conductor/La conductora (no) está herido/a.
¿Es grave? No es grave, pero necesita una ambulancia.
¿Dónde se puede llamar a una ambulancia/a la policía?

Resources

Cassette B, side 1
CD 2, track 6
Cuaderno pp. 21–26
Hablar p. 65
Leer y escribir pp. 166–167
Gramática 5.10–11 (p. 193)

1a Lee los problemas y emparéjalos con los dibujos.

Reading: car breakdowns. Matching car problems with pictures.

Answers

1 C, 2 A, 3 F, 4 D, 5 E, 6 B

¡Ojo!

Using anticipation when listening.

1b Escucha las conversaciones (1–4) y apunta la letra del problema. Si entiendes más información, apúntala también.

Listening: reporting car breakdowns.

Answers

1 B, 2 C, 3 E, 4 D

Tapescript

1 – *¡Oiga! Tengo un problema con el coche.*
  – *¿Qué le pasa?*
  – *Tengo un problema con los frenos. No funcionan.*
  – *¿Dónde está usted?*
  – *Estamos en la carretera N240 a cinco kilómetros de Lérida, dirección Tarragona.*
  – *¿De qué marca es el coche?*
  – *Es un SEAT Ibiza, matrícula M306795.*
  – *¿De qué color?*
  – *Blanco.*
  – *Muy bien.*
2 – *Talleres San Isidro.*
  – *¡Oiga! Tengo un problema con el coche.*
  – *¿Qué le pasa?*

  – *¿Puede usted mandar a un mecánico? El coche tiene una avería.*
  – *¿Qué le pasa exactamente?*
  – *No sé. Es un problema con el motor.*
  – *¿Dónde está usted?*
  – *Estoy en la carretera N11 a veinte kilómetros de Igualada, cerca de la A2.*
  – *¿Y su coche?*
  – *Un Volkswagen Passat rojo.*
  – *Vale. Vengo en seguida.*
3 – *¡Oiga!*
  – *¿Sí?*
  – *Se ha roto el parabrisas.*
  – *¿Dónde está usted?*
  – *En la carretera C246 entre Vendrell y Valls.*
  – *¿Y el coche?*
  – *Un Opel Corsa, negro.*
  – *¿La matrícula?*
  – *B493923.*
  – *Vale. Llegaré dentro de una hora.*
  – *Gracias, adiós.*
4 – *Tengo un problema con el coche.*
  – *¿Sí? ¿Qué le pasa?*
  – *Mis luces no funcionan.*
  – *¿Dónde está usted?*
  – *En la autopista A7 cerca de la salida de Tarragona.*
  – *¿Y su coche?*
  – *Es un Audi Quattro verde.*
  – *Vale. Vengo en seguida.*

1c Túrnate con tu compañero/a. Haz conversaciones por teléfono indicando dónde estás y cómo es el coche.

Speaking: reporting car breakdowns. Role-plays telephoning for help.

2a En caso de accidente es importante saber describir lo que pasa. Empareja estas frases útiles.

Reading: description of a road accident. Matching questions and answers.

Answers

1 D, 2 C, 3 A, 4 E, 5 B

2b Túrnate con tu compañero/a.

Speaking: describing a road accident. Guided role-play.

2c Lee estas descripciones de una avería y un accidente. Escoge las palabras correctas.

Reading: descriptions of a breakdown and a road accident.

Answers

> Madrid, martes
> Salimos de Sevilla muy temprano. Hacía sol y todo el mundo estaba contento. En la **carretera** tuvimos un **pinchazo**. Llamamos a un **garaje** y tuvimos que esperar tres horas. Hacía muchísimo sol en la autopista. No teníamos agua. Cerca de Madrid tuvimos un problema con los **frenos** y tuvimos que ir a otro garaje. Llegamos a Madrid a las dos de la madrugada. ¡Qué desastre!
>
> Santander, viernes
> Salí de casa a las nueve. No había mucho **tráfico** en la carretera. Llegué a un cruce y vi dos coches. El coche azul estaba en el centro de la carretera. Frené y fui a hablar con los conductores. La conductora del coche azul estaba **herida** pero el otro **conductor** no. Llamé a una **ambulancia** y esperé. Llegué a la oficina muy tarde.

Gramática

Imperfect and preterite.

2d Describe una avería o un accidente en 50 palabras.

Writing: describing a breakdown or road accident. Students are likely to draw heavily on the examples given on the page.

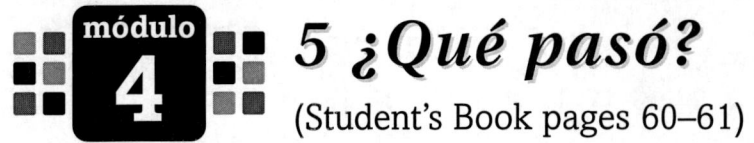

módulo 4

5 ¿Qué pasó?

(Student's Book pages 60–61)

Main topics and objectives

Describing what happened in an accident
Reporting what you and others were doing
Describing traffic problems

Grammar

The imperfect continuous tense

Key language

¿Qué estaba usted haciendo?
(Yo) estaba cruzando la calle/saliendo de la estación
de servicio/leyendo un libro.
Vi/Tuve/Hubo un accidente.
Estaba lloviendo (mucho)/nevando.
Hacía sol/viento.
Empezaron a cruzar la calle en el paso de peatones.

El conductor frenó pero no pudo parar.
Una moto atropelló a un peatón/un perro.
Un coche chocó con un camión/otro coche.
El peatón/La motociclista (no) fue herido/a.
Hay obras en la carretera.
Los semáforos no funcionan.
Hay retrasos muy largos.
La carretera está bloqueada.
Hay mucha lluvia/visibilidad muy reducida.

Resources

Cassette B, side 1
CD 2, track 7
Cuaderno pp. 21–26
Hablar p. 65
Leer y escribir pp. 166–167
Gramática 5.12 (p. 195)

Gramática

The imperfect continuous tense.

1a Lee lo que estaban haciendo estas personas. ¿Quién habla en cada caso?

Reading: reporting what you and others were doing. Students match the sentences with the people in the picture.

Answers

1 B, 2 C, 3 G, 4 A, 5 F, 6 E, 7 D

1b Un policía está hablando con unos testigos (1–7). Apunta lo que estaban haciendo.

Listening: what people were doing. Students note down in English what each person was doing.

Answers

1 In my car waiting for the traffic lights.
2 Buying sweets in the shop.
3 Talking with my friend Juan.
4 Repairing my car. It had broken down.
5 Reading a magazine.
6 Waiting for the bus.
7 Washing my car.

Tapescript

1 – ¿Qué estaba usted haciendo, señor?
  – Yo estaba en mi coche esperando los semáforos.
2 – ¿Qué estaba usted haciendo, señorita?
  – Estaba comprando caramelos en la tienda.
3 – ¿Qué estaba usted haciendo, señora?
  – Estaba hablando con mi amigo Juan.
4 – ¿Qué estaba usted haciendo, señor?
  – Estaba reparando mi coche. Tiene una avería.
5 – ¿Qué estaba usted haciendo, señora?

  – Estaba leyendo una revista.
6 – ¿Qué estaba usted haciendo, señorita?
  – Estaba esperando el autobús.
7 – ¿Qué estaba usted haciendo, señor?
  – Estaba lavando mi coche.

1c Lee las tres descripciones. ¿Cuál es la descripción correcta del accidente?

Reading: descriptions of accidents. Students should read each eyewitness account carefully. They decide which is correct and why the others are wrong.

Answers

Description 3 is correct. (Description 1 says that the dog was killed; description 2 says that there were two cars.)

2a Describe un accidente usando estas frases. Puedes imaginar más cosas – el color del coche, ¡el nombre del perro!

Writing: describing a road accident. Students need a great deal of support for this type of activity. The flowchart on the page provides a useful framework.

2b Escucha los avisos en la radio (1–3). Empareja los avisos con los dibujos.

Listening: reports of traffic problems.

Answers

1 C, 2 B, 3 A

Tapescript

1 – Hoy 22 de julio de 2002. Julio Vicente al micrófono. En el centro de Tarragona hay problemas hoy y mañana. Hay obras en la carretera y los semáforos no funcionan.

2 – La carretera entre Oviedo y Gijón está bloqueada y hay retrasos muy largos. La carretera está bloqueada a causa de un árbol que cayó durante la noche.

3 – Cuidado en la carretera esta mañana. Hay mucha lluvia y visibilidad muy reducida. Existe la posibilidad de más lluvia y tiempo tormentoso por la tarde.

Topics revised

Future and past holidays
Getting information in a tourist office
Ordering a meal in a restaurant
Transport
Asking the way
Buying train tickets
Reporting a car breakdown

3 De vacaciones

Conversación 1 and 2

Two general conversations about holidays: the first requires use of the present and (near) future tenses, the second use of the preterite. The general advice at the top of page 64 encourages students to use all three tenses in conversations, whether or not the questions specifically demand this.

Juego de rol 1 and 2

Two transactional role-plays: one on getting information in a tourist office, the other on ordering a meal in a restaurant. Both require the use of *usted* (see the general advice at the top of page 64) and include unscripted elements (indicated by an exclamation mark) requiring students to make up their own answers. The general advice suggests that students get into the habit of perfecting role-plays and then recording them.

4 En ruta

Conversación 1 and 2

General conversations covering public transport in your area and preferred means of transport. There are opportunities in both for students to take the initiative by including references to the past and the future, as well as to give opinions and reasons.

Juego de rol 1, 2 and 3

Role-plays on asking for directions, buying a train ticket and reporting a car breakdown.

Presentación

Students are asked to prepare a presentation about a family holiday, using the headings given. They should look carefully at the general advice at the top of page 64, which suggests a series of questions students should ask themselves about their presentation in order to boost their performance. They are also encouraged to record their presentation and add it to their personal revision file.

módulo 4 · Leer y escribir

(Student's Book pages 166–167)

1 Lee los anuncios de viajes en autocar y tren. Mira los dibujos y pon una ✓ en las casillas indicando los servicios que ofrece el autocar, el tren o ambos.

Reading. Students read three advertisements for coach and train travel, and do a box-ticking exercise.

Answers

	1	2	3	4	5	6	7	8	9	10
Autocar	✓	✓	✓				✓	✓	✓	✓
Tren				✓	✓	✓			✓	✓

2 Tus amigos María y Paco te han enviado estos comentarios sobre el transporte en Ecuador y México. ¿Quién dice cada frase de abajo? ¿ María o Paco?

Reading. The first of two exercises based on a text about experiences of public transport while travelling in Ecuador and Mexico. Students must decide who said which of the statements given.

Answers

> **1** Paco, **2** Paco, **3** María, **4** Paco, **5** María, **6** María,
> **7** Paco

3 Contesta a las preguntas.

Reading. Students answer questions on the text in Spanish.

Answers

> **1** Mencionan cuatro medios de transporte: los trenes, los buses, el coche y el metro.
> **2** Fue terrible porque tuvieron que compartir el asiento con señoras que llevaban mochilas, frutas tropicales, muchas cebollas y hierbas de mal olor.
> **3** A la madre le gusta viajar en coche.
> **4** Los hermanos prefieren el metro.

4 Escribe a tu amigo/a por correspondencia contándole un viaje que hiciste en bus, en avión o en tren.

Writing. Students write about a journey by one of three means of transport, following a series of bullet-point guidelines.

módulo 4 · Cuaderno (pp. 21–26)

page 21

4

a ✗, b ✓, c ?, d ✗, e ?, f ✗, g ✓

5b

¿Dígame?
Un billete sencillo, por favor.
Aquí tiene. Tres euros, por favor.
Quiero ir a Alonso Cano. ¿Hay que cambiar?
Sí. En Gregorio Marañón, y coja la línea siete.
Muchas gracias. Y ¿Cuántas paradas está Gregorio Marañón?
Cuatro paradas.

1a

Conversación 1: b, k, e, h, d, l
Conversación 2: c, g, f, a, j, i

1b

¿Por dónde se va a la ciudad más cercana?
Hay que coger el tren.
¿Cuánto tiempo hace falta?
Unos cincuenta minutos.
¿Será más rápido coger el autobús?
No. La estación está a cien metros de aquí, a la izquierda.

2

a a las nueve treinta y cinco
b a las catorce cincuenta
c a las diecinueve veintitrés
d a las dieciocho cuarenta y dos
e a las doce cincuenta y siete
f a las veintitrés doce

page 22

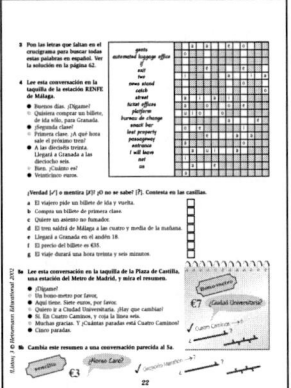

3

Answers on p. 62 of Workbook

page 23

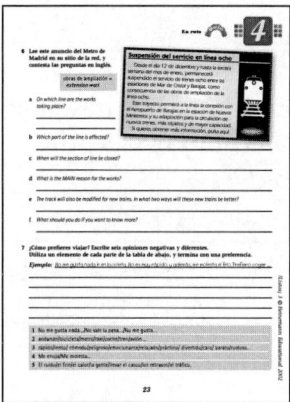

6

a On line 8.
b Between the stations Mar de Cristal and Barajas.
c Between 12 December and the third week of January.
d To provide a service/make a link to the airport.
e They will be faster and larger/carry more passengers.
f Click (here/on the button).

page 24

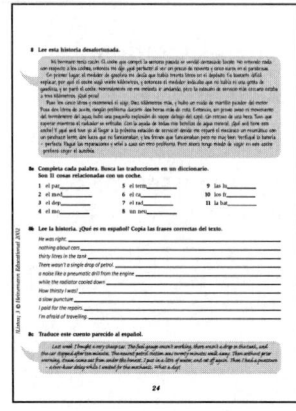

8a

1 el par**abrisas**
2 el med**idor**
3 el dep**ósito**
4 el mo**tor**
5 el term**ómetro**
6 el ca**pó**
7 el rad**iador**
8 un neum**ático**
9 las lu**ces**
10 los fr**enos**
11 la bat**ería**

8b

He was right. – Tenía razón.
nothing about cars – nada con respecto a los coches
thirty litres in the tank – treinta litros en el depósito
There wasn't a single drop of petrol – No había ni una gotita de gasolina
a noise like a pneumatic drill from the engine – un ruido de martillo picador del motor
while the radiator cooled down – mientras el radiador se enfriaba
How thirsty I was! – ¡Qué sed tuve yo!
a slow puncture – un pinchazo lento
I paid for the repairs – Pagué las reparaciones.
I'm afraid of travelling. – Tengo miedo de viajar.

8c

La semana pasada compré un coche muy barato. El medidor de gasolina no funcionaba, no había ni una gotita en el depósito, y el coche se paró después de diez minutos. La estación de servicio más cercana estaba a veinte minutos andando. Entonces, sin previo aviso, el vapor salió de debajo del capó. Puse un litro de agua y recomencé (el viaje). Entonces tuve un pinchazo – un retraso de dos horas mientras esperaba al mecánico. ¡Qué día!

page 25

1

ser	ir	ver
era	**iba**	veía
eras	ibas	**veías**
era	**iba**	**veía**
éramos	íbamos	**veíamos**
erais	**ibais**	veíais
eran	**iban**	**veían**

2

tener	tuvieron	they had
decir	**dijisteis**	**you said**
estar	**estuvimos**	**we were**
hacer	**hiciste**	**you did**
ir	**fue/fui**	**he/she/I went**
poder	**pudo**	**he/she could**
querer	**quisimos**	**we wanted**
ser	**fue/fui**	**he/she/I was**
venir	**vinieron**	**they came**
ver	**vio**	**he/she saw**
poner	**puse**	**I put**

3

a Los péatones **cruzaban** la calle, y el camión **atropelló** a uno de ellos.
b **Llovía** mucho y el coche se **paró** con gran dificultad.
c No **funcionaban** las luces de freno de la camioneta y no **pude** frenar a tiempo.
d El conductor **perdió** el control porque no **veía** nada – tenía el parabrisas roto.

page 26

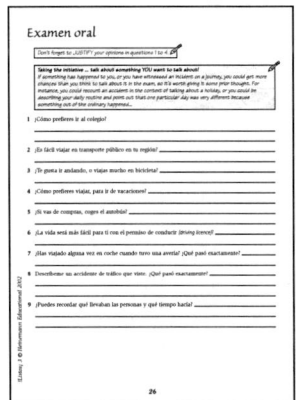

módulo 5 ¿Qué te ha pasado?

(Student's Book pages 66–79)

Main topics and objectives	Grammar	Skills
Repaso (pp. 66–67) Describing symptoms Asking for advice	Expressions with *tener* *Desde hace* + present tense	
1 Me siento mal (pp. 68–69) Saying why you feel ill Saying how you have hurt yourself	The perfect tense The imperfect continuous tense	Strategies for dealing with unknown words in speaking tests
2 Reservas y llegadas (pp. 70–71) Booking hotel accommodation Arriving at a campsite		
3 En la recepción (pp. 72–73) Checking in to a hotel or campsite	Impersonal verbs: *se puede, se debe*	
4 He perdido ... (pp. 74–75) Describing lost property	Object pronouns	
5 Quejas (pp. 76–77) Making complaints in a hotel	The imperfect tense	

Key language

Me duele el brazo/el dedo/el estómago.
Me duele la cabeza/la espalda/la garganta/la mano/la pierna.
Me duelen los ojos/los pies/los oídos/las muelas.
Tengo calor/frío/catarro/gripe/vómitos/fiebre/tos/diarrea.
Tengo mucho sueño/una insolación/la pierna rota.
Estoy enfermo/mareado/constipado.
¿Desde hace cuánto tiempo?
Desde hace una semana.

Desde ayer.
Tome unas aspirinas después de comer.
Hay que tomar este jarabe/estas pastillas cuatro veces al día.
Tome dos cucharadas al día, por la mañana y por la noche.
Quédese en casa/en la cama.
Beba mucha agua.
Póngase esta crema.
Vaya al médico/al dentista.

¿Qué le pasa (a usted)?
Me he cortado la rodilla/quemado la boca/torcido el
   tobillo/roto la pierna/hecho daño en la nariz.
¿Cómo lo ha hecho/lo hizo?
Me caí de mi bicicleta.
Fui a un concierto de rock.
He cogido una insolación.
Estaba jugando al baloncesto/tomando el sol/esquiando.

Puede ser grave./No me parece muy grave.
No se preocupe. No es nada.
Le recomiendo esta crema/una visita al hospital.
Tiene que ir en seguida al hospital.
Quédese en casa unos días.
Beba mucha agua.
Tome unas aspirinas.

Quisiera reservar una habitación doble/dos habitaciones
   individuales … (etc.)
… con ducha/baño/balcón/vistas al mar.
¿Cuántos son? Somos tres: dos adultos y una niña de 15 años.
¿Para qué fechas/cuántas noches?
Para tres noches.
Queremos pasar quince días/una semana (en su hotel),
   del … al … de agosto.
Le ruego que me comunique los precios de media pensión/
   pensión completa.

Le ruego que me mande un folleto sobre la región.
¿Hay un gimnasio en el hotel/un teléfono en cada habitación
   (con acceso a Internet)?
Vamos a llegar a eso de las …
¿Me puede decir hasta qué hora está abierto el restaurante?
¿Tiene una parcela para una tienda/una caravana?
¿Cuánto es por día y por persona?
¿Hay un bar/una lavandería/una piscina?
Sí, cerca del bloque sanitario.

He reservado una habitación.
¿Su nombre, por favor? ¿Cómo se deletrea?
Está en la segunda planta. Coja el ascensor.
¿Se puede(n) cambiar dinero/alquilar bicicletas?
¿Se puede telefonear desde aquí/tener acceso a Internet
   aquí?
¿Se admiten perros?
¿Se vende pasta de dientes?
¿A qué hora se sirve(n) el desayuno/las comidas?
Se sirve(n) entre … y …
¿Está climatizada la piscina?
¿Tiene la habitación vistas al mar?
Su pasaporte por favor. ¿Quiere firmar aquí?

¿Tiene una guía telefónica?
Hay una cabina/un café Internet en la calle.
¿Cuánto cuesta mandar un fax a los Estados Unidos?
Dos euros la primera página y un euro las otras.
Se puede cambiar dinero aquí.
¿En efectivo o cheques de viaje?
Quisiera cambiar un cheque de cien libras en euros.
No se admiten animales.
Los perros deben estar atados.
No se debe lavar ropa en los lavabos.
Límite de velocidad 10km/h
Mantenga limpio el bloque sanitario.
No haga ruido durante la noche.

He perdido mi maleta/pasaporte.
cámara (fotográfica), carné de identidad, billetero,
   monedero, bolso, reloj, paraguas
He perdido mis gafas de sol/zapatillas deportivas.
¿Cuándo/Dónde lo/la/los/las ha perdido?
Lo he perdido esta mañana.
La dejé en el autobús.
No sé si lo había dejado en la recepción o si alguien la
   había robado.
¿Cómo es/son?

Es marrón/de color blanco.
Es de cuero/de piel/de oro.
Es casi nuevo/de marca …
La marca es …
Lleva mi nombre y mi dirección.
Contiene 60 euros/mis llaves/un bolígrafo/billetes y monedas.
¿Me puede decir si lo ha encontrado?
Si lo ha encontrado, ¿me lo puede mandar?
Tendré que ir a la policía.

Le escribo para quejarme.
Pasé tres noches en el hotel.
El aseo/El ascensor no funciona.
La luz/La llave no funcionaba.
La habitación está sucia.
La cama/La mesa estaba sucia.
Hay/Había mucho ruido./No dormí en tres noches.
No hay/había jabón/toallas/papel higiénico (en la habitación).
Está muy cerca de la calle.
Estaba muy cerca de la piscina.

¿Qué habitación es? La …
Se arregla/Se lo traigo en seguida/ahora.
No se preocupe.
Voy a ocuparme de sus problemas en seguida.
¿Quiere cambiar de habitación?
Quiero otra habitación.
Lo siento, el hotel está lleno.
No estoy contento. Quiero hablar con el director en seguida.
Quiero que me devuelva una parte de mi dinero.

Repaso

(Student's Book pages 66–67)

Main topics and objectives

Describing symptoms
Asking for advice

Grammar

Expressions with *tener*
Desde hace + present tense

Key language

Me duele el brazo/el dedo/el estómago.
Me duele la cabeza/la espalda/la garganta/la mano/la pierna.
Me duelen los ojos/los pies/los oídos/las muelas.
Tengo calor/frío/catarro/gripe/vómitos/fiebre/tos/diarrea.
Tengo mucho sueño/una insolación/la pierna rota.
Estoy enfermo/mareado/constipado.
¿Desde hace cuánto tiempo?
Desde hace una semana.

Desde ayer.
Tome unas aspirinas después de comer.
Hay que tomar este jarabe/estas pastillas cuatro veces al día.
Tome dos cucharadas al día, por la mañana y por la noche.
Quédese en casa/en la cama.
Beba mucha agua.
Póngase esta crema.
Vaya al médico/al dentista.

Resources

Cassette B, side 1
CD 2, track 8
Cuaderno pp. 27–32
Hablar pp. 94–95
Trabajo de curso pp. 154–155
Leer y escribir pp. 168–169
Gramática 5.24–5 (p. 200)

1a Contrarreloj. ¿Cuántas frases correctas puedes hacer en cinco minutos?

Writing: describing symptoms. Quick revision of ailments and parts of the body. It is important to ensure that your students recognise and can use the vocabulary.

1b Empareja las frases con los dibujos. En algunos casos hay dos posibilidades.

Reading: ailments and injuries. Matching activity.

Answers

1 L,	2 D,	3 N,	4 H,	5 I,	6 J,	7 F,	8 K,	9 O,	10 A,
11 E,	12 B,	13 C,	14 G,	15 M/K			

Gramática

Expressions with tener.

1c Escucha las conversaciones (1–5) en la farmacia. Apunta lo que les pasa a los enfermos y desde hace cuánto tiempo.

Listening: reporting symptoms and how long you have been suffering.

Answers

1 tos, gripe; 3 días
2 vómitos, le duele el estómago; desde ayer por la noche
3 mareada, insolación; desde el lunes/dos días
4 dolor de garganta; desde hace una semana
5 muy mal, diarrea; desde hace cinco días

Tapescript

1 – Hola, buenos días. ¿Qué le pasa?
   – Tengo tos y tengo gripe.
   – Bueno, ¿desde hace cuánto tiempo?
   – Desde hace tres días.
   – Vamos a ver …
2 – Buenos días. ¿Qué le pasa?
   – Me siento enferma.
   – ¿Qué es exactamente?
   – Tengo vómitos y me duele el estómago.
   – ¿Desde hace cuánto tiempo?
   – Desde ayer por la noche.
3 – ¿Me puede ayudar?
   – ¿Qué le pasa?
   – No me siento bien. Estoy mareada y creo que tengo una insolación.
   – ¿Y desde cuándo?
   – Bueno, fui a la playa el lunes … desde hace dos días.
4 – Buenos días. ¿Tiene algo para el dolor de garganta?
   – ¿Le duele mucho?
   – Sí, desde hace una semana. Me duele mucho.
5 – Buenas tardes.
   – Buenas tardes. ¿En qué puedo servirle?
   – Me siento muy mal y tengo diarrea.
   – ¿Desde hace cuánto tiempo?
   – Desde hace cinco días.
   – ¡Ay! ¡Qué pena!
   – Sí.

Gramática

Desde hace + *present tense.*

2a Empareja las enfermedades con los consejos. En algunos casos hay varias posibilidades.

Reading: medical advice. Pairing up ailments with advice.

2b Escucha las conversaciones en la consulta (1–5) y apunta la información.

Listening: symptoms and medical advice.

Answers

	Enfermedad	Consejo
1	mareada	Quédese en la cama. Tome este jarabe cuatro veces al día.
2	diarrea y le duele el estómago	Beba mucha agua. Quédese en casa.
3	gripe, dolor de cabeza, mareado	Quédese en la cama. Tome unas aspirinas cuatro veces al día.
4	tos, le duele la garganta	Tome este jarabe tres veces al día.
5	insolación	Tome esta crema y vaya a la cama.

Tapescript

1 – Me siento muy mal.
  – ¿Qué le pasa?
  – Estoy mareada.
  – ¿Desde hace cuánto tiempo?
  – Dos días.
  – Entonces, quédese en la cama y mañana ya veremos. Tome este jarabe cuatro veces al día.
  – Vale.
2 – Me siento fatal.
  – ¿Qué le pasa?
  – Tengo diarrea y me duele el estómago.
  – Bueno, beba mucha agua y quédese en casa.
3 – Tengo gripe. Me siento muy mal. Tengo dolor de cabeza y estoy mareado.
  – ¿Desde cuándo?
  – Desde el domingo. Me sentí muy mal el domingo por la mañana.
  – Bueno, quédese en la cama unos días. Tome unas aspirinas cuatro veces al día después de comer.
4 – ¿Qué le pasa?
  – Tengo tos.
  – ¿Le duele la garganta?
  – Sí, mucho.
  – Bueno, tome este jarabe tres veces al día después de las comidas.
5 – Me siento muy mal.
  – ¿Qué le pasa?
  – Tengo una insolación. Me duele todo.
  – Tome esta crema y vaya a la cama.

2c Túrnate con tu compañero/a para hacer conversaciones en la farmacia.

Speaking: symptoms and advice. Role-plays in the chemist's.

2d Tus amigos te invitan a varios sitios. Escribe un mensaje electrónico explicando lo que te pasa.

Writing: declining an invitation due to illness. Activity based on two sets of pictures.

1 Me siento mal

(Student's Book pages 68–69)

Main topics and objectives

Saying why you feel ill
Saying how you have hurt yourself

Grammar

The perfect tense
The imperfect continuous tense

Skills

Strategies for dealing with unknown words in speaking tests

Key language

¿Qué le pasa (a usted)?
Me he cortado la rodilla/quemado la boca/torcido el tobillo/roto la pierna/hecho daño en la nariz.
¿Cómo lo ha hecho/lo hizo?
Me caí de mi bicicleta.

Fui a un concierto de rock.
He cogido una insolación.
Estaba jugando al baloncesto/tomando el sol/esquiando.
Puede ser grave./No me parece muy grave.
No se preocupe. No es nada.
Le recomiendo esta crema/una visita al hospital.
Tiene que ir en seguida al hospital.
Quédese en casa unos días.
Beba mucha agua.
Tome unas aspirinas.

Resources

Cassette B, side 2
CD 2, track 9
Cuaderno pp. 27–32
Hablar pp. 94–95
Trabajo de curso pp. 154–155
Leer y escribir pp. 168–169
Gramática 5.12 (p. 195); 5.16 (p. 196)

1a Copia las frases y rellena los espacios con una palabra apropiada.

Reading: ailments and injuries with the perfect tense. Students fill each gap with a part of the body. There are alternatives available for some of the answers.

Answers

A estómago, B espalda, C muelas, D piernas,
E brazo, F garganta, G pie, H cabeza

Gramática

The perfect tense.

1b Escucha las conversaciones (1–5) y busca la frase correspondiente de 1a.

Listening: ailments and injuries with the perfect tense. Matching the sentences in **1a** with recorded conversations.

Answers

1 H, 2 C, 3 B, 4 A, 5 E

Tapescript

1 – Hola, ¿qué tal?
 – Fatal.
 – ¿Qué te pasa?
 – ¡Ay! Me duele la cabeza.
 – ¿Por qué?
 – Porque esta mañana he tenido una hora de física y dos horas de matemáticas.
 – Es mucho.
 – Es demasiado, hombre.
2 – ¿Qué te pasa, hombre? ¿Estás bien?
 – No, estoy muy mal.

 – ¿Por qué?
 – Me duelen las muelas.
 – ¿Las muelas?
 – Sí. He comido unos bombones y ahora …
3 – ¿Qué tal, Paco?
 – ¡Ay! Me duele la espalda.
 – ¿Qué te pasó?
 – Como hacía buen tiempo esta mañana salí al jardín y decidí trabajar un poco …
4 – Pero, ¿qué es esto?
 – Me siento muy mal. Fui al mercado a comprar fresas, naranjas y otra fruta.
 – ¿Y?
 – Y total que comí demasiado. Ahora me duele mucho el estómago.
5 – Hola, ¿qué le pasa a tu hermano?
 – Le duele el brazo.
 – ¿Por qué?
 – Porque ha pasado la mañana jugando al tenis con Federico.
 – Pero juega muy bien.
 – Ya lo sé.

1c Empareja las frases y los dibujos.

Reading: injuries with the perfect tense. Matching sentences with pictures.

Answers

1 D, 2 F, 3 A, 4 C, 5 E, 6 B

1d Escucha las conversaciones (1–5) en la consulta. Apunta el problema y la causa.

Listening: injuries and how they happened. Students could answer the questions in English or Spanish.

Answers

	Problema	Causa
1	torcido tobillo	me caí de mi bicicleta
2	quemado nariz	tomando el sol: me dormí
3	roto pierna	jugando al baloncesto: me caí mal
4	hecho daño en los oídos	concierto
5	hecho daño en el cuello	me caí en la piscina

Tapescript

1 – ¿Qué le pasa a usted?
– Me he torcido el tobillo.
– ¿Cómo lo hizo?
– Me caí de mi bicicleta. ¡Ay! Me duele mucho.
– Vamos a ver …
2 – ¿Qué le pasa a usted?
– Me he quemado la nariz.
– ¿Tomando el sol?
– Sí, me dormí y …
– Bueno, póngase esta crema.
– Gracias.
3 – ¿Qué le pasa a usted?
– Creo que me he roto la pierna.
– ¿Qué pasó?
– Estaba jugando al baloncesto y me caí mal.
4 – ¿Qué le pasó a usted?
– Me he hecho daño en los oídos.
– ¿Como lo hizo?
– Fui a un concierto de rock.
5 – ¿Qué le pasó a usted?
– Me he hecho daño en la espalda.
– ¿Cómo?
– Me caí en la piscina.

2a Contrarreloj. ¿Cuántas frases correctas puedes hacer en cinco minutos?

Writing: injuries with the perfect tense. The grid gives an opportunity to practise the remaining five persons of the perfect tense using five reflexive verbs relating to injury.

2b Describe lo que te pasó cuando estabas (1) jugando al baloncesto o (2) cocinando. Usa este mensaje como modelo.

Writing: reporting injuries and how they happened. A model and picture cues are provided. Some students may require additional support, such as a writing frame.

Gramática

The imperfect continuous tense.

2c Apunta lo que recomienda la médica en cada conversación.

Listening: medical advice.

Answers

1 Use cream; stay at home for a few days and drink plenty of water.
2 Take some aspirin.
3 Go to hospital for an X-ray.
4 Stay in bed and take tablets.
5 Go straight to hospital.

Tapescript

1 – ¡Hola! Buenos días.
– Buenos días.
– ¿Qué le pasa?
– Me siento fatal.
– ¿Por qué?
– Estaba tomando el sol en la piscina con mis amigas y he cogido una insolación.
– ¡Vaya! Se ha quemado.
– Sí, eso sí.
– No me parece muy grave. Le recomiendo esta crema. Quédese en casa unos días y beba mucha agua.
– Gracias.
2 – Buenas tardes, ¿qué le pasa?
– Me he hecho daño en el ojo.
– ¿Cómo?
– Estaba jugando al tenis y la raqueta me dio en el ojo.
– Vamos a ver … No se preocupe. No es nada. Pero tome unas aspirinas si le duele mucho.
3 – ¿Qué le ha pasado a usted?
– Me he caído en el río.
– ¿Cómo?
– Estaba pescando y me caí.
– ¿Dónde se ha hecho daño?
– En la cabeza y en el brazo.
– Le recomiendo una visita al hospital. Hacen falta unos rayos X. No se si se ha roto el brazo.
– Vale.
4 – Buenos días.
– ¿Qué le pasa?
– Tengo un resfriado y estoy mareado.
– Bueno, no pasa nada. Quédese en la cama y tome estas pastillas.
– Gracias.
5 – ¿Qué le ha pasado?
– Creo que me he roto la mano.
– ¿Cómo?
– Estaba practicando kárate y …
– Puede ser grave. Tiene que ir en seguida al hospital.
– Vale.

2d Túrnate con tu compañero/a para hacer conversaciones en la consulta médica.

Speaking. Role-play in the doctor's surgery.

Main topics and objectives

Booking hotel accommodation
Arriving at a campsite

Key language

Quisiera reservar una habitación doble/dos habitaciones individuales … (etc.)
… con ducha/baño/balcón/vistas al mar.
¿Cuántos son? Somos tres: dos adultos y una niña de 15 años.
¿Para qué fechas/cuántas noches?
Para tres noches.
Queremos pasar quince días/una semana (en su hotel), del … al … de agosto.
Le ruego que me comunique los precios de media pensión/pensión completa.
Le ruego que me mande un folleto sobre la región.

¿Hay un gimnasio en el hotel/un teléfono en cada habitación (con acceso a Internet)?
Vamos a llegar a eso de las …
¿Me puede decir hasta qué hora está abierto el restaurante?
¿Tiene una parcela para una tienda/una caravana?
¿Cuánto es por día y por persona?
¿Hay un bar/una lavandería/una piscina?
Sí, cerca del bloque sanitario.

Resources

Cassette B, side 2
CD 2, track 10
Cuaderno pp. 27–32
Hablar pp. 94–95
Trabajo de curso pp. 154–155
Leer y escribir pp. 168–169

1a Lee la carta y contesta a las preguntas.

Reading: booking hotel accommodation.

Answers

> 1 dos
> 2 tres
> 3 una habitación doble y una habitación individual con baño; quiere habitaciones con balcón y con vistas al mar
> 4 quince días
> 5 los precios de media pensión y pensión completa y un folleto sobre la región
> 6 a eso de las diez de la noche
> 7 ¿el restaurante está abierto hasta qué hora?

1b Cinco turistas están buscando alojamiento. ¿Qué quiere cada uno?

Listening: booking hotel accommodation.

Answers

> 1 Two double rooms for three nights; hotel in town centre.
> 2 A single room for three nights; guesthouse close to motorway.
> 3 A double room and two single rooms for four nights; hotel with swimming pool.
> 4 A double room and a room for three for one night; close to airport.
> 5 A double room for a week; hotel or apartment in town centre; quiet.

Tapescript

1 – Hola, buenos días.
  – Buenos días, ¿qué quiere usted?
  – Buscamos un hotel en el centro.
  – ¿Cuántas habitaciones?
  – Dos habitaciones dobles, por favor.
  – ¿Para cuántas noches?

  – Tres noches.
  – Vale.
2 – ¡Oiga!
  – Oficina de turismo. Dígame.
  – Quisiera reservar una habitación individual en un hostal cerca de la autopista.
  – Vale, una habitación individual. ¿Para cuántas noches?
  – Tres noches.
  – ¿Y las fechas?
  – Del 11 al 14 de agosto.
  – Vale, un hostal, dice usted.
  – Sí.
  – Vamos a ver.
3 – Hotel Sol, dígame.
  – Oiga, señor. Quisiera reservar tres habitaciones en su hotel: una habitación doble y dos habitaciones individuales.
  – Muy bien. ¿Para cuántas noches?
  – Cuatro noches.
  – ¿Cuándo va a llegar?
  – Pasado mañana, el sábado.
  – Vale.
  – Una pregunta: ¿tiene piscina el hotel?
  – Claro que sí.
  – Muy bien.
4 – Buenos días. ¿Qué desea?
  – Una habitación doble y una habitación con tres camas, si es posible.
  – ¿Dónde exactamente?
  – Cerca del aeropuerto, por favor, para una noche.
  – Vamos a ver.
5 – Buenos días, queremos pasar una semana en un hotel céntrico o un apartamento.
  – ¿Cuántas habitaciones quiere?
  – Una doble y queremos una habitación tranquila.
  – ¿Y las fechas?
  – Del 1 al 8 de febrero.
  – Vale.

1c Túrnate con tu compañero/a para hacer conversaciones telefónicas con alguien en la oficina de turismo.

Speaking: booking hotel accommodation. Guided role-play.

1d Escribe dos cartas al hotel Miami.

Writing: booking hotel accommodation. Students can use the letter in **1a** as a model. They could be asked to identify the expressions they can use unchanged and the letter-writing conventions they must observe.

2a Lee la conversación en el camping. Estudia las frases nuevas.

Reading: booking in to a campsite. This language builds on what students have already learnt in the hotel context. One technique for focusing on the language is to write the dialogue on the board, electronic whiteboard or OHP so that phrases can be gradually removed and students have to make a mental note of it. In the end they can be left with only a skeleton of the original dialogue.

2b Con tu compañero/a haz conversaciones cambiando los detalles.

Speaking: booking in to a campsite. Students base their conversations on the language used in **2a** and the picture prompts.

2c Escucha las conversaciones (1–5). ¿Cuál es el problema y la solución en cada caso? Toma apuntes en inglés.

Listening: campsite bookings.

Answers

	Problem	Solution
1	no room for a caravan	other campsite nearby – 200m
2	campsite full	employee prepared to ring other campsites
3	want space for 2 weeks – only free for one	will stay one week and then look for alternative site
4	dogs are not allowed	a nearby campsite does admit dogs
5	too expensive for the family of four	the children don't have to pay

Tapescript

1 – Buenos días, ¿tiene una parcela para una caravana?
 – Lo siento, para una tienda sí pero para una caravana no quedan.
 – ¿Hay otro camping cerca de aquí?
 – Sí, a doscientos metros a la derecha.

 – Gracias.
 – De nada.
2 – Hola, buenas tardes.
 – Buenas tardes. ¿Tiene una parcela libre?
 – Lo siento. Está todo completo.
 – Vale.
 – Si quiere, puedo llamar a otro camping a ver si hay sitio.
 – Usted es muy amable. Gracias.
3 – Buenos días.
 – Buenos días, ¿qué desea?
 – ¿Tiene una parcela libre?
 – ¿Para cuánto tiempo?
 – Dos semanas.
 – Lo siento, para una semana sí, pero dos semanas no.
 – Bueno, nos quedamos una semana y buscamos otro camping después.
4 – ¿Tiene una parcela libre?
 – Sí, ¿para una tienda?
 – Sí. ¿Se admiten perros?
 – Lo siento, señor. No se admiten perros.
 – ¡Lástima!
 – Pero hay otro camping donde se aceptan perros. Está bastante cerca.
 – Gracias.
5 – Buenas tardes.
 – Buenas tardes, ¿tiene una parcela libre?
 – ¿Para una tienda o para una caravana?
 – Para una caravana. ¿Cuánto es por día y por persona?
 – Son ocho euros por persona.
 – Lo siento, es un poco caro para mí.
 – ¿Cuántos son ustedes?
 – Dos adultos y dos niños.
 – ¿Cuántos años tienen los niños?
 – Dos años.
 – Bueno, los niños no tienen que pagar.

2d Lee la información sobre el camping Fuente Fría. Decide si las frases son verdad o mentira o si no se sabe.

Reading: campsite facilities.

Answers

1 ✓, 2 ✗, 3 ✓, 4 ✗, 5 ✗, 6 ✓, 7 ?, 8 ✗, 9 ?

Main topics and objectives

Checking in to a hotel or campsite

Grammar

Impersonal verbs: *se puede, se debe*

Key language

He reservado una habitación.
¿Su nombre, por favor? ¿Cómo se deletrea?
Está en la segunda planta. Coja el ascensor.
¿Se puede(n) cambiar dinero/alquilar bicicletas?
¿Se puede telefonear desde aquí/tener acceso a Internet aquí?
¿Se admiten perros?
¿Se vende pasta de dientes?
¿A qué hora se sirve(n) el desayuno/las comidas?
Se sirve(n) entre … y …
¿Está climatizada la piscina?
¿Tiene la habitación vistas al mar?
Su pasaporte por favor. ¿Quiere firmar aquí?

¿Tiene una guía telefónica?
Hay una cabina/un café Internet en la calle.
¿Cuánto cuesta mandar un fax a los Estados Unidos?
Dos euros la primera página y un euro las otras.
Se puede cambiar dinero aquí.
¿En efectivo o cheques de viaje?
Quisiera cambiar un cheque de cien libras en euros.
No se admiten animales.
Los perros deben estar atados.
No se debe lavar ropa en los lavabos.
Límite de velocidad 10km/h
Mantenga limpio el bloque sanitario.
No haga ruido durante la noche.

Resources

Cassette B, side 2
CD 2, track 11
Cuaderno pp. 27–32
Hablar pp. 94–95
Trabajo de curso pp. 154–155
Leer y escribir pp. 168–169

1a Cuando llegas al hotel o al camping tienes muchas preguntas. ¿Estas preguntas se refieren normalmente al hotel (H) o al camping (C) o a los dos (HC)?

Reading: hotel and campsite questions. Students match questions to contexts. There may be occasional disagreement about the answers, but the key word is *normalmente*.

Answers

A H	**B** H	**C** HC	**D** HC	**E** C	**F** H	**G** H	**H** C	**I** C
J HC	**K** C	**L** HC

1b Escucha la conversación. Copia el texto y rellena los espacios con las palabras de abajo.

Listening: checking in to a hotel. Gap-filling activity.

Tapescript

– *Buenos días.*
– *He reservado una habitación doble.*
– *¿Su nombre, por favor?*
– *Puig.*
– *¿Cómo se deletrea?*
– *P-U-I-G.*
– *Muy bien, habitación 202.*
– *¿Dónde está?*
– *Está en la segunda planta. Coja el ascensor que está a mano derecha.*
– *¿A qué hora se sirven las comidas?*
– *Se sirve el desayuno entre las siete y las nueve, la comida entre la una y las tres y la cena entre las nueve y las once.*

– *Gracias.*
– *Su pasaporte por favor, y ¿quiere firmar aquí?*
– *Vale.*

1c Con tu compañero/a haz conversaciones en un hostal, un camping y un albergue.

Speaking. Role-plays based on the conversations in **1b**.

2a Sigue las conversaciones posibles. Practícalas con tu compañero/a.

Reading and speaking: asking about telephone, fax and internet facilities.

2b Escucha las conversaciones (1–4). Apunta el problema en cada caso.

Listening: telephone, fax and internet facilities.

Answers

1 No hay teléfono.
2 No se puede mandar un fax.
3 No tienen/No hay guía telefónica.
4 No se puede tener acceso a Internet.

Tapescript

1 – *Buenos días.*
   – *Buenos días. ¿Qué desea?*
   – *¿Se puede telefonear desde aquí?*
   – *Lo siento, no hay teléfono. Hay una cabina cerca, a unos cien metros.*
   – *Gracias.*

2 – *Buenos días. ¿Cuánto cuesta mandar un fax a los Estados Unidos?*
– *Lo siento, no se puede mandar un fax desde aquí. Pero se puede tener acceso a Internet.*
– *Ah, muy bien, gracias.*
3 – *¿Se puede telefonear desde aquí?*
– *Sí, señor.*
– *¿Tiene una guía telefónica?*
– *No, lo siento.*
4 – *Buenas tardes. ¿Se puede tener acceso a Internet?*
– *Lo siento. Hay un café donde hay acceso pero nosotros no tenemos.*

2c Lee la conversación y pon las frases a la derecha en orden.

Reading: changing money. Students re-order sentences to form a conversation.

Answers

> ¿Dónde se puede cambiar dinero?
> Se puede cambiar dinero aquí. ¿Dinero efectivo o cheques de viaje?
> Quisiera cambiar un cheque de cien libras en euros.
> ¿Su pasaporte, por favor?
> Aquí tiene.
> Muy bien.
> ¿Quiere firmar aquí?

2d Con tu compañero/a haz conversaciones usando las frases a la derecha y cambiando los detalles.

Speaking: changing money. Pairwork based on **2c**.

2e Explica las reglas del camping en inglés.

Reading: campsite rules. Students write the six rules in English.

Answers

> **1** Animals/Pets not admitted.
> **2** Speed limit 10 km per hour.
> **3** Dogs must be kept on a lead.
> **4** Keep the toilet block clean.
> **5** Clothes washing in the basins is not allowed.
> **6** Have consideration for other people. Do not make a noise during the night.

2f Lee las reglas y escribe cinco más.

Writing. Creative writing activity using commands and impersonal verbs.

Main topics and objectives

Describing lost property

Grammar

Object pronouns

Key language

He perdido mi maleta/pasaporte.
cámara (fotográfica), carné de identidad, billetero,
monedero, bolso, reloj, paraguas
He perdido mis gafas de sol/zapatillas deportivas.
¿Cuándo/Dónde lo/la/los/las ha perdido?
Lo he perdido esta mañana.
La dejé en el autobús.
No sé si lo había dejado en la recepción o si alguien
la había robado.
¿Cómo es/son?
Es marrón/de color blanco.

Es de cuero/de piel/de oro.
Es casi nuevo/de marca …
La marca es …
Lleva mi nombre y mi dirección.
Contiene 60 euros/mis llaves/un bolígrafo/billetes
y monedas.
¿Me puede decir si lo ha encontrado?
Si lo ha encontrado, ¿me lo puede mandar?
Tendré que ir a la policía.

Resources

Cassette B, side 2
CD 2, track 12
Cuaderno pp. 27–32
Hablar pp. 94–95
Trabajo de curso pp. 154–155
Leer y escribir pp. 168–169
Gramática 4.2–3 (pp. 185–186)

1a Mira los dibujos. Lee las descripciones y di qué artículo es.

Reading: lost property items. Matching activity.

Answers

1 F, 2 I, 3 A, 4 J, 5 H, 6 E, 7 G

Gramática

Object pronouns.

1b Traduce al español.

Writing: object pronouns. Translation exercise emphasising the position and agreement of the object pronoun.

Answers

1 ¿Dónde está mi billetero? Lo he perdido.
2 ¿Dónde están las gafas de Miguel? Las ha perdido.
3 Ana busca su monedero. Lo ha perdido.
4 No tengo mi pasaporte. Lo dejé/he dejado en casa.
5 Nuestras maletas no están aquí. Las hemos perdido.
6 Buscan sus llaves. Las han perdido.

1c Túrnate con tu compañero/a para hacer conversaciones en la Oficina de Objetos Perdidos. Cambia los detalles subrayados y usa los artículos de 1a.

Speaking: lost property. Role-plays in the lost property office.

1d Escucha las conversaciones (1–5) y apunta lo que se ha perdido, cuándo y dónde.

Listening: lost property.

Answers

	¿Qué?	¿Cuándo?	¿Dónde?
1	billetero	esta mañana a las 12 aproximadamente	en el bar
2	cámara	ayer en la cena	en el restaurante
3	reloj	esta tarde a eso de las 2	en la piscina
4	maleta	hace cinco minutos	cerca del ascensor
5	paraguas	esta mañana	en el restaurante

Tapescript

1 – Buenos días. He perdido mi billetero.
 – ¿Cuándo lo ha perdido?
 – Esta mañana a las doce aproximadamente.
 – ¡Ay! ¿Dónde lo ha perdido?
 – En el bar.
 – ¿Cómo es?
 – Bueno, es bastante grande …
2 – ¿Puede ayudarme?
 – ¿Qué le pasa?
 – He perdido mi cámara.
 – ¿Dónde la ha perdido usted?
 – La dejé en el restaurante.
 – ¿Esta mañana?
 – No, ayer en la cena.
 – Bueno, vamos a ver.
3 – Buenas tardes.
 – Buenas tardes, ¿qué desea?
 – He perdido mi reloj.
 – ¿Cuándo, señorita?
 – Esta tarde a eso de las dos.
 – ¿Y dónde lo ha perdido?
 – En la piscina. Lo dejé en una silla.
4 – ¡Ay! ¡Ayúdeme!
 – ¿Qué le pasa?
 – He perdido mi maleta.
 – ¿Cuándo?
 – Hace cinco minutos.

– *¿Dónde la ha perdido?*
– *Cerca del ascensor.*
5 – *Perdón, señorita. He perdido mi paraguas.*
– *¿Dónde lo dejó?*
– *Lo dejé en el restaurante esta mañana.*

2a Lee la carta y escoge las frases correctas
(a, b, c).

Reading: letter reporting lost property.

Answers

1 c, 2 a, 3 b, 4 b, 5 a

2b Escribe una carta similar a un hotel
describiendo lo que has perdido, cuándo
y dónde. Describe los artículos.

Writing. Activity based on the letter in **2a**.

Main topics and objectives

Making complaints in a hotel

Grammar

The imperfect tense

Key language

Le escribo para quejarme.
Pasé tres noches en el hotel.
El aseo/El ascensor no funciona.
La luz/La llave no funcionaba.
La habitación está sucia.
La cama/La mesa estaba sucia.
Hay/había mucho ruido./No dormí en tres noches.
No hay/había jabón/toallas/papel higiénico (en la habitación).
Está muy cerca de la calle.
Estaba muy cerca de la piscina.

¿Qué habitación es? La …
Se arregla/Se lo traigo en seguida/ahora.
No se preocupe.
Voy a ocuparme de sus problemas en seguida.
¿Quiere cambiar de habitación?
Quiero otra habitación.
Lo siento, el hotel está lleno.
No estoy contento. Quiero hablar con el director en seguida.
Quiero que me devuelva una parte de mi dinero.

Resources

Cassette B, side 2
CD 2, track 13
Cuaderno pp. 27–32
Hablar pp. 94–95
Trabajo de curso pp. 154–155
Leer y escribir pp. 168–169
Gramática 5.11 (p. 194)

1a Apunta la letra del dibujo que corresponde al problema en cada conversación (1–7).

Listening: problems in a hotel. Students match the recorded conversations to pictures. It would be helpful to review the key vocabulary before they listen.

Answers

1 A,	2 K,	3 E,	4 B,	5 D,	6 F,	7 J

Tapescript

1 – *Perdón, señor.*
– *¿Sí?*
– *No hay jabón en la habitación.*
– *¿Qué habitación es?*
– *La 504.*
– *Se lo traigo en seguida, señora.*
2 – *Perdón.*
– *¿Qué desea?*
– *Hay un problema en la habitación.*
– *¿Qué pasa?*
– *Hay muchísimo ruido.*
– *¿Qué habitación es?*
– *La 101. Está muy cerca de la piscina y la música molesta mucho.*
– *¿Quiere cambiar de habitación?*
– *Si fuese posible, sí.*
3 – *Señorita.*
– *¿Sí? ¿Qué desea?*
– *La llave no funciona.*
– *¿Cuál es el número de la habitación?*
– *La 339.*
– *¡Ay! Lo siento. Usted tiene la llave de la 239.*
– *Gracias.*
4 – *Señor. No hay toallas en la habitación.*
– *Lo siento. ¿Qué número?*

– *La 205.*
– *Vale. Se arregla en seguida.*
5 – *Buenas tardes.*
– *Muy buenas.*
– *Hay un problema en mi habitación.*
– *¿Qué hay?*
– *La luz no funciona.*
– *¿Qué habitación es?*
– *La 813.*
– *Se arreglará ahora.*
6 – *Hay un problema.*
– *¿Sí?*
– *El ascensor no funciona y tengo tres maletas.*
– *No se preocupe. Deje las maletas aquí y las llevaremos a su habitación.*
7 – *Señor.*
– *¿Sí?*
– *La habitación número 446 está muy sucia. La cama, la mesa, el cuarto de baño, todo está sucio.*
– *Vamos a ver: la 446 …*

1b Túrnate con tu compañero/a para hacer conversaciones en un hotel. El cliente/La clienta no está contento/a.

Speaking: making complaints in a hotel. Guided role-plays.

1c Escucha a las tres personas en el ejercicio 1b. ¿Cuál de las tres crees que lo lleva mejor?

Listening: making complaints in a hotel. This activity allows students to hear three model conversations and decide which is the best. They can observe the strategies that can be used in order to get one's way in such a situation.

Tapescript

1 – Buenos días, señora. ¿Qué le pasa?
– Bueno, la llave no funciona y la luz en el baño tampoco funciona.
– ¡Ay! Lo siento.
– Y no hay ni jabón ni toallas.
– ¡Ay!
– Quiero otra habitación.
– Lo siento, el hotel está lleno. Voy a ocuparme de sus problemas en seguida.
– No está bien. No estoy contento.
– Lo siento, pero el hotel está lleno.
– Bueno …

2 – Buenos días, señor. ¿Qué le pasa?
– El aseo no funciona y la televisión tampoco funciona.
– ¡Ay! Lo siento.
– Y hay mucho ruido de la discoteca abajo y la habitación estaba sucia ayer.
– ¡Ay!
– Quiero otra habitación más tranquila.
– Lo siento, el hotel está lleno. Voy a ocuparme de sus problemas en seguida.
– No está bien. Quiero otra habitación o me voy del hotel.
– Pero …
– Quiero hablar con el director en seguida.
– Vale.

3 – Buenos días, señorita. ¿Qué le pasa?
– El aire acondicionado no funciona y la llave tampoco funciona.
– ¡Ay! Lo siento.
– No hay papel higiénico y la cama está sucia.
– ¡Ay!
– Quiero otra habitación.
– Lo siento, el hotel está lleno. Voy a ocuparme de sus problemas en seguida.
– No estoy contenta. Estoy de vacaciones.
– Lo siento. Voy a ocuparme de todo. No se preocupe.
– Vale.

1d Escribe una carta describiendo un hotel.
Mira el ejemplo e imagina los detalles.

Writing: problems in a hotel. Creative writing activity.

2 Apunta las diferencias entre la publicidad y el mensaje que escribió Jorge.

Reading: problems in a hotel.

Answers

Publicity	Reality
Quiet and peaceful	Very noisy with traffic all the time
Luxury accommodation	Small rooms, little furniture
Clean hotel	Dirty bath and bed not made
Rooms with TV	TV (and lift) not working

Gramática

The imperfect tense.

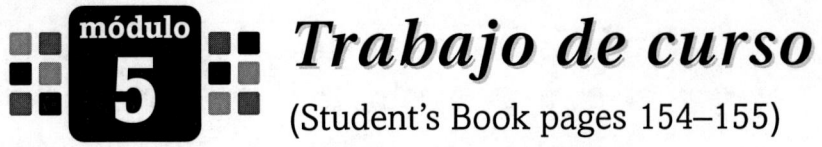

Trabajo de curso

(Student's Book pages 154–155)

Students are given a coursework-style assignment: to write a promotional piece about their town or locality. They are presented with a model text about Barcelona, followed by comprehension tasks and preparation activities. The **Ayuda** section points out the characteristic style of promotional writing and provides key adjectives, as well as guiding students on enhancing their coursework assignment.

2 Escoge la respuesta correcta.

Answers

1 c, 2 b, 3 c, 4 b, 5 c, 6 b, 7 a, 8 c, 9 b

módulo 5 · Leer y escribir

(Student's Book pages 168–169)

1 Lee las indicaciones que vienen con el medicamento que el médico te ha dado. ¿Las frases de abajo son verdad o mentira?

Reading. Students read the medical instructions and do a true/false exercise.

Answers

> 1 ✓, 2 ✗, 3 ✗, 4 ✓, 5 ✗

2 En tus vacaciones ves este anuncio en la recepción de tu hotel. Léelo y contesta a las preguntas de abajo.

Reading. Questions in Spanish on a notice about a lost teddy bear.

Answers

> 1 En la recepción del hotel.
> 2 Ana ha ido al parque.
> 3 El osito es pequeño con sólo una oreja y un brazo./ Mide 14 cm y está algo sucio.
> 4 Ana quiere ayuda en buscarlo.
> 5 Ofrece un helado y una foto del osito.
> 6 Puedes llevar el osito a la habitación 134 en el hotel.

3 Has perdido el perro de tu familia mientras estás de vacaciones en España. Escribe un anuncio explicando tu problema.

Writing. Students write a notice about a lost dog, following a series of bullet-point guidelines.

4 Lee el anuncio y completa el texto de abajo.

Reading. An examination-style gap-filling exercise based on a campsite advertisement.

Answers

> 1 cabañas, 2 mar, 3 descansar, 4 comer, 5 tomar una ducha, 6 jardines, 7 carnés, 8 guías, 9 lavar, 10 limpiar, 11 emergencia, 12 caballos, 13 lago

5 Los padres de tu amiga española quieren visitar tu ciudad. Escríbeles una carta describiendo un hotel donde pueden quedarse. ¡Usa tu imaginación!

Writing. Students write a description of a hotel and its facilities, following the guidelines given.

page 27

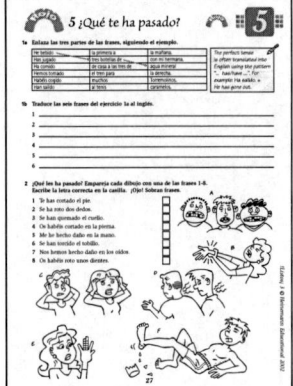

1a

He bebido tres botellas de agua mineral.
Has jugado al tenis con mi hermana.
Ha comido muchos caramelos.
Hemos tomado la primera a la derecha.
Habéis cogido el tren para Torremolinos.
Han salido de casa a las tres de la mañana.

1b

I have drunk three bottles of mineral water.
You have played tennis with my sister.
He/She has eaten a lot of sweets.
We have taken the first on the right.
You have caught/taken the train to/for Torremolinos.
They have left home at three (o'clock) in the morning.

2

1 F, **2** E, **3** D, **4** –, **5** B, **6** –, **7** C, **8** A

page 28

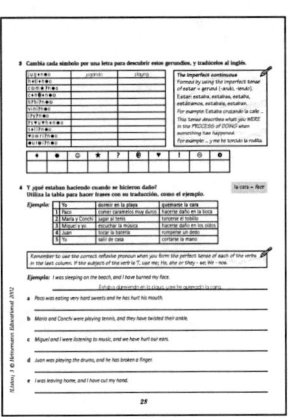

3

jugando	playing
hablando	speaking
comiendo	eating
cantando	singing
bebiendo	drinking
viniendo	coming
leyendo	reading
escuchando	listening
saliendo	leaving
corriendo	running
durmiendo	sleeping

4

1 Paco estaba comiendo caramelos muy duros, y se ha hecho daño en la boca.
2 María y Conchi estaban jugando al tenis y se han torcido el tobillo.
3 Estábamos escuchando la música y nos hemos hecho daño en los oídos.
4 Juan estaba tocando la batería y se ha roto un dedo.
5 Estaba saliendo de casa y me he cortado la mano.

page 29

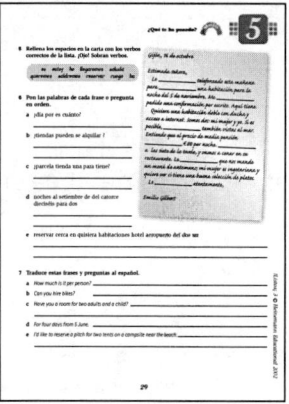

5

Gijón, 16 de octubre
Estimada Señora,
Le **he** telefonado esta mañana para **reservar** una habitación para la noche del 5 de noviembre. Me **ha** pedido una confirmación por escrito. Aquí tiene.
Quisiera una habitación doble con ducha y acceso a Internet. Somos dos: mi mujer y yo. Si es posible, **queremos** también vistas al mar. Entiendo que el precio de media pensión **es** €80 para una noche.
Llegaremos a las siete de la tarde, y vamos a cenar en su restaurante. Le **ruego** que nos mande un menú de antemano; mi mujer es vegetariana y quiere ver si tiene una buena selección de platos.
Le **saluda** atentamente,
Emilio Gilbert

6

a ¿Cuánto es por día?
b ¿Se pueden alquilar tiendas?
c ¿Tiene parcela para una tienda?
d Para dos noches del catorce al dieciséis de setiembre.
e Quisiera reservar dos habitaciones en un hotel cerca del aeropuerto.

7

a ¿Cuánto es por persona?
b ¿Se pueden alquilar bicicletas?
c ¿Tiene una habitación para dos adultos y un niño?
d Para cuatro días del cinco de junio.
e Quisiera reservar una parcela para dos tiendas en un camping cerca de la playa.

page 30

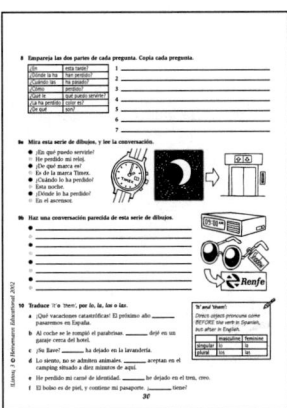

8

¿En qué puedo servirle?	¿Qué le ha pasado?
¿Dónde la ha perdido?	¿La ha perdido esta tarde?
¿Cuándo las han perdido?	¿De qué color es?
¿Cómo son?	

9b

¿En qué puedo servirle?	¿Cuándo las ha perdido?
He perdido mis gafas de sol.	A las nueve (de la mañana).
¿De qué marca son?	¿Dónde las ha perdido?
Son de marca Shadow.	En la estación de RENFE.

10

a ¡Qué vacaciones catastróficas! El próximo año **las** pasaremos en España.
b Al coche se le rompió el parabrisas. **Lo** dejé en un garaje cerca del hotel.
c ¿Su llave? **La** ha dejado en la lavandería.
d Lo siento, no se admiten animales. **Los** aceptan en el camping situado a diez minutos de aquí.
e He perdido mi carné de identidad. **Lo** he dejado en el tren, creo.
f El bolso es de piel, y contiene mi pasaporte. ¿**Lo** tiene?

page 31

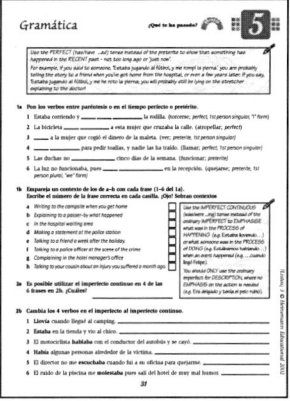

1a

1 Estaba corriendo y **me he torcido** la rodilla.
2 La bicicleta **ha atropellado** a esta mujer que cruzaba la calle.
3 **Vi** a la mujer que cogió el dinero de la maleta.
4 **He llamado** para pedir toallas, y nadie las ha traído.
5 Las duchas no **funcionaron** cinco días de la semana.
6 La luz no funcionaba, pues **nos quejamos** en la recepción.

1b

a 5, **b** 2, **c** 1, **d** 3, **e** 6, **f** –, **g** 4, **h** –

2a

1, 3, 5, 6

2b

Estaba lloviendo
–
estaba hablando
–
no me estaba escuchando
me estaba molestando

page 32

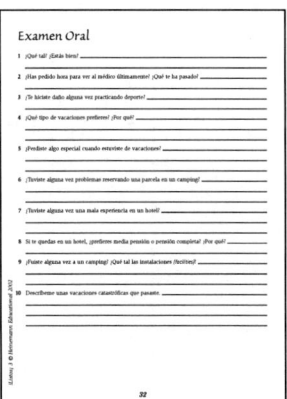

Main topics and objectives	Grammar	Skills
Repaso (pp. 80–81) Describing food, meals and mealtimes Revising numbers and time		Importance of knowing numbers for describing times, ages, telephone numbers, addresses, etc.
1 Ayudando en casa (pp. 82–83) Saying what household chores you do, why and how often	Personal object pronouns	Using different tenses in your written work
2 Un trabajo a tiempo parcial (pp. 84–85) Describing part-time jobs Saying how you spend your money		
3 Prácticas laborales (pp. 86–87) Describing work experience Discussing the pros and cons of work experience	The imperfect tense The gerund	
4 La vida sana (pp. 88–89) Describing lifestyle Giving and receiving health advice	Impersonal verbs Formal imperatives	

Key language

¿Qué tomas para el desayuno/la comida/la cena durante la semana/los fines de semana?

¿A qué hora desayunas/comes/cenas?

Desayuno a las …/con mis padres.

Los fines de semana me levanto más tarde.

Tomo tostadas con mantequilla o mermelada.

Me gusta el zumo de fruta/una bebida caliente.

Me gustan los cereales y una taza de té.

Bebo café solo/café con leche/chocolate.

No como nada. No tengo hambre por la mañana.

Cuando voy al colegio como en el comedor con mis amigos.

Una comida típica consiste en sopa de pescado, filete o chuleta con patatas.

Se suele beber vino o cerveza.

Se comen mariscos o carne.

Para la cena durante la semana no como mucho.

Ceno muy temprano.

Numbers up to 9999

A la/A las (+ time in 12- or 24-hour clock)

¿Qué haces en casa para ayudar?

¿Qué hacen tus hermanos?

Lavo el coche. Lavo la ropa. Plancho la ropa. Pongo la mesa. Quito la mesa. Quito el polvo. Hago las camas. Hago la compra. Corto el césped. Ayudo en el jardín. Preparo las comidas. Limpio mi habitación. Paso la aspiradora. Friego los platos.

siempre, nunca, a menudo, a veces, dos o tres veces a la semana

Tengo que/Mi hermano tiene que preparar las comidas/ hacer todo el trabajo en casa.

Mi hermana no hace nada.

¿Puedo ayudar/fregar los platos?

Mis padres me dan €15 a la semana/me pagan.

Mi padre me ayuda con mis deberes.

¿Tienes un trabajo (a tiempo parcial)?

Sí. Trabajo como canguro/recepcionista.

Trabajo de dependiente/a.

Soy camarero/a. Soy peluquero/a.

¿Dónde trabajas?

Trabajo en un garaje/en la caja en un supermercado/ en una hamburguesería.

Reparto periódicos/leche.

Paseo a los perros.

No, no tengo trabajo de momento.

¿Cuándo trabajas?

Trabajo de lunes a viernes de ocho a dos.

Trabajo dos días a la semana/los fines de semana.

¿Cuánto ganas? ¿Te pagan bien?

Gano bastante/€40.

Está bien/mal pagado.

Mis padres me dan €60 al mes.

¿Cómo vas al trabajo?

Voy andando/en autobús.

¿Qué opinas tú de tu trabajo?

Me gusta muchísimo porque me gustan los niños/quiero ser mecánico cuando termine mis estudios.

Lo odio porque estoy cansado.

¿En qué gastas el dinero?

Compro ropa. Gasto mi dinero en salir.

CDs, minidiscos, vídeos, partidos de fútbol, juegos de ordenador, tebeos, revistas, libros, caramelos, chocolate

Salgo con mis amigos. Voy al cine.

Ahorro una parte de mi dinero.

¿Por qué? Porque quiero comprarme un nuevo ordenador.

¿Dónde hiciste tus prácticas (laborales)?

Hice mis prácticas en un supermercado/un polideportivo/ una oficina/una escuela primaria.

¿Cómo era tu rutina?

Todos los días me levantaba a las …

Empezaba a las …

Trabajaba de ocho a cuatro.

Tenía una hora libre a mediodía.

Terminaba a las …

¿Qué hacías?

Hice muchas tareas diferentes.

Pasaba mi tiempo trabajando en la caja/rellenando los estantes/ayudando a los clientes/escribiendo en el ordenador/contestando llamadas telefónicas.

¿Te gustó?

Me trataron bien los dependientes.

Los clientes estaban impacientes.

Fue un poco monótono.

Todos los días hacía las mismas cosas.

¿Estás a favor o en contra de las prácticas laborales?

Yo creo que es una buena idea.

Te da la oportunidad de aprender cómo es un trabajo/tener experiencia de la vida adulta.

Para mí fue una pérdida de tiempo.

Me trataron como un esclavo.

Se debe hacer ejercicio/comer más fruta y menos grasa/ evitar beber demasiado café/dormir ocho horas/ controlar el estrés.

No se debe fumar cigarrillos ni tomar drogas/comer mucha comida basura.

¿Llevas una vida sana?

Bastante, creo. No, no tengo tiempo. No, francamente, no.

¿Comes bien?

Sí, como mucha fruta y vitaminas y evito la grasa.

No, en absoluto. Me encantan las patatas fritas.

Soy vegetariano/a.

¿Haces bastante ejercicio?

Voy al polideportivo tres veces a la semana.

Voy al colegio en bici todos los días.

Me gusta el balonmano pero no juego mucho.

¿Tienes algún vicio?

Me gusta el vino. Tomo dos o tres vasos con amigos.

Los cigarrillos. Fumo dos paquetes al día.

¿Te sientes estresado?

No. Estoy bien. Tengo buenos amigos y estoy contento.

Sí, a veces. Tengo que entrenar y estudiar y es difícil.

Un poco pero es normal, ¿no?

Depende.

Main topics and objectives	Grammar	Skills
5 Los medios de comunicación (pp. 90–91) Describing TV programmes and films Discussing viewing/listening habits Expressing preferences and opinions		

Key language

¿Qué vamos a ver en la televisión/esta tarde?

¿Qué quieres ver?

¿Te gustan …? (No) me gustan …

los concursos, los dibujos animados, los documentales

las comedias, las telenovelas, las emisiones deportivas, las noticias, las películas

Son emocionantes/estupendos/tontos/aburridísimos.

¿Qué ponen? ¿A qué hora la ponen?

Hay una serie/un programa de música a las siete en La 2.

¿Ves mucho la televisión? ¿Cúantas horas de televisión ves/de radio escuchas a la semana?

¿Qué tipo de programa te gusta más/no te gusta? ¿Por qué?

¿Qué viste en la televisión anoche? ¿Cómo fue?

¿Vas a menudo al cine? ¿Por qué (no)?

Creo que la televisión es peligrosa/educativa/una pérdida de tiempo.

Ofrece muchas cosas interesantes/un servicio importante.

Hay demasiada violencia. Hay que seleccionar bien los programas.

La gente ve la televisión y no se habla.

Prefiero escuchar la radio porque se pueden hacer otras cosas al mismo tiempo.

Es una película policíaca/romántica/de acción/de ciencia ficción.

Es una historia de amor/amistad/guerra.

¿De qué se trata? Cuenta la historia de/Se trata de …

El héroe/La heroína tiene que …

X se enamora de Y que ama a Z.

Hay un robo/un secuestro/una misión secreta.

Al principio/Al final, X muere/gana/pierde.

Main topics and objectives

Describing food, meals and mealtimes
Revising numbers and time

Skills

Importance of knowing numbers for describing times, ages, telephone numbers, addresses, etc.

Key language

¿Qué tomas para el desayuno/la comida/la cena durante la semaña/los fines de semana?
¿A qué hora desayunas/comes/cenas?
Desayuno a las …/con mis padres.
Los fines de semana me levanto más tarde.
Tomo tostadas con mantequilla o mermelada.
Me gusta el zumo de fruta/una bebida caliente.
Me gustan los cereales y una taza de té.
Bebo café solo/café con leche/chocolate.

No como nada. No tengo hambre por la mañana.
Cuando voy al colegio como en el comedor con mis amigos.
Una comida típica consiste en sopa de pescado, filete o chuleta con patatas.
Se suele beber vino o cerveza.
Se comen mariscos o carne.
Para la cena durante la semana no como mucho.
Ceno muy temprano.
Numbers up to 9999
A la/A las (+ time in 12- or 24-hour clock)

Resources

Cassette C, side 1
CD 2, track 14
Cuaderno pp. 33–38
Hablar p. 95
Trabajo de curso pp. 156–157
Leer y escribir pp. 170–171

1a Lee lo que comen los miembros de la familia. ¿Quién escribe? Empareja las frases con las personas.

Reading: breakfast food and drink.

Answers

1 Pili, 2 mi madre, 3 Felipe, 4 mi madre, 5 yo Ana, 6 Pili

1b Lee la rutina de Ángel y escucha su descripción de su desayuno, comida y cena. Apunta la información suplementaria.

Listening and reading: mealtimes and what people eat and drink. This is quite demanding because it builds on what students have already read. Students should preferably listen first without writing anything and then listen to the recording again in sections and make notes in English.

Answers

The extra information is as follows:
Gets up at 6.30; has breakfast with parents; has butter and jam on toast; sometimes has orange juice.
Gets up at 10.00 at weekends; sometimes has cereals; has white coffee or hot chocolate.

Eats at school, in the dining room with his friends, because he lives at a distance; fish soup, steak, chops and paella mentioned as examples; cheese as dessert.
Eats with family at weekend; prawns and squid, salmon and trout mentioned;

For dinner during week doesn't eat much; mentions fruit as further option for dessert; eats dinner early.
At weekend, bananas also mentioned as dessert.

Tapescript

Bueno, mi rutina diaria es la siguiente: un día de colegio me levanto a las seis y media. Desayuno con mis padres. Tomo tostadas con mantequilla, mermelada y queso. Bebo café solo y a veces zumo de naranja.

Los fines de semana me levanto más tarde, a las diez. Tomo pan y mantequilla o cereales. Bebo café con leche o chocolate.

Cuando voy al colegio como en el comedor con mis amigos. Como en el colegio porque está lejos de casa. Una comida típica consiste en sopa de pescado, filete o chuleta con patatas o una paella y, de postre, arroz con leche, flan, helado o queso. Bebo agua.

Los sábados y domingos como más tarde con toda la familia. Una comida típica sería ensalada, gambas o calamares y después pollo o pescado. Me gusta el salmón y la trucha. De postre hay queso o fruta. Se suele beber vino o cerveza.

Para la cena durante la semana no como mucho: verduras – guisantes o judías, una tortilla francesa y, de postre, un yogur o fruta. Bebo agua. Ceno muy temprano, a las nueve.

Los fines de semana ceno a las diez. Se comen mariscos o carne – chuletas o filete. De postre como un flan o fruta. Como mucha fruta: uvas, melocotones y plátanos. Bebo un vaso de vino y agua.

1c Con tu compañero/a pregunta y contesta sobre lo que comes y bebes durante la semana y los fines de semana.

Speaking: mealtimes, food and drink. Question and answer pairwork.

1d Haz una descripción de lo que comiste y bebiste en las comidas el fin de semana pasado. ¿Qué te gustó y por qué/por qué no? ¿A qué hora comiste y con quién?

Writing: mealtimes, food and drink.

2a Un poco de gimnasia mental. Túrnate con tu compañero/a para leer estos números en voz alta.

Speaking: numbers. As the **¡Ojo!** reminds students, numbers are extremely important in modern language examinations. They occur very frequently, in a variety of contexts, in all aspects of every test, and they can make the difference of a grade. This activity is one of many that can be used for whole-class, group, pair or individual practice. To challenge your students further, you could ask them to count backwards or to use different starting points: 13, 24, 35 (i.e. both digits increasing by one). Such activities can be used regularly to ensure that students can use numbers quickly and confidently.

2b Escucha las conversaciones (1–4) y apunta las horas mencionadas.

Listening: times in the 12- and 24-hour clock. You may wish to revise time (including the 24-hour clock) before students do this activity.

Answers

1 20.30, 2 7.30–9.00, 3 22.40, 4 10.30/22.30

Tapescript

1 – ¿A qué hora empieza la película?
  – A las veinte treinta.
2 – ¿A qué hora se sirve el desayuno en el hotel?
  – Entre las siete y media y las nueve.
3 – ¿A qué hora sale el tren?
  – Sale a las veintidós cuarenta.
4 – ¿Cenas temprano o tarde?
  – Ceno a las diez y media normalmente.

2c Escribe diez horas en un papel. Di las horas a tu compañero/a. Tu compañero/a apunta las horas y luego compara su versión con la tuya.

Speaking: telling the time. Working in pairs, students take turns to note down the times that their partners read out to them. They compare notes afterwards to check each other's efforts.

2d Escucha la información sobre miembros de la familia. Apunta la edad de cada uno.

Listening: ages. Students note down the ages they hear. You could invite the more able students to note down additional information.

Answers

Marisol 46, José 23, Conchita 39, Javier 86, Pablo 8, Jaime 58, Miguel 16, Alonso 12, Rafa 16, Nuria 76

Tapescript

1 Mi madre se llama Conchita y tiene treinta y nueve años.
2 Tengo dos primos: Miguel y Rafa. Son gemelos. Tienen dieciséis años.
3 Mis hermanos se llaman José y Alonso. José es el mayor. Tiene veintitrés años. Alonso tiene doce años.
4 Mi abuela se llama Nuria. Tiene setenta y seis años.
5 Mi abuelo tiene ochenta y seis años. Se llama Javier.
6 Mi hermano menor se llama Pablo. Tiene ocho años.
7 Mis padres están divorciados. Mi madre Marisol tiene cuarenta y seis años y mi padrastro Jaime cincuenta y ocho.

2e Las telenovelas ('soaps') tienen muchas veces familias complicadas. Escoge una familia de tu telenovela favorita. Escribe una lista de los miembros de la familia y cúantos años tienen (puedes imaginarlo).

Writing: ages. Encourage students to write the ages in words, e.g. *Ted tiene cincuenta años.*

1 Ayudando en casa

(Student's Book pages 82–83)

Main topics and objectives

Saying what household chores you do, why and how often

Grammar

Personal object pronouns

Skills

Using different tenses in your written work

Key language

¿Qué haces en casa para ayudar?
¿Qué hacen tus hermanos?
Lavo el coche. Lavo la ropa. Plancho la ropa. Pongo la mesa. Quito la mesa. Quito el polvo. Hago las camas. Hago la compra. Corto el césped. Ayudo en el jardín. Preparo las comidas. Limpio mi habitación.

Paso la aspiradora. Friego los platos.
siempre, nunca, a menudo, a veces, dos o tres veces a la semana
Tengo que/Mi hermano tiene que preparar las comidas/hacer todo el trabajo en casa.
Mi hermana no hace nada.
¿Puedo ayudar/fregar los platos?
Mis padres me dan €15 a la semana/me pagan.
Mi padre me ayuda con mis deberes.

Resources

Cassette C, side 1
CD 2, track 15
Cuaderno pp. 33–38
Hablar p. 95
Trabajo de curso pp. 156–157
Leer y escribir pp. 170–171
Gramática 4.2–3 (pp. 185–186)

1a Empareja los dibujos con las tareas.

Reading: household chores.

Answers

1 C, 2 G, 3 F, 4 E, 5 B, 6 N, 7 I, 8 J, 9 A, 10 K, 11 M, 12 L, 13 D, 14 H

1b Haz un sondeo en la clase. Anota las respuestas y escribe los resultados como en el ejemplo.

Speaking: household chores and frequency. Surveys can be a good way of getting students to speak and practise the language intensively. In order for them to be effective, the students must be very confident with the questions and you must insist on the use of Spanish. After drilling the questions, you might like to give students a grid like the one in the Student's Book, on which they can register the responses.

1c Escucha las entrevistas con seis jóvenes. Apunta lo que hacen y por qué.

Listening: household chores. Students can note down their answers in English or Spanish. There is a great deal of information to record and it would be helpful to break it down: students could listen for the chores first, and then have the recording played again several times so that they can note down the reasons for doing the chores. Less able students could be given a tick list of the household chores or have the sentences provided in speech bubbles and be required to match each bubble to the correct speaker.

Answers

	¿Qué?	¿Por qué?
1	Hago las camas, pongo la mesa y paso la aspiradora.	Mis padres me dan €15 a la semana.
2	Limpio mi habitación: quito el polvo y arreglo mis cosas.	Prefiero una habitación limpia.
3	Preparo el desayuno y hago la compra los sábados.	Mi madre está divorciada y tiene mucho trabajo con mis hermanos muy pequeños.
4	Pongo la mesa, quito la mesa y friego los platos.	Porque mis padres me pagan.
5	Lavo la ropa y plancho las camisas y camisetas.	Me gusta; no es difícil.
6	Trabajo en el jardín.	Mi padre me ayuda con mis deberes de matemáticas.

Tapescript

1 – ¿Abraham, qué haces en casa?
   – Pues, hago las camas y pongo la mesa para la cena. También a veces paso la aspiradora.
   – ¿Por qué ayudas a tus padres?
   – Porque me dan dinero: 15 euros a la semana.
2 – Alicia, ¿qué haces en casa?
   – Yo, muy poco. Limpio mi habitación y eso es todo. Quito el polvo y arreglo mis cosas.
   – ¿Por qué ayudas?
   – Bueno, es mi habitación y prefiero una habitación limpia.
3 – Joaquín, qué haces en casa?
   – Bueno, preparo el desayuno y hago la compra los sábados.
   – ¿Por qué haces eso?

– Porque mi madre está divorciada y mis hermanos son muy pequeños: sólo tienen tres años y mi madre tiene mucho trabajo.

4 *– Mariluz, ¿qué haces en casa?*
– Yo pongo la mesa, quito la mesa y friego los platos.
– ¿Por qué ayudas a tu madre?
– Porque mis padres me pagan.

5 *– Ana, ¿qué haces en casa?*
– Yo lavo la ropa dos o tres veces a la semana y plancho las camisas y camisetas.
– ¿Por qué trabajas?
– Porque me gusta. No es difícil.

6 *– Teo, ¿qué haces tú?*
– Yo ayudo a mi padre en el jardín todos los domingos.
– ¿Por qué haces eso?
– Mi padre me ayuda con mis deberes de matemáticas.

Gramática

Personal object pronouns.

2a Lee las cartas y decide si las soluciones de abajo se refieren a la carta de Mercedes o de Ángel.

Reading: letters to problem page about chores.

Answers

1 Mercedes, 2 Ángel, 3 Mercedes, 4 Ángel, 5 Mercedes

2b Haz conversaciones con tu compañero/a. Estás en casa de una familia española después de la comida.

Speaking: household chores and offering to help. Guided role-play.

2c Escribe una carta a un(a) amigo/a español(a). Di lo que haces en casa y lo que te dan tus padres.

Writing: household chores and pocket money. Note the **¡Ojo!** advice to find ways of introducing different tenses.

2d Soy mejor que tú. Túrnate con tu compañero/a para decir lo que hiciste el sábado pasado y añade una cosa cada vez.

Speaking: household chores in the preterite. This is a variation on 'I went to market and bought …'. It is a useful activity for any topic because it combines repetition of key language with a challenge and an element of fun. Most importantly, it is a quick and simple student-centred activity that can be introduced to offer students more intensive practice while allowing the teacher to rest his or her voice and attend to any individuals who require extra help or guidance.

2 Un trabajo a tiempo parcial

(Student's Book pages 84–85)

Main topics and objectives

Describing part-time jobs
Saying how you spend your money

Key language

¿Tienes un trabajo (a tiempo parcial)?
Sí. Trabajo como canguro/recepcionista.
Trabajo de dependiente/a.
Soy camarero/a. Soy peluquero/a.
¿Dónde trabajas?
Trabajo en un garaje/en la caja en un supermercado/en una hamburguesería.
Reparto periódicos/leche.
Paseo a los perros.
No, no tengo trabajo de momento.
¿Cuándo trabajas?
Trabajo de lunes a viernes de ocho a dos.
Trabajo dos días a la semana/los fines de semana.
¿Cuánto ganas? ¿Te pagan bien?
Gano bastante/€40.
Está bien/mal pagado.
Mis padres me dan €60 al mes.

¿Cómo vas al trabajo?
Voy andando/en autobús.
¿Qué opinas tú de tu trabajo?
Me gusta muchísimo porque me gustan los niños/ quiero ser mecánico cuando termine mis estudios.
Lo odio porque estoy cansado.
¿En qué gastas el dinero?
Compro ropa. Gasto mi dinero en salir.
CDs, minidiscos, vídeos, partidos de fútbol, juegos de ordenador, tebeos, revistas, libros, caramelos, chocolate
Salgo con mis amigos. Voy al cine.
Ahorro una parte de mi dinero.
¿Por qué? Porque quiero comprarme un nuevo ordenador.

Resources

Cassette C, side 1
CD 2, track 16
Cuaderno pp. 33–38
Hablar p. 95
Trabajo de curso pp. 156–157
Leer y escribir pp. 170–171

1a Empareja los trabajos con las definiciones.
¡Ojo! Sobran definiciones.

Reading: part-time jobs. Matching jobs to definitions.

Answers

canguro 1; camarero/a 2, 10; dependiente/a 5, 6;
peluquero/a 7

1b Lee lo que te han escrito estos jóvenes. Pon las fichas en orden bajo cada categoría.

Reading: part-time jobs, working hours, pay, etc. Students rank the four writers according to each of the criteria. The last one is for students themselves to decide.

Answers

¿quién trabaja más horas? Ignacio (12 horas), Luisa (10), Miguel Ángel (8), Susana (0)
¿quién gana más dinero? Ignacio (€60), Miguel Ángel (€42), Luisa (€40), Susana (€35)
¿a quién le gusta más el trabajo? Ignacio (me encanta), Miguel Ángel (me gusta bastante), Luisa (me gustan los niños pero es mucho después de clase)

1c Escucha las entrevistas con cinco jóvenes. Apunta la información.

Listening: part-time jobs. Students listen for a range of information and can note it down in English or Spanish, depending on their ability. It is for the teacher to judge how much pre-listening practice and support students need. For weaker students it might be helpful to provide the grid below with some of the information blanked out.

	¿Qué?	¿Dónde?	¿Cuándo?	¿Cuánto gana?	¿Cómo va al trabajo?
1	recepcionista	hotel	fines de semana 9–5	€76	andando
2	dependiente	tienda	sábados 8–6	€42	en autobús
3	peluquera	peluquería de su hermana	lunes a viernes 5–8, sábados 9–7	€75	en el coche de su hermana
4	mecánico	garaje	lunes a viernes 8–1	€105	en su coche viejo
5	camarera	cafetería	sábados y domingos 1–8	€28	en bicicleta

Tapescript

1 – ¿Tienes un trabajo?
 – Sí. Trabajo de recepcionista en un hotel.
 – ¿Cuándo trabajas?
 – Los fines de semana, de nueve a cinco.
 – ¿Está bien pagado el trabajo?
 – Bastante. Gano 76 euros a la semana.
 – ¿Cómo vas al hotel?
 – Voy andando porque está muy cerca.
 – Gracias.

2 – ¿Tienes un trabajo a tiempo parcial?
 – Sí, soy dependiente en una tienda.
 – ¿Cuándo trabajas?
 – De ocho a seis los sábados.
 – ¿Te pagan bien?
 – Bueno, 42 euros.
 – ¿Cómo vas al trabajo?
 – Voy en autobús. Es muy difícil porque tengo que coger dos autobuses y tardo una hora en llegar.
 – Bien, gracias.

3 – ¿Tienes un empleo?
 – Sí, trabajo en la peluquería de mi hermana.
 – ¿Cuándo trabajas?
 – Normalmente de cinco a ocho de lunes a viernes y todo el sábado de nueve a siete.
 – Muchas horas.
 – Sí.
 – Entonces ganas mucho.
 – ¡Qué va! Recibo 75 euros a la semana. Se gana poco en las peluquerías.
 – ¿Cómo vas a la peluquería?
 – Voy en el coche de mi hermana.

4 – ¿Tienes un trabajo?
 – Sí, trabajo en un garaje.
 – ¿Trabajas los sábados?
 – No, trabajo de ocho a una de lunes a viernes.
 – ¿Cuánto ganas?
 – 105 euros.
 – ¿Vas al garaje en coche?
 – Sí, tengo un coche viejo.

5 – ¿Tienes un trabajo?
 – Sí, trabajo como camarera en una cafetería.
 – ¿Cuándo trabajas?
 – Sábados y domingos por la tarde de una a ocho.
 – ¿Ganas mucho?
 – No, 28 euros.
 – ¿Cómo vas a la cafetería?
 – Voy en bicicleta. Sólo tardo diez minutos en llegar.
 – Gracias.

1d Imagina que tienes estos puestos de trabajo o habla de tu trabajo. Contesta a las preguntas y da tu propia opinión.

Speaking: part-time jobs and opinions. Pairwork based on five sets of visual cues.

1e Escribe 80 palabras sobre tu trabajo a tiempo parcial diciendo lo que haces, cuánto ganas y si te gusta. Puedes incluir trabajos que has tenido antes.

Writing: part-time jobs and opinions.

2a ¿En qué gastas el dinero? Lee el artículo y decide si las frases son verdad o mentira.

Reading: spending money. True or false activity.

Answers

1 ✓, 2 ✓, 3 ✓, 4 ✗, 5 ✓, 6 ✗, 7 ✓

2b Escucha las entrevistas con cinco jóvenes. Apunta en qué gastan su dinero.

Listening: spending money. Students note down what the speakers spend their money on. They can write the answers in Spanish. All the words have been covered in **2a** and are given in writing in the survey on page 85.

Answers

1 ropa, CDs y salir con amigas
2 juegos de ordenador, tebeos y revistas; ahorra una parte del dinero
3 fútbol: entradas, pósters, camisetas
4 salir: al cine y a los bares
5 chocolate y patatas fritas; ahorra para las vacaciones

Tapescript

1 – ¿En qué gastas tu dinero, Pilar?
 – Yo gasto mi dinero en ropa.
 – ¿Algo más?
 – Sí, compro CDs y salgo con mis amigas.
 – Gracias.

2 – ¿En qué gastas el dinero, Alfredo?
 – Pues, me gustan mucho los juegos de ordenador. Compro muchos. También compro tebeos y revistas.
 – ¿De ordenador?
 – Sí. También ahorro una parte de mi dinero.
 – ¿Por qué?
 – Porque quiero comprarme un nuevo ordenador.

3 – ¿En qué gastas el dinero, Miguel?
 – Soy aficionado del Real Madrid y voy a todos los partidos. Gasto todo mi dinero en fútbol: entradas, pósters, camisetas. Mis padres creen que estoy loco.

4 – ¿En qué gastas el dinero, Ana?
 – Gasto mi dinero en salir. Voy al cine una vez a la semana si hay una buena película y voy a bares con mis amigos. Salgo todos los viernes y sábados.

5 – ¿En qué gastas el dinero, Fátima?
 – Gasto muy poco. Mis padres me pagan la ropa y no salgo mucho – a veces el sábado por la noche. Ahorro dinero para las vacaciones. Compro chocolate y patatas fritas durante la semana, pero nada más.

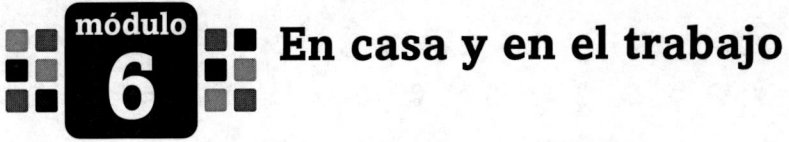

2c Habla un minuto sobre el trabajo … y el dinero …

Speaking: part-time jobs and spending money. Encourage students to record their work, either in class or at home, have it corrected and keep it for revision.

2d Escribe la información de 2c para incluirlo en tu fichero personal.

Writing: part-time jobs and spending money. A written record for revision.

3 Prácticas laborales

(Student's Book pages 86–87)

Main topics and objectives

Describing work experience
Discussing the pros and cons of work experience

Grammar

The imperfect tense
The gerund

Key language

¿Dónde hiciste tus prácticas (laborales)?
Hice mis prácticas en un supermercado/un polideportivo/una oficina/una escuela primaria.
¿Cómo era tu rutina?
Todos los días me levantaba a las …
Empezaba a las …
Trabajaba de ocho a cuatro.
Tenía una hora libre a mediodía.
Terminaba a las …
¿Qué hacías?
Hice muchas tareas diferentes.
Pasaba mi tiempo trabajando en la caja/rellenando los estantes/ayudando a los clientes/escribiendo en el ordenador/contestando llamadas telefónicas.
¿Te gustó?
Me trataron bien los dependientes.
Los clientes estaban impacientes.
Fue un poco monótono.
Todos los días hacía las mismas cosas.
¿Estás a favor o en contra de las prácticas laborales?
Yo creo que es una buena idea.
Te da la oportunidad de aprender cómo es un trabajo/tener experiencia de la vida adulta.
Para mí fue una pérdida de tiempo.
Me trataron como un esclavo.

Resources

Cassette C, side 1
CD 2, track 17
Cuaderno pp. 33–38
Hablar p. 95
Trabajo de curso pp. 156–157
Leer y escribir pp. 170–171
Gramática 5.8 (p. 192); 5.11 (p. 194)

1a Lee las descripciones de las prácticas que hicieron estos jóvenes. Empareja cada frase de abajo con una persona.

Reading: accounts of work experience. Matching statements to texts.

Answers

1 Carmen, 2 Beatriz, 3 Nacho, 4 Manolo

1b Escucha a las mismas personas. Cada persona comete tres errores. Apúntalos.

Listening: accounts of work experience. Students will need to be very familiar with the language in **1a** before doing this listening activity. You could play the recording through once without students writing anything, to avoid placing excessive demands on them (reading, listening and writing at the same time).

Answers

Nacho: did work experience in a supermarket (not market); got up at 5 (not left the house at 5); finished at 4 (not 3.15).
Beatriz: is sporty (*deportista*) not an optimist (*optimista*); worked 8–4 or 2–10 (not 8.15–10); spent time in the gym (not doing gymnastics).
Manolo: worked 2 weeks (not months); worked with ages 6–11 (not 7–11); break was at 10.30 (not at 10).
Carmen: worked 9–5 (not 9.30–5.30); had an hour for lunch (not half an hour); had lunch in the main square (not in the shopping centre).

Tapescript

Nacho: ¡Hola! Soy Nacho. Hice mis prácticas en el mercado. Todos los días salía de casa a las cinco – ¡fíjate, a las cinco! – y cogía el primer autobús al mercado que está a diez kilómetros de mi casa a las afueras. Hice muchas tareas diferentes: trabajando en la caja, rellenando los estantes, ayudando a los clientes, limpiando. Me trataron bien los dependientes, pero a veces los clientes estaban impacientes. Terminaba a las tres y cuarto y estaba tan cansado que no podía salir.

Beatriz: Me llamo Beatriz. Yo encontré un trabajo en un polideportivo. Soy bastante optimista y me lo llevaba bien. Trabajaba de ocho y cuarto hasta las diez. Pasaba unas horas en la piscina y otras horas haciendo gimnasia. Me trataron bastante bien, pero era un poco monótono después de un rato.

Manolo: Soy Manolo. Fui a trabajar en una escuela primaria. Empezaba a las ocho todos los días durante dos meses. Trabajaba con clases diferentes de siete a once. Los pequeños eran los más difíciles. Necesitaban mucha ayuda con todo. Había una pausa a las diez y la comida, pero no había nunca tiempo libre. Siempre había alguien que te necesitaba. ¡Y el ruido de 400 personas en el patio! Cuando volvía a casa ponía música tranquila para calmarme.

Carmen: Me llamo Carmen. Trabajaba en una oficina de una compañía de seguros. Había muchísima gente allí, muchos directores y secretarias que no conocía. Trabajaba como secretaria y pasaba mi tiempo escribiendo en el ordenador y contestando llamadas telefónicas. Empezaba a las nueve y media y terminaba a las cinco. Tenía media hora libre a mediodía y solía ir de compras con otras secretarias y comer algo en el centro comercial. Después de unos días me sentía muy contenta allí. Me gustaría trabajar en una oficina cuando termine mis estudios.

En casa y en el trabajo

1c Túrnate con tu compañero/a para hacer conversaciones. Tu amigo/a español(a) te está haciendo preguntas sobre tus prácticas.

Speaking: work experience. Guided question and answer practice.

Gramática

The imperfect tense.

Gramática

The gerund.

2a Lee las opiniones de estos jóvenes. ¿Están a favor o en contra de las prácticas laborales?

Reading: the pros and cons of work experience. You could encourage students to make brief notes in English to support their answers.

Answers

1 In favour: good experience of work and adult life; offers possibility of work at the same place later.
2 Against: used as a 'slave' and a 'gopher'; didn't learn anything and didn't earn any money.
3 In favour: good to be away from school for two weeks; two weeks doing a job (s)he likes has given the incentive to study and work towards achieving it.

2b Lee la carta y escribe una respuesta (100 palabras).

Writing: work experience.

4 La vida sana

(Student's Book pages 88–89)

Main topics and objectives

Describing lifestyle
Giving and receiving health advice

Grammar

Impersonal verbs
Formal imperatives

Key language

Se debe hacer ejercicio/comer más fruta y menos grasa/evitar beber demasiado café/dormir ocho horas/controlar el estrés.
No se debe fumar cigarrillos ni tomar drogas/comer mucha comida basura.
¿Llevas una vida sana?
Bastante, creo. No, no tengo tiempo. No, francamente, no.
¿Comes bien?
Sí, como mucha fruta y vitaminas y evito la grasa.
No, en absoluto. Me encantan las patatas fritas.
Soy vegetariano/a.

¿Haces bastante ejercicio?
Voy al polideportivo tres veces a la semana.
Voy al colegio en bici todos los días.
Me gusta el balonmano pero no juego mucho.
¿Tienes algún vicio?
Me gusta el vino. Tomo dos o tres vasos con amigos.
Los cigarrillos. Fumo dos paquetes al día.
¿Te sientes estresado?
No. Estoy bien. Tengo buenos amigos y estoy contento.
Sí, a veces. Tengo que entrenar y estudiar y es difícil.
Un poco pero es normal, ¿no?
Depende.

Resources

Cassette C, side 1
CD 2, track 18
Cuaderno pp. 33–38
Hablar p. 95
Trabajo de curso pp. 156–157
Leer y escribir pp. 170–171
Gramática 5.6 (p. 191); 5.22 (p. 199)

1a ¿Verdadero o falso? Corrige los consejos falsos.

Reading: advice on healthy living. True or false activity.

Answers

1	✓
2	✗ Se debe beber menos alcohol y más agua.
3	✓
4	✗ Se debe comer menos comida basura.
5	✓
6	✗ Se debe hacer ejercicio tres veces a la semana.
7	✓
8	✓
9	✗ Se debe acostarse temprano.
10	✓

Gramática

Impersonal verbs.

1b Lee tres mensajes mandados a una revista española. ¿Qué consejos serían útiles para cada persona? Se puede usar los consejos de 1a y otras.

Reading: healthy living. Students link emails to a problem page with the advice in **1a**.

1c Escucha las entrevistas con cinco jóvenes y apunta sus respuestas a estas preguntas.

Listening: lifestyle, bad habits, stress. This listening comprehension activity involves a lot of information. You can decide whether to ask your students to listen for all the information at once, listen for one aspect at a time or listen for some aspects and regard any other information as a bonus. Weaker students could be given the grid below with some of the information already filled in.

Answers

	¿Llevas una vida sana?	¿Comes bien?	¿Haces bastante ejercicio?	¿Tienes algún vicio?	¿Te sientes estresado/a?
1	bastante	sí, mucha fruta y vitaminas, poca grasa	no, natación una vez a la semana	el vino	no, contenta
2	no	no, patatas fritas y no come fruta ni verdura	no, va en coche, odia el deporte	los cigarrillos (dos paquetes al día)	no
3	sí	sí, muchos cereales y poca grasa, es vegetariana	3 ó 4 horas al día en la gimnasia o en la piscina	no tiene tiempo para vicios	sí, a veces
4	más o menos	bastante, comida basura y buena comida	va al polideportivo 3 veces a la semana, va al colegio en bici todos los días	bebe cerveza cuando sale los fines de semana	un poco
5	no	bastante bien, demasiado alcohol y café	va al colegio andando, juega un poco al balonmano	el chocolate	a veces sí, a veces no

121

En casa y en el trabajo

Tapescript

1 – ¿Llevas una vida sana?
– Bastante, creo.
– ¿Comes bien?
– Sí, como mucha fruta y vitaminas y evito la grasa. No me gustan las hamburguesas, por ejemplo.
– ¿Haces bastante ejercicio?
– No. No tengo tiempo. Me gusta nadar pero sólamente voy una vez a la semana.
– ¿Tienes algún vicio?
– Me gusta el vino. Tomo dos o tres vasos con amigos.
– ¿Te sientes estresada?
– No. Estoy bien. Tengo buenos amigos y estoy contenta.
– Gracias.

2 – ¿Llevas una vida sana?
– No, francamente, no.
– ¿Comes bien?
– No, en absoluto. Me encantan las patatas fritas y no como fruta ni verdura.
– ¿Haces bastante ejercicio?
– ¡Qué va! El ejercicio es para los atletas. Voy en coche a todas partes y odio el deporte.
– ¿Tienes algún vicio?
– Los cigarrillos. Fumo dos paquetes al día.
– ¿Te sientes estresado?
– No, ¿por qué?

3 – ¿Llevas una vida sana?
– Sí, creo que sí.
– ¿Comes bien?
– Sí, como muchos cereales y muy poca grasa. Soy vegetariana también. Quiero ser bailarina y es importante comer bien.
– ¿Haces bastante ejercicio?
– Tres o cuatro horas al día: en el gimnasio y en la piscina.
– ¿Tienes algún vicio?
– No tengo tiempo.
– ¿Te sientes estresada?
– Sí, a veces. Tengo que entrenar y estudiar y es difícil.

4 – ¿Llevas una vida sana?
– Más o menos.
– ¿Comes bien?
– Como bastante bien. Me gusta todo: la comida basura a veces y la comida buena también.
– ¿Haces bastante ejercicio?
– Voy al polideportivo tres veces a la semana y voy al colegio en bici todos los días.
– ¿Tienes algún vicio?
– Salgo con los amigos los fines de semana. Bebo un poco de cerveza con ellos.
– ¿Te sientes estresado?
– Un poco, pero es normal, ¿no?

5 – ¿Llevas una vida sana?
– No.
– ¿Comes bien?
– Bastante bien pero bebo demasiado alcohol y café.
– ¿Haces bastante ejercicio?
– Voy al colegio andando y me gusta el balonmano pero no juego mucho.
– ¿Tienes algún vicio?
– El chocolate me encanta.
– ¿Te sientes estresada?
– Depende. A veces sí, y a veces no.

1d Con tu compañero/a haz conversaciones usando las preguntas de 1c.

Speaking: healthy living. Pairwork question and answer practice.

2a Lee el artículo sobre el alcohol y busca las palabras que faltan en los consejos.

Reading: advice about alcohol. The text contains quite a lot of authentic language and appears complex. Encourage students to look for cognates and to use their knowledge of the subject to anticipate what the text will say.

Answers

1 límite,	**2** zumo,	**3** estómago,	**4** decir,	**5** película,	**6** fácil

Gramática

Formal imperatives.

2b ¿Cuánto tiempo hace falta para eliminar las comidas en la tabla? Túrnate con tu compañero/a para preguntar y contestar.

Speaking: food, exercise and calories. Pairwork task. The information is taken from a Spanish website, discoveryespanol.com, which provides much more data than is given here.

2c Escribe una carta a un(a) amigo/a español(a) describiendo tu vida y el estado de salud: comida, ejercicio, estrés, … No olvides los tiempos (pasado y futuro) y las opiniones.

Writing: describing your lifestyle.

módulo 6 · 5 *Los medios de comunicación*

(Student's Book pages 90–91)

Main topics and objectives

Describing TV programmes and films
Discussing viewing/listening habits
Expressing preferences and opinions

Key language

¿Qué vamos a ver en la televisión/esta tarde?
¿Qué quieres ver?
¿Te gustan …? (No) me gustan …
los concursos, los dibujos animados, los documentales
las comedias, las telenovelas, las emisiones deportivas, las noticias, las películas
Son emocionantes/estupendos/tontos/aburridísimos.
¿Qué ponen? ¿A qué hora la ponen?
Hay una serie/un programa de música a las siete en La 2.
¿Ves mucho la televisión? ¿Cúantas horas de televisión ves/de radio escuchas a la semana?
¿Qué tipo de programa te gusta más/no te gusta? ¿Por qué?
¿Qué viste en la televisión anoche? ¿Cómo fue?
¿Vas a menudo al cine? ¿Por qué (no)?
Creo que la televisión es peligrosa/educativa/una pérdida de tiempo.

Ofrece muchas cosas interesantes/un servicio importante.
Hay demasiada violencia. Hay que seleccionar bien los programas.
La gente ve la televisión y no se habla.
Prefiero escuchar la radio porque se pueden hacer otras cosas al mismo tiempo.
Es una película policíaca/romántica/de acción/de ciencia ficción.
Es una historia de amor/amistad/guerra.
¿De qué se trata? Cuenta la historia de/Se trata de …
El héroe/La heroína tiene que …
X se enamora de Y que ama a Z.
Hay un robo/un secuestro/una misión secreta.
Al principio/Al final, X muere/gana/pierde.

Resources

Cassette C, side 2
CD 2, track 19
Cuaderno pp. 33–38
Hablar p. 95
Trabajo de curso pp. 156–157
Leer y escribir pp. 170–171

1a Lee y haz una lista de los tipos de programa mencionados. Apunta también las opiniones. Busca un ejemplo de cada tipo de programa en la televisión de tu país.

Reading: TV viewing preferences. The activity offers an opportunity for students to gather useful vocabulary on programme types and opinions.

1b Escucha las conversaciones (1–4). ¿Van a ver TVE1, La 2 o TELE5?

Listening: planning what to watch on TV. There are opportunities for substantial pre-listening practice using the listings, e.g. *¿Qué dan a las siete en La 2? ¿Que tipo de programa es?*

Answers

1 TELE5, 2 La 2, 3 La 2, 4 TVE1

Tapescript

1 – *¿Qué vamos a ver en la televisión?*
 – *Bueno, me gustan los concursos. ¿Te gustan?*
 – *A mí también.*
 – *Hay uno a las nueve.*
 – *Sí, muy bien.*
2 – *¿Qué ponen en la televisión esta tarde?*
 – *¿Te gustan las películas?*
 – *Pues depende de la película, pero en general prefiero las películas a las telenovelas.*

– *Hay una comedia a las once. Es muy divertida.*
 – *¿Cómo se llama?*
 – *"Tres hombres y un bebé."*
 – *Vale.*
3 – *¿Qué quieres ver en la televisión esta tarde?*
 – *Bueno, me gusta el deporte.*
 – *¿A qué hora empieza?*
 – *A las cinco.*
 – *Vale.*
4 – *¿Qué quieres ver en la televisión?*
 – *Bueno, no me gustan ni los dibujos animados ni los concursos.*
 – *Vamos a ver el documental y las noticias.*
 – *De acuerdo.*

1c Con tu compañero/a haz cuatro conversaciones usando la información de 1b. ¿Qué programas vais a ver?

Speaking: deciding what to watch on TV.

2a Con tu compañero/a pregunta y contesta.

Speaking: viewing and listening habits. Pairwork practice.

2b Lee las opiniones. ¿Estás de acuerdo o no con ellas o no tienes una opinión?

Reading: opinions about television. This is an open-ended activity inviting students' own views.

3a En grupos. Lee las descripciones de tres películas. Apunta información sobre ellas en inglés y compara tus apuntes con los de tus compañeros.

Reading: accounts of films. Group reading activity.

3b ¿De qué se trata? Cuenta la historia de un libro que has leído o de una película que has visto. Busca más frases útiles en 3a.

Writing: accounts of films. This is a particularly challenging task. Students may well need considerable support, in the form of a writing frame or additional expressions and vocabulary.

Topics revised

Health problems
Seeking advice from the doctor
Making a booking at a hotel
Making a complaint at a hotel
Reporting lost property and describing it
Eating and healthy living
Household chores
Part-time jobs
Media

5 *¿Qué te ha pasado?*

Conversación

General conversation about a past holiday. The areas suggested in the prompts offer ample opportunity for opinion-giving and encourage the use of the imperfect tense as well as the preterite.

Juego de rol 1, 2, 3 and 4

Role-plays on:

- reporting an injury to a doctor
- booking in to a hotel
- complaining in a hotel
- reporting lost property.

The second and third of these role-plays contain an unexpected element and students must react appropriately.

6 *En casa y en el trabajo*

Conversación 1, 2, 3 and 4

General conversations on:

- mealtimes, eating habits and healthy living
- helping around the house
- part-time jobs
- television, radio and films.

There are plenty of opportunities here for students to use a range of tenses and give opinions. The general advice at the top of page 94 reminds them to use expressions of time when talking about household routines.

Juego de rol

A role-play about watching television. In addition to expressing personal preferences, students are required to politely decline an invitation and make suggestions. You may wish to draw your students' attention to the implicit requirement to use not only different forms of address, but also different registers between this role-play and, for example, the one on page 94 about complaining in a hotel.

Presentación

Students are offered a choice of presentation topics to prepare:

- a television programme or film
- your part-time job or work experience.

Students are given a coursework-style assignment: to write about their work experience. They are presented with a model text, followed by comprehension tasks and preparation activities. The **Ayuda** section contrasts the use of the preterite and the imperfect and provides key expressions, as well as guidance on enhancing their coursework assignment.

1 Traduce al inglés las palabras en verde del texto.

Answers

> temprano – early
> agotador – exhausting
> jornada – working day
> no paré en todo el día – I didn't stop all day
> sueldo – wages, salary
> mundo laboral – world of work
> a tiempo parcial – part-time
> un bufete – (lawyer's) chambers, practice
> derecho – law

2 ¿Verdad o mentira? Corrige las frases falsas.

Answers

> 1 X, 2 ✓, 3 X, 4 X, 5 ✓, 6 X, 7 X, 8 X, 9 X,
> 10 ✓, 11 X, 12 X, 13 ✓, 14 ✓

3 Imagina que eres Manuela y contesta a las preguntas.

Answers

> 1 Mi profesor de ciencias sociales organizó las prácticas.
> 2 Me levanté temprano porque quería tener bastante tiempo para arreglarme y no llegar tarde al garaje.
> 3 Viajé en autobús.
> 4 El jefe, el señor Sánchez, me presentó a Carmen.
> 5 Empezaba a las ocho y media y terminaba a las cinco.
> 6 Hacía el café, contestaba al teléfono, tomaba los mensajes, organizaba las horas con los clientes y clasificaba varios papeles.
> 7 El sábado fue una jornada muy activa y no me paré en todo el día.
> 8 Sí, me dieron un pequeño sueldo.
> 9 En el futuro, quiero trabajar en un bufete de abogados.

1 En tus vacaciones en España ves este anuncio de trabajo en la ventana de la tienda del camping. Tu amigo Javier está interesado en el puesto y manda un mensaje al camping. Haz una lista de las razones por las que el puesto le conviene a Javier.

Reading. Students read the job advertisement and Javier's message of application, then draw up a list of reasons why the job would suit Javier.

Answers

> He is the right age (17).
> He has experience of working in a shop.
> He would like to work with tourists and get to know them.

2 Contesta a este anuncio que has visto en la cafetería del pueblo.

Writing. Following a series of bullet-point guidelines, students write a letter of application for a job with a dog-walking service.

3 En el polideportivo te dan este folleto con información sobre algunos deportes de riesgo. Léelo y contesta a las preguntas.

Reading. Students read a leaflet about extreme sports and answer questions in Spanish.

Answers

> **1** Ala delta y parapente
> **2** Rafting
> **3** Rafting, descenso en 'mountain bike' y parapente
> **4** Parapente
> **5** Descenso en 'mountain bike'
> **6** Ala delta, Rafting
> **7** Descenso en 'mountain bike'

4 Dibuja un póster para anunciar cuatro deportes: el submarinismo, el patinaje sobre hielo, la equitación y el esquí de montaña.

Writing. Students design a poster advertising four other sports, following the guidelines given.

módulo 6 Cuaderno

(pp. 33–38)

page 33

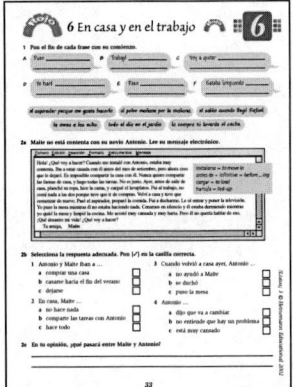

1

A Puse **la mesa a las ocho.**
B Trabajé **todo el día en el jardín.**
C Voy a quitar **el polvo mañana por la mañana.**
D Yo haré **la compra, tú lavarás el coche.**
E Paso **el aspirador porque me gusta hacerlo.**
F Estaba limpiando **el salón cuando llegó Rafael.**

2b

1 b, **2** c, **3** a, **4** b

page 34

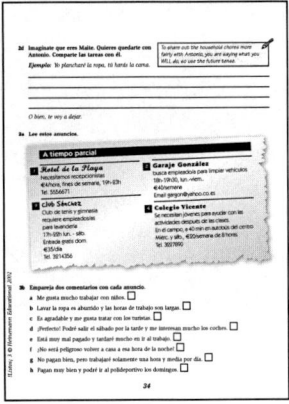

3b

a 4, **b** 3, **c** 1, **d** 2, **e** 4, **f** 1, **g** 2, **h** 3

page 35

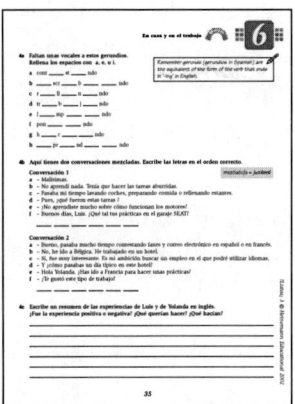

4a

contestando
escribiendo
rellenando
trabajando
limpiando
poniendo
haciendo
aprendiendo

4b

Conversación 1: f, a, e, b, d, c
Conversación 2: e, b, d, a, f, c (or e, b, f, c, d, a)

page 36

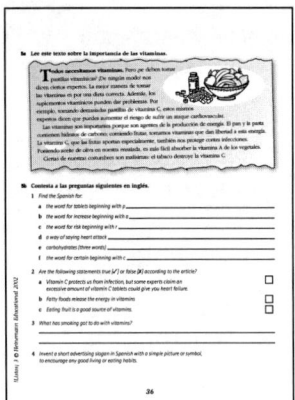

5b

1	**a**	pastillas
	b	aumentar
	c	riesgo
	d	ataque cardiovascular
	e	hidratos de carbono
	f	cierto/ciertas
2	**a**	✓
	b	✗
	c	✓
3	Tobacco destroys Vitamin C.	

page 37

1

present	imperfect	imperfect continuous	perfect	preterite	simple future	future
veo	**veía**	estaba viendo	**he visto**	vi	**voy a ver**	**veré**
voy	**iba**	**estaba yendo**	he ido	**fui**	voy a ir	**iré**
puedo	podía	**estaba pudiendo**	**he podido**	pude	**voy a poder**	podré
hago	**hacía**	**estaba haciendo**	he hecho	**hice**	**voy a hacer**	**haré**
pongo	**ponía**	**estaba poniendo**	**he puesto**	puse	**voy a poner**	**pondré**
soy	**era**	estaba siendo	**he sido**	fui	**voy a ser**	seré
tengo	tenía	**estaba teniendo**	**he tenido**	tuve	**voy a tener**	**tendré**
leo	**leía**	**estaba leyendo**	he leído	**leí**	voy a leer	**leeré**

2

a Cada mañana **daba** paseo a los perros.
b Para empezar, **lavaba** el pelo de los clientes.
c Si no estaba lloviendo, **repartía** folletos en la calle.
d **Perdía** mucho tiempo charlando con mis amigos.
e No me gustó nada; el trabajo **era** peligroso.
f Por la tarde, **veía** la televisión con los pacientes.

3

a Me **gustó** leer esta novela. Fue estupenda.
b Prefiero las noticias – no me **gustan** las telenovelas.
c Cuando tenía cinco años, me **gustaban** los dibujos animados.
d Practicar deporte me **gusta** mucho.
e Mi visita a Madrid fue fenomenal. Me **gustaron** mucho las tiendas y los museos.
f Si tengo éxito en mis exámenes el año que viene, me **gustará** ir a la universidad.

page 38

módulo 7 *De compras*

(Student's Book pages 96–109)

Main topics and objectives	Grammar	Skills
Repaso (pp. 96–97) Revising shopping for food and clothes	Direct object pronouns	
1 En los grandes almacenes (pp. 98–99) Shopping in a department store Giving directions		Taking notes during the listening test to help answer the questions later
2 ¿Qué opinas tú? (pp. 100–101) Expressing opinions and preferences about shopping	*Ir a* + infinitive	Giving reasons for opinions in the speaking and written tests
3 En el mercado (pp. 102–103) Buying food	Demonstrative adjectives	
4 ¡Grandes rebajas! (pp. 104–105) Buying clothes Making comparisons	Comparatives Superlatives	

Key language

¿Qué desea? ¿Cuánto(s)/a(s) quiere?	unos calcetines, unos guantes, unos pantalones,
Quiero un kilo de jamón serrano.	unos vaqueros, unos zapatos
Deme una botella de cerveza.	unas botas, unas sandalias, unas zapatillas deportivas
un litro de zumo de naranja/agua mineral, un paquete	¿De qué color/tamaño?
de cereales	Talla mediana/Talla 42.
una barra de pan, una bolsa de patatas fritas, una botella	¿Me lo/la/los/las puedo probar?
de vino tinto/blanco, una caja de queso, una docena de	Sí, los probadores están al fondo.
huevos, una lata de naranjada, una tableta de chocolate	¿Qué tal el jersey? ¿Le va bien?
¿Algo más? ¿Es todo?	Es un poco/demasiado ajustado/caro/grande/oscuro/pequeño.
Quiero comprar un gorro.	¿Tiene una talla 44?
un jersey, un vestido	Me lo llevo.
una blusa, una camisa, una camiseta, una corbata, una falda	Bueno, pague en caja.

Grandes rebajas	¿Se vende(n) … aquí? ¿En qué planta?
Descuentos	Tiene que ir al sótano/a la tercera (etc.) planta/a la planta baja.
Liquidación	Tome el ascensor. Al bajar tuerza a la izquierda/derecha.
Mejores precios	Voy a comprar turrón para mi hermana.
Directorio	un abanico, un bolso, un reloj
Agencia de viajes, Aparcamiento, Artículos de cuero, Cajeros	una muñeca
automáticos, Cambio de moneda extranjera, Estanco,	unos pendientes
Fotografía, Imagen y sonido, Informática, Joyería, Juguetes,	unas castañuelas, unas postales
Moda hombre/joven/mujer, Muebles y decoración, Óptica,	
Papelería, Peluquería, Perfumería, Relojería, Venta de entradas	

¿Te gustan los centros comerciales o prefieres las tiendas	Están fuera del centro.
de tu barrio?	Si llueve no te mojas.
Estoy a favor de/Prefiero/Odio … los centros comerciales/	¿Adónde vas de compras?
las tiendas pequeñas.	Voy normalmente al centro comercial.
Hay de todo/muchas tiendas en un solo sitio/mucha	¿Cuántas veces al mes vas de compras?
variedad/demasiada gente.	Voy de compras dos o tres veces a la semana.
Se puede aparcar fácilmente.	¿Con quién prefieres ir?
Abren a las … y cierran a las …	Con mis hermanas, porque es más divertido.
Los precios son bastante bajos.	¿Hay un centro comercial cerca de donde vives?
Los dependientes son muy simpáticos.	¿Cómo es y qué tiendas tiene?
Los centros comerciales son más prácticos/modernos.	Sí. Es muy moderno y hay unas veinte tiendas.
No tienen carácter.	¿Qué compraste cuando fuiste de compras la
Todos son idénticos/venden lo mismo.	última vez?

Deme …/Quisiera …	Es demasiado cara/a.
una piña	Son demasiado pequeños/as.
un kilo (etc.) de estos/esos/aquellos …	Está muy verde.
… melocotones/melones/pimientos/plátanos/tomates.	No están muy frescos/as.
medio kilo (etc.) de estas/esas/aquellas …	Lo siento, no queda(n).
… cebollas/fresas/judías/manzanas/naranjas/peras/uvas/	¿Cuánto cuesta(n) …?
zanahorias.	Es mucho/demasiado.

¿Tiene un impermeable/una sudadera (etc.) más/menos …?	Las chaquetas más sofisticadas de cuero/piel/
grande, pequeño, corto, barato, caro, oscuro, de moda	seda/algodón/lana.
¿Lo/La tiene más/menos grande? (etc.)	No tenemos en este tamaño/color. ¿Quiere ver otro/a?
(No) es tan caro como ese.	¿Qué está de moda en tu país?
Me gusta la más/menos oscura. (etc.)	¿Qué llevas cuando sales por la noche?
¡Los artículos más baratos de toda España!	Aquí los jóvenes llevan …
Los collares y anillos de oro/plata tan atractivos como …	

Main topics and objectives	Grammar	Skills
5 Hay un problema (pp. 106–107) Making a complaint about a purchase Reporting a shopping trip	Position of object pronouns	Planning your writing: use past, present and future tenses; add an opinion; look for ways of joining sentences

Key language

Tengo un problema.	*Sí, puedo cambiarlo.*
Quiero quejarme.	*No puedo devolverle su dinero.*
Quiero cambiar este bolso. (etc.)	*No tengo otra pero la tengo en …*
¿Se puede cambiar este reloj? (etc.)	*No se puede cambiar sin recibo.*
¿Qué pasa?	*Gracias. Está bien.*
Es demasiado corto. (etc.)	*No estoy satisfecho/a. Quiero hablar con el director.*
Está roto/estropeado/rasgado.	*Ayer fui de compras con …/a …*
Tengo otra igual.	*El aparcamiento estaba lleno.*
No funciona.	*Al llegar compré/compramos …*
Hay/Tiene un agujero/una mancha.	*Después de comer pasamos una hora charlando.*
Le falta un botón.	*Antes de salir fuimos a tomar algo en la cafetería.*
No le gusta a mi madre/hermano.	*(No) había mucha variedad.*
¿Tiene usted el recibo?	*Los precios (no) eran demasiado altos.*
Sí. Quiero un reembolso, por favor.	*No pienso volver.*
No. Fue un regalo.	*La próxima vez tomaré el autobús.*

Repaso

(Student's Book pages 96–97)

Main topics and objectives

Revising shopping for food and clothes

Grammar

Direct object pronouns

Key language

¿Qué desea? ¿Cuánto(s)/a(s) quiere?
Quiero un kilo de jamón serrano.
Deme una botella de cerveza.
un litro de zumo de naranja/agua mineral, un paquete de cereales
una barra de pan, una bolsa de patatas fritas, una botella de vino tinto/blanco, una caja de queso, una docena de huevos, una lata de naranjada, una tableta de chocolate
¿Algo más? ¿Es todo?
Quiero comprar un gorro.
un jersey, un vestido
una blusa, una camisa, una camiseta, una corbata, una falda

unos calcetines, unos guantes, unos pantalones, unos vaqueros, unos zapatos
unas botas, unas sandalias, unas zapatillas deportivas
¿De qué color/tamaño?
Talla mediana/Talla 42.
¿Me lo/la/los/las puedo probar?
Sí, los probadores están al fondo.
¿Qué tal el jersey? ¿Le va bien?
Es un poco/demasiado ajustado/caro/grande/ oscuro/pequeño.
¿Tiene una talla 44?
Me lo llevo.
Bueno, pague en caja.

Resources

Cassette C, side 2
CD 3, track 2
Cuaderno pp. 39–44
Hablar p. 122
Leer y escribir pp. 172–173
Gramática 4.2 (p. 185)

1a Mira los precios en el supermercado virtual de El Corte Inglés. Busca la palabra apropiada de la caja para rellenar los espacios.

Reading: quantities of food and drink. Students insert the missing words, which are listed. You may wish to revise quantities first.

Answers

A caja/paquete,	**B** botellas, **C** docena, **D** litro,
E caja,	**F** lata, **G** paquete/bolsa, **H** barra, **I** tableta

1b Carlos y sus amigos van a hacer una fiesta en casa. Apunta lo que van a comprar y la cantidad.

Listening: food shopping and quantities. You could play the recording once without students writing anything down. They then listen twice more and jot down what the speakers are going to buy.

Tapescript

– *Bueno, para la fiesta, ¿qué vamos a comprar?*
– *¿Cuántas personas van a venir?*
– *Unas veinte aproximadamente.*
– *Entonces, primero las bebidas. ¿Cuántas botellas de vino necesitamos?*
– *Cinco litros: tres de tinto y dos de vino blanco.*
– *¿Y cerveza?*
– *Sí, diez botellas de San Miguel.*
– *También cinco litros de zumo de naranja y cinco de agua mineral.*
– *¿Y para comer?*

– *Cuatro barras de pan, tres bolsas grandes de patatas fritas, un kilo de jamón serrano …*
– *Dos kilos de queso …*
– *¿Algo más?*
– *Yogures, una docena, ¿vale?*
– *Sí. Muy bien. Y dos kilos de uvas. Y una tableta de chocolate.*
– *¿Para la fiesta?*
– *No, ¡para mí!*
– *¡Qué goloso!*

1c Con tu compañero/a haz conversaciones en una tienda de comestibles.

Speaking: food shopping. Students prepare short transactional dialogues buying the items shown in the pictures.

1d Haz una lista de compras (8–10 artículos) para una merienda en el campo. Es para cuatro personas.

Writing: food shopping. Students make a food shopping list.

2a Mira la publicidad y haz una lista de ropa en español y en inglés. Busca las palabras que no conoces en un diccionario.

Reading: items of clothing. This is a straightforward revision activity.

2b Escucha dos conversaciones en la sección de ropa. Pon las frases en orden.

Listening: clothes shopping. Students listen to the conversations and write down the letters corresponding to the sentences in the correct order.

Answers

J, H, F, D, A, C, G, B, I, E; K, O, P, N, L, M

Tapescript

– *Buenos días.*
– *¿Qué desea?*
– *Quiero comprar un jersey.*
– *¿De qué color?*
– *Negro.*
– *¿De qué tamaño?*
– *Mediano, talla 42.*
– *Vale.*
– *¿Me lo puedo probar?*
– *Sí, los probadores están al fondo.*

– *¿Qué tal el jersey?*
– *Es un poco ajustado. ¿Tiene una talla 44?*
– *Sí.*

– *¿Le va bien?*
– *Sí, me lo llevo.*
– *Bueno, pague en caja.*

2c Túrnate con tu compañero/a para hacer conversaciones.

Speaking: clothes shopping. Students make up conversations using **2b** as a model.

Gramática

Direct object pronouns.

Main topics and objectives

Shopping in a department store
Giving directions

Skills

Taking notes during the listening test to help answer
the questions later

Key language

Grandes rebajas
Descuentos
Liquidación
Mejores precios
Directorio
Agencia de viajes, Aparcamiento, Artículos de cuero,
Cajeros automáticos, Cambio de moneda extranjera,
Estanco, Fotografía, Imagen y sonido, Informática,
Joyería, Juguetes, Moda hombre/joven/mujer, Muebles
y decoración, Óptica, Papelería, Peluquería,
Perfumería, Relojería, Venta de entradas
¿Se vende(n) … aquí? ¿En qué planta?
Tiene que ir al sótano/a la tercera (etc.) planta/a la
planta baja.
Tome el ascensor. Al bajar tuerza a la
izquierda/derecha.
Voy a comprar turrón para mi hermana.
un abanico, un bolso, un reloj
una muñeca
unos pendientes
unas castañuelas, unas postales

Resources

Cassette C, side 2
CD 3, track 3
Cuaderno pp. 39–44
Hablar p. 122
Leer y escribir pp. 172–173

1a Lee la información publicitaria. Haz una
lista (en inglés) de los artículos que se ofrecen.

Reading: department store publicity. This activity calls
for the use of reading strategies to work out the
meaning of the text. There are a number of cognates,
and students should be able to understand some
words relating to sales from the context.

Answers

DVDs, videos, computer equipment, hi-fi equipment,
watches, household goods

1b Unos grandes almacenes en tu pueblo
quieren traducir sus letreros al español.
¿Puedes traducir lo siguiente?

Writing: department store publicity. A translation
activity which requires students to locate and modify
the language in the text of **1a**.

Answers

A Pago aplazado 6 meses sin intereses
B Más descuentos, mejores precios
C En la planta baja: zapatillas deportivas con más del 50%
  de descuento
D ¡Todo lo que necesitas!
E Grandes rebajas
F Últimas existencias a precios inmejorables
G Abierto de 9 a 8 lunes a sábados y de 10 a 4 domingos

1c Escucha las conversaciones (1–8). ¿A qué
planta tienen que ir los clientes para comprar
lo que quieren?

Listening: floors and departments in a store. Students
first need a good understanding of the departments in
the store guide. They then listen to the recording and
work out which floor the customers need to go to.

Answers

1 B,	**2** 4,	**3** 3,	**4** B,	**5** 3,	**6** B,	**7** 5,	**8** B

Tapescript

1 – ¿Qué vas a comprar?
  – Voy a comprar un carrete para mi cámara.
2 – ¿Adónde vas?
  – Voy a la sección de Imagen y Sonido. Quiero comprar
   un ordenador portátil.
3 – ¿Qué vas a comprar?
  – Necesito comprarme una camiseta para la playa.
4 – ¿Vienes a la cafetería?
  – No, no tengo tiempo. Voy a comprar unos sellos en el
   estanco y me voy.
5 – ¿Vas a comprar más?
  – Sí, voy a comprar unas zapatillas deportivas nuevas.
6 – ¿Qué vas a hacer ahora?
  – Voy a sacar dinero del cajero automático. No tengo
   dinero.
7 – ¿Adónde vas?
  – Voy a comprar un videojuego para mi Playstation.
8 – ¿Vas al concierto esta noche?
  – Sí, voy a sacar la entrada aquí.
  – ¿Se venden entradas aquí?
  – Sí, claro.

¡Ojo!
A tip for listening.

2a Escucha las conversaciones (1–5). ¿Las direcciones son correctas o no?

Listening: directions in a department store. Students work out whether the directions given are correct. Able students can correct the incorrect ones.

Answers

1 ✓
2 ✗ ... segunda a la izquierda.
3 ✗ En la tercera planta ...
4 ✓
5 ✓

Tapescript

1 – Perdón, señorita. ¿Dónde está la sección de artículos de cuero?
   – Está en la cuarta planta. Tome el ascensor y al bajar es la primera a la izquierda.
2 – Señora, ¿sabe usted dónde se venden los trajes de baño?
   – Sí, en la sección playa, al lado de la ropa deportiva. Está en la tercera planta, segunda a la derecha.
3 – Quisiera comprar una camisa. ¿Sabe usted dónde está la sección?
   – En la cuarta planta. Tome el ascensor y al bajar tuerza a la derecha.
4 – ¿La sección de zapatos, por favor?
   – Está en la cuarta planta. Todo recto.
   – Gracias.
5 – Quisiera comprar un vestido para mi mujer. ¿Dónde está la sección?
   – Está en la cuarta planta al lado de la peluquería, primera a la derecha.

2b Túrnate con tu compañero/a para hacer preguntas y dar respuestas. Mira el directorio de 1c e inventa las direcciones.

Speaking: asking for directions in a department store. Pairwork activity: students use the model provided and give directions based on the store guide in **1c**.

2c Haz una lista de los miembros de tu familia y otra lista de recuerdos para ellos. Da una descripción de cada recuerdo. Puedes usar los artículos de abajo.

Writing: shopping for presents. Students list possible presents for family members and should be encouraged to give as full a description as possible.

2 ¿Qué opinas tú?

(Student's Book pages 100–101)

Main topics and objectives

Expressing opinions and preferences about shopping

Grammar

Ir a + infinitive

Skills

Giving reasons for opinions in the speaking and written tests

Key language

¿Te gustan los centros comerciales o prefieres las tiendas de tu barrio?
Estoy a favor de/Prefiero/Odio … los centros comerciales/las tiendas pequeñas.
Hay de todo/muchas tiendas en un solo sitio/mucha variedad/demasiada gente.
Se puede aparcar fácilmente.
Abren a las … y cierran a las …
Los precios son bastante bajos.
Los dependientes son muy simpáticos.

Los centros comerciales son más prácticos/modernos.
No tienen carácter.
Todos son idénticos/venden lo mismo.
Están fuera del centro.
Si llueve no te mojas.
¿Adónde vas de compras?
Voy normalmente al centro comercial.
¿Cuántas veces al mes vas de compras?
Voy de compras dos o tres veces a la semana.
¿Con quién prefieres ir?
Con mis hermanas, porque es más divertido.
¿Hay un centro comercial cerca de donde vives?
¿Cómo es y qué tiendas tiene?
Sí. Es muy moderno y hay unas veinte tiendas.
¿Qué compraste cuando fuiste de compras la última vez?

Resources

Cassette C, side 2
CD 3, track 4
Cuaderno pp. 39–44
Hablar p. 122
Leer y escribir pp.172–173
Gramática 8.2 (pp. 202–203)

1a Han hecho un sondeo en un centro comercial. Lee lo que dicen las personas y haz una lista de las opiniones a favor y en contra de los centros comerciales.

Reading: opinions about shopping centres. Students read a range of opinions and categorise them. As a pre-reading activity, you could ask them to anticipate the arguments that are likely to be used. Such anticipation is something the reader (or listener) does subconsciously all the time, and intelligent anticipation can be an aid to comprehension.

Answers

A favor: 1, 3, 5, 6, 10
En contra: 2, 4, 7, 8, 9

1b Escucha la entrevista y rellena los espacios con las palabras y frases de abajo.

Listening: shopping habits and preferences. Students fill in the gaps using the phrases listed.

Tapescript

Interviewer:	*¿Adónde vas de compras?*
Mujer:	*Voy normalmente a las tiendas cerca de mi casa y a veces al centro comercial.*
Interviewer:	*¿Cuántas veces al mes vas de compras?*
Mujer:	*Voy de compras **dos o tres veces a la semana** pero al centro comercial, una vez al mes.*
Interviewer:	*¿Con quién prefieres ir?*
Mujer:	*Al centro comercial con mis hermanas.*

Interviewer:	*¿Por qué?*
Mujer:	*Porque **es más divertido**. Compramos ropa, perfume y cosmética y lo pasamos bien.*
Interviewer:	*¿Te gustan más las tiendas de tu barrio o prefieres las tiendas en un centro comercial?*
Mujer:	*Prefiero los centros comerciales.*
Interviewer:	*¿Por qué?*
Mujer:	*Hay muchas tiendas en un sitio. Es más práctico y **las tiendas cierran muy tarde**.*
Interviewer:	*¿Hay un centro comercial cerca de donde vives?*
Mujer:	*No, está bastante lejos **a las afueras**.*
Interviewer:	*¿Cómo es y qué tiendas tiene?*
Mujer:	*Es bastante grande y **muy moderno**. Hay unas veinte tiendas y un supermercado.*

1c Con tu compañero/a prepara una entrevista usando las preguntas de 1b y las siguientes.

Speaking: shopping habits and experiences. Pairwork practice.

2a Contrarreloj. Da tus opiniones de las tiendas y de los centros comerciales y describe una visita a un centro comercial. ¿Puedes hablar dos minutos?

Speaking: shopping preferences. This activity gives an opportunity for extended speaking practice. Students need to structure carefully what they are going to say and can use the advice given in the **¡Ojo!** to help them do so.

2b Usando la carta de Sarah como modelo, escribe una carta a un(a) amigo/a sobre ir de compras.

Writing: describing a shopping trip.

Gramática

Ir a + *infinitive*.

2c Traduce al español.

Writing. This translation activity is designed to practise the use of *ir a* + infinitive.

Main topics and objectives

Buying food

Grammar

Demonstrative adjectives

Key language

Deme …/Quisiera …
una piña
un kilo (etc.) *de estos/esos/aquellos …*
… melocotones/melones/pimientos/plátanos/tomates.
medio kilo (etc.) *de estas/esas/aquellas …*
… cebollas/fresas/judías/manzanas/naranjas/peras/
uvas/zanahorias.

Es demasiado caro/a.
Son demasiado pequeños/as.
Está muy verde.
No están muy frescos/as.
Lo siento, no queda(n).
¿Cuánto cuesta(n) …?
Es mucho/demasiado.

Resources

Cassette C, side 2
CD 3, track 5
Cuaderno pp. 39–44
Hablar p. 122
Leer y escribir pp. 172–173
Gramática 2.5 (p. 184)

1a Lee las frases y escribe la letra del artículo. Pide las otras cosas en los dibujos.

Reading and speaking: shopping for fruit and vegetables. Matching activity and speaking practice.

Answers

1 K,	2 E,	3 C,	4 J,	5 I,	6 H,	7 G

1b Haz conversaciones con tu compañero/a usando los dibujos de 1a.

Speaking practice: shopping for fruit and vegetables. Role-play at the market.

Gramática

Demonstrative adjectives.

2a A veces hay problemas. Escucha las conversaciones (1–6) y apunta lo que compran los clientes, lo que no compran y por qué.

Listening: problems at the market. As recommended in an earlier unit, the teacher should judge how much students are to listen for at once (and in total).

Answers

	Lo que compra	Lo que no compra	Por qué
1	1 kg uvas blancas	piña	no está muy fresca
2	2 kg zanahorias	judías	demasiado caras
3	1 kg peras	(1 kg) plátanos	demasiado verdes
4	medio kilo fresas	melones	demasiado caros
5	–	(3 kg) patatas	demasiado pequeñas
6	2 kg tomates	cebollas	no quedan

Tapescript

1 – ¿Qué desea?
– Deme un kilo de esas uvas blancas.
– Vale. ¿Algo más?
– Quisiera una piña.
– Me queda solamente esta.
– No, gracias. No está muy fresca.
– Vale.

2 – Buenas. ¿Qué desea?
– Dos kilos de zanahorias.
– ¿Esas?
– Sí.
– ¿Algo más?
– ¿Cuánto cuestan las judías?
– Tres euros el kilo.
– ¡Es demasiado!
– Vale.

3 – Sí.
– Deme un kilo de plátanos, por favor.
– ¿Estos?
– No, son demasiado verdes. Deme un kilo de peras.
– Vale.
– ¿Cuánto es?
– 1 con 50 euros el kilo.
– Tome.

4 – ¿Qué quiere?
– Quisiera medio kilo de fresas.
– Tenga. ¿Algo más?
– Sí, ¿cuánto cuestan los melones?
– Son caros, tres euros.
– Es mucho. No, gracias.

5 – ¿Qué desea?
– Tres kilos de patatas.
– ¿Estas?
– No, son demasiado pequeñas.
– Son las únicas que me quedan.
– Entonces lo dejo. Gracias. Adiós.

6 – ¿Señora?
  – Dos kilos de tomates, por favor.
  – Aquí tiene. ¿Algo más?
  – Sí, unas cebollas.
  – Lo siento, no quedan.
  – Vale. ¿Cuánto es?
  – Los tomates, 2 euros con cuarenta.

2b Mira la lista de Isabel. Escucha lo que dice al tendero en el mercado. Compara lo que compra con lo que hay en la lista y apunta las diferencias.

Listening: shopping for groceries. Students listen for discrepancies between the shopping list and the conversation. They will need to be familiar with the shopping list and should first listen to the recording once through without writing anything down.

Answers

> She buys half a kilo of cheese, not a kilo; sparkling mineral water, not still; 12 eggs, not 6; she doesn't buy chorizo (none left), biscuits or bread.

Tapescript

Vendedor:	Buenos días. ¿Qué desea?
Clienta:	Quisiera 300 gramos de jamón.
Vendedor:	¿Serrano o de York?
Clienta:	De York, y quinientos gramos de jamón serrano.
Vendedor:	¿Algo más?
Clienta:	Sí, deme 250 gramos de chorizo.
Vendedor:	Lo siento, no queda. Mañana, sí que habrá.
Clienta:	Bueno, no importa. Deme medio kilo de queso y una docena de huevos.
Vendedor:	Una docena de huevos.
Clienta:	Sí, y una lata de sardinas. También cuatro botellas de agua mineral con gas.
Vendedor:	¿Es todo?
Clienta:	Sí. Nada más por hoy.
Vendedor:	Gracias.

2c Haz una lista como la de 2b y haz conversaciones con tu compañero/a. Tu compañero/a puede decir si hay o no hay lo que quieres. Si no hay, piensa en otra cosa similar. ¿Hay algún problema?

Speaking: shopping for groceries. This role-play gives practice in dealing with an element of unpredictability.

4 ¡Grandes rebajas!

(Student's Book pages 104–105)

Main topics and objectives

Buying clothes
Making comparisons

Grammar

Comparatives
Superlatives

Key language

¿Tiene un impermeable/una sudadera (etc.) *más/ menos …?*
grande, pequeño, corto, barato, caro, oscuro, de moda
¿Lo/La tiene más/menos grande? (etc.)
(No) es tan caro como ese.
Me gusta la más/menos oscura. (etc.)

¡Los artículos más baratos de toda España!
Los collares y anillos de oro/plata tan atractivos como …
Las chaquetas más sofisticadas de cuero/piel/seda/ algodón/lana.
No tenemos en este tamaño/color. ¿Quiere ver otro/a?
¿Qué está de moda en tu país?
¿Qué llevas cuando sales por la noche?
Aquí los jóvenes llevan …

Resources

Cassette C, side 2
CD 3, track 6
Cuaderno pp. 39–44
Hablar p. 122
Leer y escribir pp. 172–173
Gramática 2.4, pp. 183–184

1a Lee las frases y emparéjalas con los dibujos.

Reading: asking for alternatives. Students match sentences with pictures of clothing items.

Answers

1 B,	2 E,	3 D,	4 G,	5 F,	6 A,	7 C

1b Túrnate con tu compañero/a para hacer preguntas.

Speaking: asking for alternatives. In this activity students practise using object pronouns and comparatives.

Gramática

Comparatives.

1c Haz conversaciones con tu compañero/a comprando las cosas de 1b. Tienes que imaginar algunos detalles (el color, por ejemplo).

Speaking: shopping for clothes. Role-play based on the example conversation given.

2a Mira la publicidad. Apunta en inglés lo que se ofrece en las rebajas.

Reading: publicity for clothes and jewellery. The advertisement gives examples of the superlative. As in **1a** in unit 1 (page 98), students have to use reading strategies to cope with unfamiliar words and expressions.

Gramática

Superlatives.

2b En el escaparate hay varios artículos de ropa. Escucha las conversaciones (1–4). ¿Qué quiere comprar cada persona?

Listening: comparing items of clothing. Multiple-choice activity.

Answers

1 A,	2 B,	3 C,	4 A

Tapescript

1 – Mira los jerseys. ¿Te gustan?
   – Sí, me gusta el rojo y es el más barato.
   – ¿Es de algodón o de lana?
   – De algodón creo.
2 – ¿Qué te parecen las faldas?
   – Me gusta la falda vaquera.
   – ¿Esta?
   – Sí.
   – Es cara.
   – Sí, pero no es la más cara.
   – ¿Vas a probártela?
   – Sí. Creo que sí.
3 – ¿Te gustan las sudaderas?
   – Me gusta esta.
   – ¿Cuál?
   – La más oscura.
   – ¿Vas a probártela?
   – No sé.
4 – Me gustan las botas.
   – ¿Cuáles?
   – Las negras.
   – Son las más caras.
   – Sí, pero son de cuero.

2c Con tu compañero/a haz conversaciones en una tienda comprando ropa.

Speaking: shopping for clothes. Role-play incorporating elements of unpredictability.

2d Recibes este mensaje de un amigo. Contesta a sus preguntas.

Writing: describing fashion and clothes.

5 Hay un problema

(Student's Book pages 106–107)

Main topics and objectives

Making a complaint about a purchase
Reporting a shopping trip

Grammar

Position of object pronouns

Skills

Planning your writing: use past, present and future tenses; add an opinion; look for ways of joining sentences

Key language

Tengo un problema.
Quiero quejarme.
Quiero cambiar este bolso. (etc.)
¿Se puede cambiar este reloj? (etc.)
¿Qué pasa?
Es demasiado corto. (etc.)
Está roto/estropeado/rasgado.
Tengo otra igual.
No funciona.
Hay/Tiene un agujero/una mancha.
Le falta un botón.
No le gusta a mi madre/hermano.

¿Tiene usted el recibo?
Sí. Quiero un reembolso, por favor.
No. Fue un regalo.
Sí, puedo cambiarlo.
No puedo devolverle su dinero.
No tengo otra pero la tengo en …
No se puede cambiar sin recibo.
Gracias. Está bien.
No estoy satisfecho/a. Quiero hablar con el director.
Ayer fui de compras con …/a …
El aparcamiento estaba lleno.
Al llegar compré/compramos …
Después de comer pasamos una hora charlando.
Antes de salir fuimos a tomar algo en la cafetería.
(No) había mucha variedad.
Los precios (no) eran demasiado altos.
No pienso volver.
La próxima vez tomaré el autobús.

Resources

Cassette C, side 2
CD 3, track 7
Cuaderno pp. 39–44
Hablar p. 122
Leer y escribir pp. 172–173
Gramática 4.3 (p. 186)

1a Si no estás satisfecho/a, normalmente puedes cambiar el artículo. Con tu compañero/a haz conversaciones usando las frases de abajo.

Reading and speaking: returning unsatisfactory goods. The flowchart shows how the dialogue can be built up. Students will need to be introduced to the key vocabulary.

Gramática

Position of object pronouns.

1b Traduce al español.

Writing. The emphasis is on the key language and the position of object pronouns.

Answers

1 Esta falda es demasiado grande. Quiero cambiarla.
2 Estos vaqueros son demasiado cortos. Quiero cambiarlos.
3 No me gusta esta camisa. ¿Se puede cambiarla?
4 Estas botas tienen un agujero. Quiero cambiarlas.
5 Esta radio no funciona. ¿Se puede cambiarla?

1c Escucha las conversaciones (1–7) y apunta el artículo que se quiere cambiar, el problema y el resultado.

Listening: returning unsatisfactory goods. Students could alternatively give the answers in English. As usual, they need not be asked to give all the information: much depends on their ability and the number of times you want to play the recording (or the freedom each student has in a flexible learning situation).

Answers

	Artículo	Problema	Resultado
1	paraguas	tiene un agujero	lo cambia
2	guantes	demasiado pequeños	los compra en marrón
3	chocolates	no le gustan a su madre	no se pueden cambiar
4	chaqueta	no le gusta el color	va a hablar con el director
5	radio	no funciona	la cambia
6	sudadera	tiene una mancha	reembolso
7	blusa	le falta un botón y está rasgada	reembolso

Tapescript

1 – ¿Qué desea?
 – Mire. Compré este paraguas y tiene un agujero.
 – ¡Ay! ¿Tiene el recibo?
 – Sí.
 – Entonces, lo cambio en seguida.
 – Gracias.

2 – Buenos días.
 – Buenos días. Quiero cambiar estos guantes. Son demasiado pequeños.
 – Sólo tenemos en marrón, ¿vale?
 – Sí, gracias.

3 – Buenas tardes. Quisiera cambiar esta caja de chocolates.
 – ¿Por qué?
 – A mi madre no le gustan.
 – Lo siento, no se pueden cambiar chocolates.
 – Quiero hablar con el director.
 – No es posible. No se pueden cambiar chocolates.

4 – Quiero cambiar esta chaqueta.
 – ¿Qué pasa?
 – No me gusta el color.
 – Bueno, no tenemos otro color.
 – ¿Puede devolverme mi dinero?
 – ¿Tiene el recibo?
 – No. Fue un regalo.
 – Lo siento, pero sin recibo no se puede devolver.
 – Pero fue muy cara.
 – Lo siento.
 – Entonces, quisiera hablar con el director.
 – Bueno, si insiste usted …

5 – Buenos días. Tengo un problema.
 – ¿Qué pasa?
 – Quiero cambiar esta radio.
 – ¿Qué pasa?
 – No funciona.
 – Vale. ¿Su recibo, por favor?
 – Aquí tiene.
 – Vale.

6 – Buenos días. Quisiera cambiar esta sudadera.
 – ¿Qué pasa?
 – Mire, tiene una mancha aquí.
 – ¡Ah! Sí. Lo siento, pero no tenemos otra.
 – Entonces quiero un reembolso.
 – Vale. ¿Tiene su recibo?
 – Sí.

7 – Perdón, señora.
 – Sí.
 – Quisiera cambiar esta blusa.
 – ¿Por qué?
 – Bueno, le falta un botón y está rasgada.
 – ¡Vaya!
 – Quiero un reembolso.
 – ¿No quiere otra?
 – No, quiero un reembolso.
 – Vale, en seguida.

1d Con tu compañero/a haz conversaciones en unos grandes almacenes.

Speaking: returning unsatisfactory goods. Guided role-play.

2a Dos personas van de compras a los mismos grandes almacenes. Lee sus reportajes y apunta las diferencias (en inglés).

Reading: contrasting recent shopping trips. Students compare the two letters and make notes.

Answers

A	B
Easy parking	Lots of traffic
Went to restaurant, which had a fine view. Had delicious food.	Went to cafeteria; the lift was broken. Had cold coffee and tasteless cake.
After lunch went shopping for children's clothes. There was a lot of variety and prices were reasonable.	Bought presents and clothes and then went supermarket shopping in the basement. Fruit not as fresh as in the market. Went to speak to the manager but it was a waste of time.
Intends returning to do Christmas shopping because they have good presents which are reasonably priced.	Had a terrible time and will not return.

2b Escribe dos cartas, una mucho más positiva que la otra. Puedes añadir más detalles.

Writing: recent shopping trips. Extended letter-writing offering opportunities to express opinions. The **¡Ojo!** gives advice on what to include and how to link ideas when writing.

1 Lee la carta de Hassan y decide si las frases son verdad o mentira.

Reading. An exam-style true or false exercise based on a letter about a new shopping centre.

Answers

1 X, 2 X, 3 ✓, 4 X, 5 ✓, 6 X, 7 ✓, 8 ✓, 9 ✓

2 Escribe una carta a Hassan describiendo el centro comercial o las tiendas de tu ciudad o pueblo.

Writing. An exam-style writing task, with prompts in Spanish.

3 Lee el folleto y escribe un resumen en inglés. ¿Cuál es la moda para los chicos y las chicas mexicanos?

Reading. Students take notes in English on a leaflet advertising teenage fashion in Mexico.

Answers

The fashion is for informal, dynamic, natural-looking clothes, in neutral colours. Boys wear jeans with a single-colour tee shirt and a big/baggy jumper. For girls there are lots of alternatives: sophisticated colours and cotton, linen or synthetic fabrics. The modern, sophisticated style for day or evening is narrow trousers with wide boots, short skirts, tight blouses and jumpers, with bracelets and necklaces.

4 Lee el cuestionario de abajo y contesta a las preguntas.

Writing. In this open-ended writing task, students complete a questionnaire about clothing and fashion preferences. Answers depend on students' individual preferences.

módulo 7 — Cuaderno (pp. 39–44)

page 39

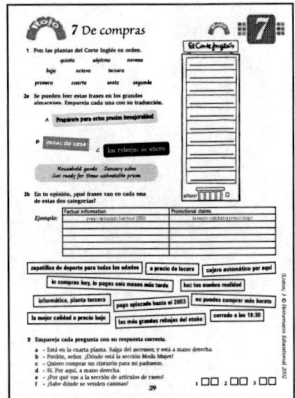

1

El Corte Inglés
novena
octava
séptima
sexta
quinta
cuarta
tercera
segunda
primera
baja

2a

A Get ready for those unbeatable prices
B Household goods
C January sales

2b

Factual information	Promotional claims
zapatillas de deporte para todas las edades	a precio de locura
cajero automático por aquí	haz tus sueños realidad
lo compras hoy, lo pagas seis meses más tarde	no puedes comprar más barato
informática, planta tercera	las más grandes rebajas del otoño
cerrado a las 18:30	

3

1 b, a,   **2** e, c,   **3** f, d

page 40

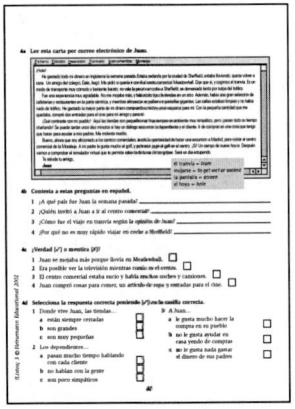

4b

1 Fue a Inglaterra.
2 Dale (un amigo) invitó a Juan.
3 El viaje fue cómodo y (bastante) barato.
4 Por culpa del tráfico.

4c

1 ✗,   2 ✓,   3 ✗,   4 ✓

4d

1 c,   **2** a,   **3** b

page 41

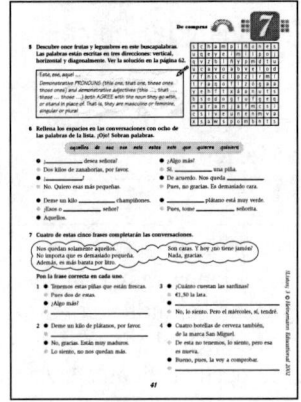

5

Answers on p. 62 of Workbook

6

¿**Qué** desea señora?
Dos kilos de zanahorias, por favor.
¿**Estas**?
No. Quiero esas más pequeñas.

Deme un kilo **de** champiñones.
¿Esos o **aquellos**, señor?
Aquellos.

¿Algo más?
Sí. **Quisiera** una piña.
De acuerdo. Nos queda **esa**.
Pues, no gracias. Es demasiado cara.

Este plátano está muy verde.
Pues, tome **ese**, señora.

7

Tenemos estas piñas que están frescas.
Pues dos de estas.
¿Algo más?
Nada, gracias.

Deme un kilo de plátanos, por favor.
Nos quedan solamente aquellos.
No, gracias. Están muy maduros.
Lo siento, no nos quedan más.

¿Cuánto cuestan las sardinas?
€1,50 la lata.
Son caras. Y hoy ¿no tiene jamón?
No, lo siento. Pero el miércoles, sí, tendré.

Cuatro botellas de cerveza también, de la marca San Miguel.
De esta no tenemos, lo siento, pero esa es nueva.
Bueno, pues, la voy a comprobar.
Además, es más barata por litro.

page 42

8a

1 d,	**2** a,	**3** h,	**4** e,	**5** f,	**6** g,	**7** –,	**8** c,	**9** b

a Hay un problema. Estos **guantes** de cuero que compré ayer están estropeados.

b El **impermeable** que compró mi madrastra la semana pasada tiene manchas.

c Por la tarde mi hermana descubrió las mismas **blusas** mucho más baratas en el mercado.

d Esta **corbata** de seda fue un regalo. ¿La tiene en otro color?

e ¿Se puede cambiar esta **sudadera** que compró mi tío? Me queda estrecha.

f No estoy satisfecho. Este **reloj** funcionó dos minutos y se quedó parado.

g Los **calcetines** no son de algodón y quiero cambiarlos.

h Estas **camisetas** blancas no le gustan nada a mi hermana y quisiera un reembolso.

9a

a Los vaqueros que compré son mucho más baratos en el supermercado.

b Fue un regalo y funcionó cinco minutos.

c El reloj se queda roto y mi hermana no está satisfecha.

d El jersey no es de lana y quisiera un reembolso.

9b

1 c,	**2** d,	**3** a,	**4** e,	**5** b,	**6** g,	**7** h,	**8** f

page 43

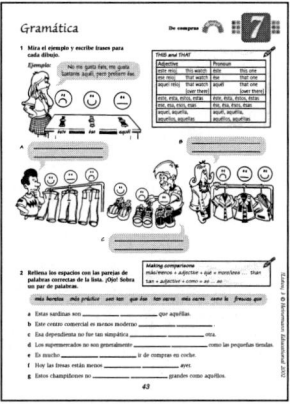

1

A No me gustan aquellos, me gustan bastante esos, pero prefiero estos.

B No me gusta esta, me gusta bastante esa, pero prefiero aquella.

C No me gustan esas, me gustan bastante estas, pero prefiero aquellas.

2

a Estas sardinas son **más baratas** que aquellas.

b Este centro comercial es menos moderno **que ese**.

c Esa dependienta no fue tan simpática **como la** otra.

d Los supermercados no son generalmente **tan caros** como las pequeñas tiendas.

e Es mucho **más práctico** ir de compras en coche.

f Hoy las fresas están menos **frescas que** ayer.

g Estos champiñones no **son tan** grandes como aquellos.

page 44

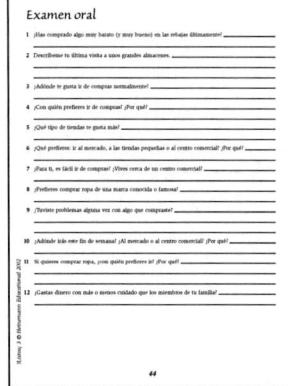

módulo 8 · De juerga

(Student's Book pages 110–123)

Main topics and objectives	Grammar	Skills
Repaso (pp. 110–111) Arranging to go out Enquiring about cinema programmes	*El* + day/*Los* + days (plural)	
1 La cartelera (pp. 112–113) Finding out what's on Buying tickets		
2 Una cita (pp. 114–115) Inviting somebody out Taking phone messages Accepting and declining invitations	Object pronouns and the imperative The conditional tense	How to write short messages in the writing tests
3 La prensa (pp. 116–117) Reading and discussing newspapers, magazines and comics Giving information about famous people	The passive	
4 ¿Cómo fue? (pp. 118–119) Expressing opinions about a film or event Describing the plot of a soap opera		How to plan your writing: expressions you can use and linking phrases

Key language

¿Vas al partido?	En la taquilla. Delante de Correos. Detrás del ayuntamiento.
¿A qué hora empieza el circo?	¿A qué hora?
¿Tienes entradas para el concierto de esta noche?	A las ocho y media.
¿Quieres ir al cine?	Dos entradas para Traffic, por favor.
¿Qué ponen?	¿Para qué sesión?
Ponen una película policíaca.	Para la sesión de las ocho.
Es una película de amor/acción/animación/ciencia ficción/guerra/terror.	¿A qué hora empieza/termina la última sesión?
¿Cuándo quieres ir?	¿Hay descuento para estudiantes?
El sábado.	¿Tiene (su) carné de estudiante?
¿Dónde quedamos?	Es el día del espectador.
	No hay descuentos los domingos.

Dígame.	Encuentras a mucha gente.
Oiga, ¿me puede dar la(s) fecha(s) de …?	No es caro y es muy cómodo.
Del 13 al 15 de julio.	Lo que no me gusta son los toros.
¿Cuánto cuestan las entradas?	Es muy cruel y no lo entiendo.
Venta anticipada €16, al día en la taquilla €20.	En mi tiempo libre voy al cine.
Lo siento, no quedan. Sólo hay entradas a …	Prefiero las películas de …
Vale, deme dos a …	No paso mucho tiempo en casa.
Entonces lo dejo.	No veo mucho la televisión.
¿Cuánto cuesta el alojamiento?	¿Te apetece ir a la piscina? (etc.)
Sin desayuno, €6.	No me gusta nadar. (etc.)
Con pensión completa/media pensión/desayuno, €10.	¿Qué quieres hacer entonces?
Me encanta ir al fútbol/a los festivales.	Vamos al partido. (etc.)
Es muy emocionante/el paraíso.	¿Adónde te gusta salir? ¿Cuándo y con quién?
Cuando gana tu equipo, lo pasas fenomenal, y si pierde, lo pasas fatal.	¿Vas a menudo o pocas veces al año/al mes?

Te llamó Mustafá.	¡Ay! ¡qué bueno/bien!
Quiere saber si vas al concierto/si te apetece ir al partido/ dónde quedáis.	¡Fenomenal! Me encantaría venir.
¿Quieres/Te gustaría ir al concierto el sábado?	Bueno, no lo sé.
No puedo venir a la fiesta esta noche. Estoy enfermo/a.	No me gusta nada.
Llámale/la esta tarde.	Me gustaría, pero tengo muchos deberes.
Te llamará mañana por la mañana.	Eres muy majo/a.
Me llamas si puedes.	Mis padres no me dejan salir durante la semana.
El número es …	Tengo que lavarme el pelo.

¿Qué periódicos, revistas o tebeos lees?	Hay anuncios, artículos, reportajes, resultados, fotos, noticias, pruebas.
Yo leo …	
Es una revista semanal/mensual deportiva/femenina/ de informática/de automóviles.	Las revistas femeninas (no) son serias/importantes.
Tiene información sobre la belleza/la moda/la salud/ los ordenadores/todo.	Las revistas de automóviles son aburridas/sexistas.
	La persona que más admiro es …
Contiene entrevistas con las estrellas/biografías de los jugadores.	Es futbolista/cantante/actor/superestrella.
	Nació en …
	Fue/Ha sido seleccionado para …

¿Cómo fue/Qué tal fue el partido/la película? (etc.)	¿Cómo son los personajes principales?
¡Fue fenomenal/superfantástico/divertidísimo/fatal!	Pilar es romántica/cariñosa/sincera/modesta/cruel/egoísta.
Fue regular.	Alejandro es violento/antipático/malo/orgulloso/arrogante.
Lo pasé bomba/muy mal/fatal.	X se enamora de/sale con/se casa con Y.
¡Qué desastre!	Y está embarazada.
Me divertí mucho.	Las cosas no van bien entre X y Y.
Me gustó bastante.	En el último episodio, X descubrió que su marido/mujer es infiel.
Me gustó muchísimo la música.	Y murió/fue a la cárcel.
El ballet fue muy emocionante.	En el próximo episodio, va a haber una lucha entre …
El Barça perdió dos goles a cero.	X explicará a su marido/mujer que …
Llovió todo el tiempo.	X y Y van a separarse/divorciarse.

Main topics and objectives

Arranging to go out
Enquiring about cinema programmes

Grammar

El + day/Los + days (plural)

Key language

¿Vas al partido?
¿A qué hora empieza el circo?
¿Tienes entradas para el concierto de esta noche?
¿Quieres ir al cine?
¿Qué ponen?
Ponen una película policíaca.
Es una película de amor/acción/animación/ciencia ficción/guerra/terror.
¿Cuándo quieres ir?
El sábado.
¿Dónde quedamos?
En la taquilla. Delante de Correos.

Detrás del ayuntamiento.
¿A qué hora?
A las ocho y media.
Dos entradas para Traffic, por favor.
¿Para qué sesión?
Para la sesión de las ocho.
¿A qué hora empieza/termina la última sesión?
¿Hay descuento para estudiantes?
¿Tiene (su) carné de estudiante?
Es el día del espectador.
No hay descuentos los domingos.

Resources

Cassette D, side 1
CD 3, track 8
Cuaderno pp. 45–50
Hablar p. 123
Trabajo de curso pp. 158–159
Leer y escribir pp. 174–175
Gramática 1.3 (p. 181)

1a Escucha las conversaciones (1–4) y emparéjalas con las fotos A–D.

Listening: discussing events and entertainments. Students match the conversations with the pictures.

Answers

1 A,	2 C,	3 B,	4 D

Tapescript

1 – ¿Qué ponen?
 – Es una película policíaca.
 – ¿A qué hora empieza?
 – A las nueve.
 – ¿Hay descuentos para estudiantes?
 – No, pero hoy es el día del espectador.
2 – ¿Tienes entradas para el concierto de esta noche?
 – No, voy a la taquilla ahora.
 – ¿Dónde quedamos?
 – Cerca de la entrada a las ocho, ¿vale?
3 – ¿A qué hora empieza el circo?
 – A las cinco.
 – ¿Dónde quedamos?
 – ¿Delante de la taquilla?
 – Vale.
4 – ¿Van a ganar el Racing hoy?
 – No lo sé. ¿Vas al partido?
 – Sí, ¿y tú?
 – Voy a verlo en la televisión.

1b ¿Qué tipos de película son? Busca la categoría apropiada para cada título.

Reading: types of films. You could describe the film types in Spanish and ensure comprehension before

students match the films with the types. Further films could be added, using their Spanish titles.

1c Con tu compañero/a haz conversaciones.

Speaking: arranging to go to the cinema. Pairwork practice.

Gramática

El + *day*/Los + *plural days*

2a Lee la información y contesta a las preguntas.

Reading: cinema programmes and prices.

Answers

1 Empieza a las cinco y media.
2 Hay cuatro sesiones.
3 Empieza a la una.
4 Es lunes.
5 Cuesta €3,50.
6 Cuesta €12,50.
7 No, no hay descuentos.
8 Cuesta €5.

2b Escucha la conversación en la taquilla y pon las frases en orden.

Listening and reading: buying cinema tickets. Students write down the letters corresponding to each sentence in order.

Answers

A, K, I, G, E, F, C, H, B, J, D

Tapescript

– *Buenas tardes.*
– *Dos entradas para Parque Jurásico III, por favor.*
– *¿Para qué sesión?*
– *Para la sesión de las ocho.*
– *Vale.*
– *¿Cuánto es?*
– *9 euros.*
– *¿Hay descuento para estudiantes?*
– *Sí, si tiene su carné de estudiante son 7 euros.*
– *Aquí tiene. ¿A qué hora termina la película?*
– *A las diez y media.*

2c Con tu compañero/a haz conversaciones como en 2b.

Speaking: buying cinema tickets. Role-play practice based on the conversation in **2b**.

2d Busca información publicitaria sobre una película en la red y escribe unas opiniones.

Writing: opinions about films. This activity calls for students to do an Internet search for information about films in Spain or Latin America. The key word to use for the search is *cartelera*.

módulo 8

1 La cartelera

(Student's Book pages 112–113)

Main topics and objectives

Finding out what's on
Buying tickets

Key language

Dígame.
Oiga, ¿me puede dar la(s) fecha(s) de ...?
Del 13 al 15 de julio.
¿Cuánto cuestan las entradas?
Venta anticipada €16, al día en la taquilla €20.
Lo siento, no quedan. Sólo hay entradas a ...
Vale, deme dos a ...
Entonces lo dejo.
¿Cuánto cuesta el alojamiento?
Sin desayuno, €6.
Con pensión completa/media pensión/desayuno, €10.
Me encanta ir al fútbol/a los festivales.
Es muy emocionante/el paraíso.
Cuando gana tu equipo, lo pasas fenomenal, y si pierde, lo pasas fatal.
Encuentras a mucha gente.

No es caro y es muy cómodo.
Lo que no me gusta son los toros.
Es muy cruel y no lo entiendo.
En mi tiempo libre voy al cine.
Prefiero las películas de ...
No paso mucho tiempo en casa.
No veo mucho la televisión.
¿Te apetece ir a la piscina? (etc.)
No me gusta nadar. (etc.)
¿Qué quieres hacer entonces?
Vamos al partido. (etc.)
¿Adónde te gusta salir? ¿Cuándo y con quién?
¿Vas a menudo o pocas veces al año/al mes?

Resources

Cassette D, side 1
CD 3, track 9
Cuaderno pp. 45–50
Hablar p. 123
Trabajo de curso pp. 158–159
Leer y escribir pp. 174–175

1a Estudia la publicidad para una piscina, un polideportivo, una plaza de toros, un festival y un estadio. Lee las frases y decide a qué sitio corresponden.

Reading: information about events and facilities.
Matching statements with events and venues.

Answers

1 festival,	**2** estadio,	**3** estadio,	**4** festival,
5 polideportivo,	**6** piscina,	**7** polideportivo,	
8 plaza de toros,	**9** polideportivo,	**10** piscina	

1b Santirock. Escucha la conversación y apunta los detalles que faltan.

Listening: information about events. Gap-filling activity: students look at the information on Santirock and then listen to the recording once without writing anything down. They should listen once or twice more while filling in the missing details.

Answers

15, €20, €16, €6, 8, toallas

Tapescript

– *Oficina de turismo de Santiago. Dígame.*
– *Oiga, ¿me puede dar las fechas de Santirock?*
– *Sí señor, del 13 al 15 de julio.*
– *¿Cuánto cuestan las entradas?*
– *Venta anticipada 16 euros, al día en la taquilla 20 euros.*
– *¿Hay alojamiento?*

– *Sí, ¿con desayuno?*
– *Sí.*
– *¿Cuántos años tiene?*
– *Veinte años.*
– *Entonces son 6 euros si usted tiene menos de 26 años.*
– *Y ¿cómo son las habitaciones?*
– *Son para ocho personas.*
– *Y ¿qué tienen?*
– *Tienen baños y duchas pero no se incluyen ni sábanas ni toallas.*
– *Muchas gracias.*
– *De nada, adiós.*

1c Haz conversaciones con tu compañero/a. Un(a) turista llama a la oficina de turismo para saber información sobre los espectáculos y las facilidades.

Speaking: information about events and facilities.
Students make up phone conversations following the model and using the information in **1a** and **1b**.

2a Lee las opiniones de los jóvenes y empareja las frases de abajo con las personas.

Reading: opinions about leisure activities. Students match the opinions with the three young people.

Answers

1 Simón,	**2** Mercedes,	**3** Simón,	**4** Mercedes,
5 Patricia			

152

2b Usando la información de 1a, haz conversaciones con tu compañero/a para decidir adónde vais a ir.

Speaking: discussing going out. Guided pairwork practice.

2c Prepara respuestas a estas preguntas que se hacen frecuentemente en los exámenes.

Speaking: discussing going out.

2d ¿Cómo pasas tu tiempo libre? Escribe una presentación (100 palabras).

Writing: presentation on leisure activities. Alternatively, or additionally, students could prepare a spoken presentation and record it on tape.

Main topics and objectives

Inviting somebody out
Taking phone messages
Accepting and declining invitations

Grammar

Object pronouns and the imperative
The conditional tense

Skills

How to write short messages in the writing test

Key language

Te llamó Mustafá.
Quiere saber si vas al concierto/si te apetece ir al partido/dónde quedáis.
¿Quieres/Te gustaría ir al concierto el sábado?
No puedo venir a la fiesta esta noche. Estoy enfermo/a.
Llámale/la esta tarde.

Te llamará mañana por la mañana.
Me llamas si puedes.
El número es …
¡Ay! ¡qué bueno/bien!
¡Fenomenal! Me encantaría venir.
Bueno, no lo sé.
No me gusta nada.
Me gustaría, pero tengo muchos deberes.
Eres muy majo/a.
Mis padres no me dejan salir durante la semana.
Tengo que lavarme el pelo.

Resources

Cassette D, side 1
CD 3, track 10
Cuaderno pp. 45–50
Hablar p. 123
Trabajo de curso pp. 158–159
Leer y escribir pp. 174–175
Gramática 4.3 (p. 186); 5.15 (p. 196)

1a Lee los recados y apunta la información en inglés.

Reading: phone messages. Students take notes in English on the phone messages.

Gramática

Object pronouns and the imperative.

1b Escucha las llamadas (1–4) en el contestador automático. ¿Hay errores en los recados de 1a?

Listening: phone messages. This is another mixed-skill activity that requires students to compare what they hear with what is printed in the Student's Book.

Answers

1 Two mistakes: the match begins at 16.00 and the phone number ends in 61.
2 She will ring tomorrow afternoon, not morning.
3 Two mistakes: she wants to know whether you want to go, not when and where to meet, and the phone number ends in 45.
4 He can't come out this morning, not this afternoon.

Tapescript

1 – *Aquí Alfredo. ¿Quieres ir al partido? Empieza a las cuatro de la tarde. ¿Me llamas esta tarde si puedes? El número es 981 22 38 61. Repito: 981 22 38 61.*
2 – *Oye. Soy Silvana. Lo siento mucho, pero no puedo venir a la fiesta esta noche. Estoy enferma. Tengo gripe y me duele la cabeza. Te llamaré mañana por la tarde. Adiós.*

3 – *Soy Marisa. Estoy aquí con Mario. ¿Quieres ir al concierto el sábado? ¡Llámanos, por favor! El número es 981 16 39 45. Hasta luego.*
4 – *Hola. Quiero dejar un recado. Soy Mustafá. No puedo salir esta mañana. Es imposible. Tengo muchísimo trabajo. Lo siento mucho. Pero voy a salir mañana. Adiós.*

1c Llamas pero no contestan. Dejas los recados en el contestador automático. Prepara los recados con tu compañero/a y grábalos si es posible.

Speaking: leaving phone messages. Students will have to prepare the messages first and practise them until they have them word perfect without a script.

1d Escucha dos llamadas más. ¿Puedes escribir los recados en español como en 1a?

Listening and writing: taking phone messages. This is another demanding activity. It requires first note-taking and then writing according to the models in **1a**.

Tapescript

1 – *Oye, soy María. ¿Te apetece ir al cine? Empieza a las nueve y cuarenta y termina a las once y media. Llámame entre las cuatro y las ocho, 981 18 55 81. Gracias.*
2 – *Hola, soy Miguel. Lo siento, pero no puedo venir a la fiesta. Estoy enfermo. Tengo tos y me duele la garganta. Te llamaré este fin de semana.*

2a Cuando alguien te invita hay tres reacciones: positivas, negativas o en medio. Pon estas reacciones en la categoría correcta.

Reading: accepting and declining invitations. Students categorise the reactions.

Answers

Positivas
Eres muy majo/a., ¡Ay, qué bueno!, ¡Fenomenal!, Me encantaría venir.
Negativas
No me gusta nada., Tengo que lavarme el pelo., No, gracias.
En medio
Sí, pero me gustaría más …, Bueno, no lo sé., Me gustaría pero tengo muchos deberes., Me gustaría pero mis padres no me dejan salir durante la semana.

Gramática

The conditional.

2b Escucha las conversaciones (1–5). Apunta en inglés si se acepta o se rechaza la invitación y las razones que se dan.

Listening: accepting, declining and giving reasons.

Answers

1 ✓ Likes tennis.
2 ✗ Saw previous film and didn't like it.
3 ✓ Barcelona are playing.
4 ✓ Carlos is going.
5 ✗ Going out with Martín and he doesn't like discos.

Tapescript

1 – Oye, Fede, ¿vienes al polideportivo con nosotros?
– ¿Qué vais a hacer?
– Vamos a jugar al tenis.
– Sí, vale, me gusta el tenis.
2 – Mariluz, ¿te apetece venir al cine?
– ¿Qué ponen?
– Parque Jurásico IV.
– No, gracias. Vi Parque Jurásico III y no me gustó.
3 – ¿Vienes al partido el domingo?
– ¡Fenomenal! Juega el Barcelona, ¿verdad? ¡Qué bien!
4 – ¿Quieres venir a la fiesta el sábado?
– ¿Quién va a estar?
– Teo, Rafa, Carlos.
– ¡Sí! Me gusta mucho Carlos.
5 – ¿Vienes a la discoteca el viernes?
– No sé. Creo que no. Voy a salir con Martín y no le gustan las discotecas.

2c Haz conversaciones con tu compañero/a. Una persona invita y la otra acepta, rechaza u ofrece otra posibilidad.

Speaking: accepting and declining. Pairwork practice.

2d Escribe respuestas a estos mensajes.

Writing: responding to invitations.

¡Ojo!
Writing short messages.

2e Escribe dos mensajes a amigos/as invitándoles a salir contigo.

Writing: issuing an invitation.

3 La prensa

(Student's Book pages 116–117)

Main topics and objectives

Reading and discussing newspapers, magazines and comics
Giving information about famous people

Grammar

The passive

Key language

¿Qué periódicos, revistas o tebeos lees?
Yo leo …
Es una revista semanal/mensual deportiva/ femenina/de informática/de automóviles.
Tiene información sobre la belleza/la moda/la salud/ los ordenadores/todo.
Contiene entrevistas con las estrellas/biografías de los jugadores.

Hay anuncios, artículos, reportajes, resultados, fotos, noticias, pruebas.
Las revistas femeninas (no) son serias/importantes.
Las revistas de automóviles son aburridas/sexistas.
La persona que más admiro es …
Es futbolista/cantante/actor/superestrella.
Nació en …
Fue/Ha sido seleccionado para …

Resources

Cassette D, side 1
CD 3, track 11
Cuaderno pp. 45–50
Hablar p. 123
Trabajo de curso pp. 158–159
Leer y escribir pp. 174–175
Gramática 5.18 (p. 197)

1a Lee el sondeo sobre lo que leen los jóvenes lectores. Apunta la información: nombre, tipo de revista y otros detalles.

Reading: types of magazines and features. Students could make notes in English if preferred.

Answers

Nombre de revista	Tipo de revista	Otros detalles
Don Balón	deportiva	biografías de los jugadores, resultados, reportajes
PC Actual	de informática, mensual	información sobre todo: ordenadores, Internet …
Mujer 21	femenina	artículos sobre belleza y moda, entrevistas con las estrellas
Sólo Moto	de motocicletas, semanal	noticias, pruebas de motos y muchas fotos

1b Escucha a los jóvenes (1–5). Anota qué tipo de revista mencionan y su opinión. ¿Estás de acuerdo con las opiniones?

Listening: opinions about magazines.

Tapescript

1 – *A mí me gustan mucho las revistas sobre informática. Hay artículos muy útiles sobre Internet, información sobre los últimos ordenadores y anuncios con precios fenomenales. Yo leo estas revistas todas las semanas.*
2 – *Las revistas femeninas son muy importantes. Dan información sobre la salud y la nutrición.*
3 – *Las revistas deportivas son todas iguales – muy aburridas.*

4 – *Las revistas femeninas no son serias. Siempre dan imágenes de superestrellas muy guapas y superdelgadas y eso no es la realidad.*
5 – *Las revistas de automóviles son sexistas. Son para machos que creen que los coches son como mujeres. No me gusta como presentan a las chicas como objetos.*

1c Adapta las opiniones de 1b para escribir tus opiniones sobre las revistas que lees tú o que leen los miembros de tu familia.

Writing: opinions about magazines. Students adapt phrases from **1b** to write about their own and their family's opinions.

1d Túrnate con tu compañero/a para preguntar y contestar.

Speaking: discussing magazines. Pairwork practice.

2a Lee el artículo y contesta a las preguntas de abajo.

Reading: interview with a singer.

Answers

1 Nació en Lanzarote.
2 Cuando tenía cinco años.
3 Desde hace 22/23 años.
4 Estudió en Madrid.
5 Se llama 'Lunas rotas'.
6 Salió en 1996.
7 Se vendieron dos millones.
8 Ganó dos premios.

2b Lee el artículo y escoge la frase correcta: a, b, c.

Reading: profiles of famous people. Multiple-choice activity about Spanish-speaking celebrities.

Answers

1 c,   **2** a,   **3** b

Gramática

The passive.

2c Busca información sobre una persona famosa en la red y prepara una presentación de un minuto sobre él/ella.

Reading and speaking: profiles of famous people. Students research information about a famous person on the Internet and prepare a presentation.

Main topics and objectives

Expressing opinions about a film or event
Describing the plot of a soap opera

Skills

How to plan your writing: expressions you can use
and linking phrases

Key language

¿Cómo fue/Qué tal fue el partido/la película? (etc.)
¡Fue fenomenal/superfantástico/divertidísimo/fatal!
Fue regular.
Lo pasé bomba/muy mal/fatal.
¡Qué desastre!
Me divertí mucho.
Me gustó bastante.
Me gustó muchísimo la música.
El ballet fue muy emocionante.
El Barça perdió dos goles a cero.
Llovió todo el tiempo.
¿Cómo son los personajes principales?

*Pilar es romántica/cariñosa/sincera/modesta/
cruel/egoísta.*
*Alejandro es violento/antipático/malo/orgulloso/
arrogante.*
X se enamora de/sale con/se casa con Y.
Y está embarazada.
Las cosas no van bien entre X y Y.
*En el último episodio, X descubrió que su marido/
mujer es infiel.*
Y murió/fue a la cárcel.
En el próximo episodio, va a haber una lucha entre …
X explicará a su marido/mujer que …
X y Y van a separarse/divorciarse.

Resources

Cassette D, side 1
CD 3, track 12
Cuaderno pp. 45–50
Hablar p. 123
Trabajo de curso pp. 158–159
Leer y escribir pp. 174–175

1a Lee las reacciones de los jóvenes. Ponlas en
orden de positivo a negativo.

Reading: reactions to events and entertainments.
Students rank a series of responses.

1b Escucha las opiniones (1–8). Ponlas en la
categoría apropiada.

Listening: reactions to events and entertainments.
Students categorise the responses. They could simply
tick the appropriate boxes, or note down the
reactions as in the example.

	☺	😐	☹
1		Fue regular.	
2	Fue fantástica.		
3			Lo pasé fatal.
4		Me gustó bastante.	
5			¡Qué desastre!
6	Me gustó muchísimo.		
7	Lo pasé muy bien.		
8	Lo pasé bomba.		

Tapescript

1 – *Fue regular la película. Tom Cruise es bueno pero no fue
   una de sus mejores películas.*
2 – *Gabrielle fue fantástica. El concierto fue fenomenal. Lo
   pasé bomba.*
3 – *Lo pasé fatal. El Barça perdió dos goles a cero. La
   entrada me costó 40 euros. ¡Fíjate! 40 euros.*
4 – *¿La película? Bueno, me gustó bastante. Lo pasé
   bastante bien.*
5 – *¡Qué desastre! El concierto fue imposible. Llovió todo el
   tiempo.*
6 – *El ballet fue muy emocionante. Me gustó muchísimo la
   música.*
7 – *La comedia fue muy divertida. Lo pasé muy bien.*
8 – *Me encantó la fiesta. Lo pasé bomba.*

1c Con tu compañero/a pregunta y contesta
dando tu reacción.

Speaking: reacting to events. Pairwork practice using
picture prompts.

1d Escribe un mensaje a tu amigo/a por
correspondencia describiendo un espectáculo
(real o imaginario).

Writing: accounts of events and entertainments.
Students can study the example and pull out useful
words and expressions that they can use and adapt.

2a Las telenovelas son muy populares en España, América Latina y en todo el mundo. Cuentan la historia de unas familias, y las familias son siempre complicadísimas. Cuenta la historia de una telenovela que conoces bien.

Speaking: describing the plot of a soap opera. This activity makes good preparation for the presentation aspect of the oral exam. It will require a lot of time and preparatory work.

2b Imagina tu propia telenovela. Cuenta la historia de dos personajes.

Writing: inventing a soap opera. An opportunity for imaginative writing.

¡Ojo!
Writing a narrative.

Topics revised

Giving opinions about shopping
Shopping for food and clothes
Asking for information in a department store
Describing films and giving opinions
Buying cinema tickets
Describing famous people
Taking phone messages

7 De compras

Conversación

A general conversation about shopping experiences, giving opportunities to use a range of tenses and giving opinions.

Juego de rol 1, 2 and 3

Three role-plays: one on shopping in a grocer's, one on getting information in a department store and one on buying clothes. All three include unscripted elements, requiring students to make up their own appropriate responses. The general advice at the top of page 122 encourages them to do each role-play more than once and vary their responses to the unexpected elements.

8 De juerga

Conversación 1 and 2

General conversations about going to the cinema and describing a famous person. The general advice at the top of page 122 reminds students to take every opportunity to switch tenses, and these two conversations offer plenty of scope for doing so.

Juego de rol 1 and 2

Role-plays on buying cinema tickets and taking a phone message. Unexpected elements are incorporated.

Presentación

Students are given a choice of three presentation topics:

● a shopping trip

● a visit to the theatre or cinema

● a football match.

Students are again encouraged to record, perfect and re-record their presentation.

The coursework-style task is to write an account of a film or a book. Students are presented with a model text, followed by comprehension tasks and preparation activities. The **Ayuda** section offers guidance on using a range of tenses, giving opinions and redrafting your writing.

1 Traduce al inglés las palabras y expresiones en verde del texto.

Answers

el director – the director
encontró la fama – he became famous
la historia de 'Pearl Harbor' tiene lugar en – the story of 'Pearl Harbor' takes place in
se enamora de – falls in love with
consigue escaparse – manages to escape
me convencieron – (they) convinced me
les haré caso – I'll pay attention to them
sin dudar de – without doubting
las escenas – the scenes
éxito – success
la banda sonora – the soundtrack
Te recomiendo esta película – I recommend this film to you

2 Empareja las frases españolas e inglesas.

Answers

1 f,   2 d,   3 a,   4 e,   5 b,   6 c

módulo 8

Leer y escribir

(Student's Book pages 174–175)

1 ¿Quién es quién?

Reading. Students read three texts about famous Spanish-speaking people and have to work out which one each statement refers to.

Answers

1 Antonio Banderas,   2 Zarandona,   3 Shakira,
4 Shakira,   5 Antonio Banderas,   6 Zarandona

2 Escribe en español una pequeña biografía de una persona famosa. Puedes escoger la persona o usar la información sobre Enrique Iglesias.

Writing. The task is to create a profile of a famous person. Students can either use the information given about Enrique Iglesias or choose their own celebrity.

3 Lee la carta de Gabriela y escoge la letra correcta.

Reading. Students read a personalised account of the film 'The Patriot' and do an exam-style multiple-choice task.

Answers

1 b,   2 c,   3 b,   4 b,   5 b,   6 b,   7 c

4 Escribe una carta a Gabriela contestando a todas sus preguntas.

Writing. This is an exam-style writing task. In answering the questions in Gabriela's letter, students write an account of a film they have seen recently, following a series of bullet-point prompts.

módulo 8 · Cuaderno

(pp. 45–50)

page 45

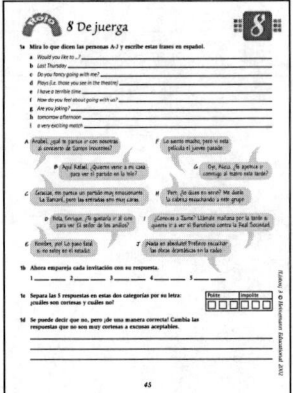

3b

¿Cuál?	Tipo	Salida	Lo positivo	Lo negativo
1	femenina	mensual	información sobre la salud nutritiva	demasiado cara
2	automóvil	semanal	detalles sobre lo mecánico	faltan avisos prácticos y económicos
3	informática	seis veces por año	avisos para navegar por internet	faltan páginas dedicadas a la música

1a

a Would you like to …? – ¿Te gustaría …?
b Last Thursday – El jueves pasado
c Do you fancy going with me? – ¿Te apetece ir conmigo?
d plays (i.e. those you see in the theatre) – las obras dramáticas
e I have a terrible time – Lo paso fatal
f How do you feel about going with us? – ¿Qué te parece ir con nosotras?
g Are you joking? – ¿Lo dices en serio?
h tomorrow afternoon – mañana por la tarde
i a very exciting match – un partido muy emocionante

page 47

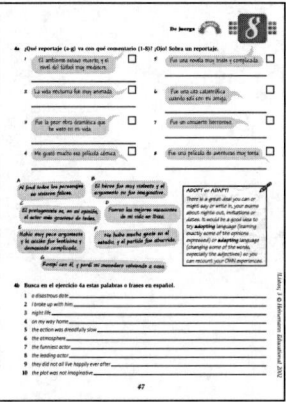

1b

| 1 A, H | 2 B, E | 3 D, F | 4 G, J | 5 I, C |

4a

| 1 F, | 2 D, | 3 E, | 4 C, | 5 A, | 6 G, | 7 –, | 8 B |

1c

Polite	Impolite
F C	H E J

page 46

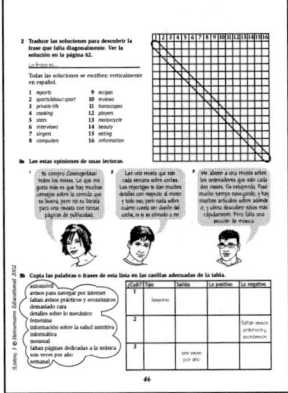

4b

1 una cita catastrófica
2 Rompí con él.
3 la vida nocturna
4 volviendo a casa
5 la acción fue lentísima
6 el ambiente
7 el actor más gracioso
8 el protagonista
9 no vivieron (todos) felices
10 el argumento no fue imaginativo

2

Answers on p. 62 of Workbook

page 48

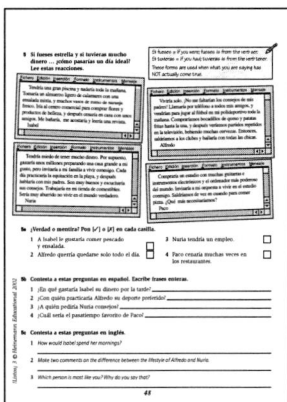

5a

1 ✓,	2 ✗,	3 ✓,	4 ✗

5b

Examples:
1 Gastaría el dinero comprando flores y productos de belleza.
2 Practicaría su deporte preferido con sus amigos.
3 A sus padres.
4 El pasatiempo favorito de Paco sería la música.

5c

1 She would go swimming.
2 Alfredo would not take advice from his parents, but Nuria would. Nuria would have a job but Alfredo would not.

page 49

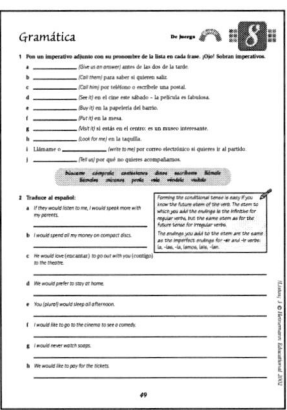

1

a **Contéstanos** antes de las dos de la tarde.
b **Llámales** para saber si quieren salir.
c **Llámale** por teléfono o escríbele una postal.
d **Vela** en el cine este sábado – la película es fabulosa.
e **Cómprala** en la papelería del barrio.
f **Ponla** en la mesa.
g **Visítalo** si estás en el centro; es un museo interesante.
h **Búscame** en la taquilla.
i Llámame o **escríbeme** por correo electrónico si quieres ir al partido.
j **Dinos** por qué no quieres acompañarnos.

2

a Si me escucharían, hablaría más con mis padres.
b Gastaría todo mi dinero en discos compactos.
c Le encantaría salir contigo al teatro.
d Preferiríamos quedarnos en casa.
e Dormiríais toda la tarde.
f Me gustaría ir al cine a ver una comedia.
g No vería nunca telenovelas.
h Querríamos/Nos gustaría pagar las entradas.

page 50

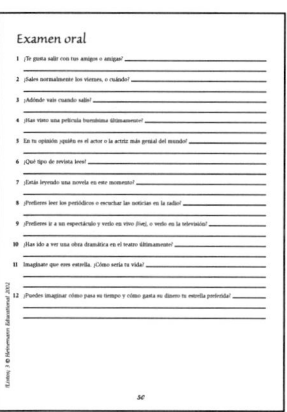

módulo 9 — *Yo*

(Student's Book pages 124–135)

Main topics and objectives	Grammar
Repaso (pp. 124–125) Revising personal descriptions	*Soler* + infinitive
1 ¿Cómo eres? (pp. 126–127) Describing personality	
2 Problemas (pp. 128–129) Describing problems at home and at school	*Para* + infinitive
3 La dependencia (pp. 130–131) Discussing the dangers of drug dependency	
4 La calidad de vida (pp. 132–133) Describing environmental problems and solutions Saying what you do for the environment	The passive

Key language

Nací en … pero ahora vivo en …
Cumplo 15 años el 13 de junio.
Soy pelirrojo/un poco gordita.
No sé si soy guapo o no.
Creo que soy bastante guapa.
Mido 1,85 y peso 75 kilos aproximadamente.

Soy de nacionalidad española.
Suelo llevar … Nunca llevo …
Mi padre se divorció/se casó con mi madre hace veinte años.
Es calvo y lleva bigote/lentillas.
Mis hermanas son gemelas. Son idénticas.

En general soy/es …
Creo que soy/es … pero un poco …
De vez en cuando estoy/está …
No soy/es nunca … Soy/Es siempre …
Mi defecto más importante es que soy …
Siempre parece …/A mi parecer, …
activo, agradable, agresivo, alegre, amable, ambicioso, antipático, atractivo, atrevido, avaricioso, cariñoso, celoso, cobarde, comprensivo, contento, cortés, cruel, desobediente, egoísta, elegante, estúpido, extrovertido, formal, generoso, goloso, gracioso, hablador, honrado, impaciente, insolente, inteligente, introvertido, mal educado, mentiroso, nervioso, orgulloso, perezoso, popular, responsable, sensible, serio, severo, simpático, sincero, tímido, tonto, trabajador, triste

(No) me llevo bien con mi padre. Es …
Tengo un novio. Es (muy) …
Busco a un chico/una chica con buen sentido del humor.

¿Estás estresado/a con los exámenes?
¿Te entiendes bien con tus padres?
¿Te dan bastante libertad?
¿Te dejan salir durante la semana?
Me entiendo bien/mal con …
Mi madre/Mis padres me da(n) rabia.
Estoy estresado/a porque …

… no me deja(n) salir/fumar/beber.
… no me entiende(n).
… no me da(n) mucho dinero.
(No) tengo ganas de estudiar/tener un buen trabajo/ ganar mucho dinero/salir de casa.
¿Qué voy a hacer? ¿Me puede ayudar?

¿Estás a favor o en contra de las drogas? ¿Por qué?
Estoy en contra. No tomo drogas porque …
… es tonto/una pérdida de dinero.
… no se saben los efectos.
… tengo miedo de la dependencia.
Tomo drogas …
… porque todo el mundo lo hace.
… para olvidarme de todo/escaparme del estrés de la vida/prolongar la noche.

Hay riesgos, pero …
¿Bebes alcohol?
¿Qué piensas de los jóvenes que beben demasiado?
La droga más peligrosa es el alcohol.
¿Hay un problema en tu pueblo/ciudad/barrio con el alcohol o la droga?
Hay muchas drogas en venta en las discotecas.

¿Qué se puede/se debe hacer por el medio ambiente?
Se debe usar menos el coche/ducharse en vez de tomar un baño/hacerse miembro de un grupo ecologista/protestar.
Se deben reciclar botellas y papel/apagar las luces/ desenchufar los electrodomésticos/comprar productos ecológicos.
¿Qué haces por el medio ambiente?
No hago mucho, pero voy en bicicleta cuando puedo/ soy miembro de Greenpeace.

¿Cómo sería tu mundo ideal?
Habría sólo coches eléctricos.
Habría que pagar para aparcar/entrar en las ciudades.
No habría coches en las ciudades/ríos contaminados.
El aire estaría libre de gases cancerígenos.
Todo el mundo compraría productos ecológicos.
No se usarían productos de plástico en los supermercados.

Repaso

(Student's Book pages 124–125)

Main topics and objectives

Revising personal descriptions

Grammar

Soler + infinitive

Key language

Nací en … pero ahora vivo en …
Cumplo 15 años el 13 de junio.
Soy pelirrojo/un poco gordita.
No sé si soy guapo o no.
Creo que soy bastante guapa.
Mido 1,85 y peso 75 kilos aproximadamente.

Soy de nacionalidad española.
Suelo llevar … Nunca llevo …
Mi padre se divorció/se casó con mi madre hace veinte años.
Es calvo y lleva bigote/lentillas.
Mis hermanas son gemelas. Son idénticas.

Resources

Cassette D, side 1
CD 3, track 13
Cuaderno pp. 51–55
Hablar p. 148
Leer y escribir pp. 176–177
Gramática 5.11 (p. 194)

1a Cuatro jóvenes se describen. Lee y empareja las frases de abajo con las personas.

Reading: physical descriptions. Students match the sentences with the four young people's descriptions of themselves.

Answers

1 Susana, **2** Ana Luisa y Susana, **3** Manolo, **4** Jesús, **5** Jesús, **6** Ana Luisa y Susana, **7** Jesús y Susana, **8** Manolo y Susana, **9** Manolo y Jesús, **10** Manolo, **11** Ana Luisa, **12** Manolo

1b Escribe las preguntas (8 a 10) que hay que hacer para obtener toda la información en 1a.

Writing: asking for personal information. Students are always much better at answering questions than asking them. This activity offers an opportunity to revise common questions, but from the point of view of students formulating them. Of course, it also involves practice of the interrogatives.

Gramática

Soler + *infinitive.*

1c En grupos. Entrevista a cuatro de tus compañeros/as.

Speaking: personal information. Groupwork.

2a Vas a escuchar descripciones de los miembros de una familia. Apunta la información sobre cada uno.

Listening: physical descriptions. Students could copy or be given a copy of the grid in the Student's Book.

Answers

	Edad	Pelo	Ojos	Descripción
padre	60	calvo	azules	bajo y gordo, lleva bigote
madre	40	pelo rubio rizado y bastante largo	grises	guapa, bajita, bastante delgada
hermanas	13	pelo negro muy largo	–	idénticas, llevan ropa diferente, altas, delgadas, morenas
hermanastro	35	pelirrojo, pelo corto y liso	ojos marrones	ni alto ni bajo, lleva lentes de contacto/lentillas

Tapescript

Mi padre es bastante viejo. Tiene sesenta años. Se divorció hace veinte años y se casó con mi madre. Mi madre es mucho más joven. Tiene cuarenta años. Mi padre es calvo y lleva bigote. Es bajo y gordo y tiene los ojos azules.

Mi madre es guapa. Tiene el pelo rubio rizado y bastante largo. Tiene los ojos grises. Es bajita y bastante delgada.

Tengo dos hermanas menores y un hermanastro mayor. Mis hermanas son gemelas. Tienen trece años. Son idénticas. Llevan ropa diferente para ser diferentes. Son muy altas y delgadas y son morenas, con el pelo negro muy largo.

Mi hermanastro tiene treinta y cinco años. Es soltero y vive solo. Es pelirrojo y lleva lentes de contacto. Tiene el pelo corto y liso y los ojos marrones. No es ni alto ni bajo.

2b Túrnate con tu compañero/a para preguntar y contestar sobre los miembros de vuestras familias.

Speaking: physical descriptions. Pairwork practice of describing others' appearance.

2c Contrarreloj. Habla un minuto sobre ti y tu familia.

Speaking: physical descriptions. Practice for presentations.

2d Haz una descripción de un(a) compañero/a de clase. Tu profesor(a) leerá la descripción a la clase. ¿Quién es?

Writing: physical descriptions. Describing a fellow student.

2e Describe a tu actor/cantante/deportista favorito/a. Trae unas fotos o usa las fotos de abajo y haz una descripción detallada.

Writing: physical descriptions. Students choose a famous person to describe.

módulo 9

1 ¿Cómo eres?
(Student's Book pages 126–127)

Main topics and objectives

Describing personality

Key language

En general soy/es …
Creo que soy/es … pero un poco …
De vez en cuando estoy/está …
No soy/es nunca … Soy/Es siempre …
Mi defecto más importante es que soy …
Siempre parece …/A mi parecer, …
activo, agradable, agresivo, alegre, amable,
ambicioso, antipático, atractivo, atrevido, avaricioso,
cariñoso, celoso, cobarde, comprensivo, contento,
cortés, cruel, desobediente, egoísta, elegante, estúpido,
extrovertido, formal, generoso, goloso, gracioso,
hablador, honrado, impaciente, insolente, inteligente,
introvertido, mal educado, mentiroso, nervioso,
orgulloso, perezoso, popular, responsable, sensible,
serio, severo, simpático, sincero, tímido, tonto,
trabajador, triste
(No) me llevo bien con mi padre. Es …
Tengo un novio. Es (muy) …
Busco a un chico/una chica con buen sentido del
humor.

Resources

Cassette D, side 1
CD 3, track 14
Cuaderno pp. 51–55
Hablar p. 148
Leer y escribir pp. 176–177

1a Pablo describe la personalidad de seis miembros de su familia. Apunta los adjetivos que usa para cada persona. Busca las palabras que no conoces en un diccionario.

Listening: adjectives of personality. Students note down the adjectives that are used to describe each person. In preparation, it would be helpful if they looked up the words that they don't know. The **¡Ojo!** draws attention to cognates.

Answers

Paco:	hablador, simpático, alegre, tonto
Mercedes:	cariñosa, inteligente, trabajadora, comprensiva
Ana:	celosa, perezosa, egoísta
Fede:	popular, gracioso, sensible, generoso, (carácter muy) atractivo
Padre:	activo, inteligente, responsable, agresivo
Tío:	tímido, nervioso, serio

Tapescript

Bueno, empezando con mi hermanito, Paco: Paco tiene diez años y habla todo el tiempo. Es tan hablador que no se puede ver la televisión. Es simpático y alegre y a veces tonto.

Mi hermana mayor Merche – Mercedes – tiene veinte años y me entiendo bien con ella. Es muy cariñosa e inteligente. Va a la universidad y estudia medicina. Es muy trabajadora y comprensiva.

Mi hermana menor se llama Ana. Tiene catorce años. Es celosa de mi hermana mayor. Es perezosa y no trabaja en el instituto. Es un poco egoísta. No me entiendo bien con ella en este momento.

Mi hermanito Fede es un caso. Es muy popular. Es gracioso, sensible y generoso. Sólo tiene dos años pero su carácter es muy atractivo.

Mi padre es muy activo y bastante inteligente. Es responsable pero a veces un poco agresivo.

Mi tío es tímido. Es muy nervioso. Es serio todo el tiempo.

1b Busca las palabras que no conoces en un diccionario. Escucha lo que dicen los jóvenes. ¿Piensan que las características son positivas o negativas o que depende? Escucha otra vez y decide si estás de acuerdo con los jóvenes.

Listening: adjectives of personality. Before listening, students should again look up any words they don't know.

Tapescript

– *Bueno, 'elegante', ¿positivo o negativo?*
– *Positivo.*
– *Sí, y 'cortés' también.*
– *¿'Atrevido'?*
– *Depende de la situación.*
– *¿'Desobediente'?*
– *No. ¿'Extrovertido'?*
– *Sí.*
– *¿'Introvertido'?*
– *No. ¿'Formal'?*
– *No, y 'avaricioso' no.*
– *¿'Honrado'?*
– *Sí. ¿Y los otros?*
– *Negativos.*
– *Pero, 'severo' a veces es importante. Depende.*
– *Vale.*

1c Rellena los espacios con las características que te parecen más apropiadas para ti. Luego, adapta las frases para describir a tu compañero/a.

Writing: describing personality.

1d Con tu compañero/a compara lo que habéis escrito en 1c. ¿Estáis de acuerdo?

Speaking: describing personality. Pairwork: students compare their own and their partner's answers to **1c**.

1e Da tu opinión sobre tres personas famosas adaptando este modelo.

Speaking: describing personality. This is useful practice for giving presentations in oral exams. You could set a target (time or number of words/sentences) to encourage students to speak for longer.

2a Lee estos anuncios. ¿Quién te gusta? ¿Por qué?

Reading: describing personality. Students read small ads for friends. This is an open-ended activity that requires students to give their own opinion.

2b Dos jóvenes leen los anuncios. Apunta su opinión sobre las cuatro personas.

Listening: discussing personality traits. Students note down the opinions expressed about the four young people in the small ads.

Answers

Chico de 17 años:	has a foolishly high opinion of himself. The girl is going to need a sense of humour.
Chica, 16:	quiet and possibly boring, but sincere.
Chico de 18 años:	interesting and sincere.
Chica de 17 años:	honest about herself and likes going out.

Tapescript

– *Este chico pone 'muy guapo' y 'muy inteligente'. No es muy modesto, creo yo.*
– *Creo que es tonto si escribe tales cosas. Le odio. La chica va a necesitar un buen sentido del humor.*
– *La chica es mejor. Tranquila y posiblemente aburrida pero sincera.*
– *Sí, yo creo que no va a salir mucho.*
– *El chico de dieciocho años parece interesante y sincero.*
– *Sí. Escribe poco pero bien.*
– *La última chica es honesta. Dice 'egoísta a veces'. Le gusta salir y pasárselo bien.*
– *Sí, a mí me gusta.*

2c Escribe un anuncio para ti.

Writing: describing personality. Students write their own small ads.

2d Lee y contesta a la carta de Bea. Escribe de 80 a 100 palabras.

Writing: personality and family relationships. Letter-writing activity based on a model.

2 Problemas

(Student's Book pages 128–129)

Main topics and objectives

Describing problems at home and at school

Grammar

Para + infinitive

Key language

¿Estás estresado/a con los exámenes?
¿Te entiendes bien con tus padres?
¿Te dan bastante libertad?
¿Te dejan salir durante la semana?
Me entiendo bien/mal con …
Mi madre/Mis padres me da(n) rabia.
Estoy estresado/a porque …
… no me deja(n) salir/fumar/beber.
… no me entiende(n).
… no me da(n) mucho dinero.
(No) tengo ganas de estudiar/tener un buen trabajo/ganar mucho dinero/salir de casa.
¿Qué voy a hacer? ¿Me puede ayudar?

Resources

Cassette D, side 1
CD 3, track 15
Cuaderno pp. 51–55
Hablar p. 148
Leer y escribir pp. 176–177
Gramática 8.2 (p. 202)

1a Lee las cartas en la página 128 y empareja las frases de abajo con las personas.

Reading: young people's problems. Students match the sentences to the writers of the problem-page letters.

Answers

1 Mustafá,	**2** Anita,	**3** Anita,	**4** Pablo,	**5** Maite,
6 Pablo,	**7** Anita,	**8** Pablo		

Gramática

Para + *infinitive*.

1b Escucha los problemas de tres jóvenes. Apunta el problema de cada joven y lo que piensa.

Listening: young people's problems. Note-taking activity.

Tapescript

1 El problema es que mis padres no me dan mucho dinero. No hay mucho empleo en el pueblo y no tengo trabajo. Mis padres me dan veinte euros al mes que no es suficiente. Me compran la ropa y otras cosas pero quiero ser más independiente. Ayudo en casa: preparo las comidas, pongo la mesa, paso la aspiradora … No es que sea yo perezosa.

2 No estoy contento. Mis padres no me dejan fumar en casa. Tengo mi dormitorio y abro las ventanas, pero no me dejan. Dicen que afecta mi salud y que es tonto. Yo fumo en la calle y con amigos. ¿Por qué no me dejan fumar en casa?

3 Me encantan los coches y tengo ganas de conducir. Tengo el dinero para las clases, pero mis padres no me dejan usar su coche. Mis amigos saben conducir pero yo no puedo. ¡Es injusto!

1c Con tu compañero/a pregunta y contesta.

Speaking: young people's problems. Pairwork question and answer practice.

1d Escribe una carta a Tía Dolores usando las palabras y frases claves. Usa un poco de imaginación.

Writing: young people's problems. In this creative writing activity, students write their own letter to a problem page.

¡Ojo!

Using repetition for effect.

Main topics and objectives

Discussing the dangers of drug dependency

Key language

¿Estás a favor o en contra de las drogas? ¿Por qué?
Estoy en contra. No tomo drogas porque …
… es tonto/una pérdida de dinero.
… no se saben los efectos.
… tengo miedo de la dependencia.
Tomo drogas …
… porque todo el mundo lo hace.
… para olvidarme de todo/escaparme del estrés de la vida/prolongar la noche.
Hay riesgos, pero …

¿Bebes alcohol?
¿Qué piensas de los jóvenes que beben demasiado?
La droga más peligrosa es el alcohol.
¿Hay un problema en tu pueblo/ciudad/barrio con el alcohol o la droga?
Hay muchas drogas en venta en las discotecas.

Resources

Cassette D, side 2
CD 3, track 16
Cuaderno pp. 51–55
Hablar p. 148
Leer y escribir pp. 176–177

1a Lee este artículo sobre la droga. Contesta a las preguntas en inglés.

Reading: dangers of drugs. Students read the magazine article about drugs and answer questions in English.

Answers

> 1 Psychological, physical or both.
> 2 Socially accepted, intermediate/medicinal and illegal. There is also substance abuse.
> 3 Tea, coffee, chocolate, some fizzy drinks, tobacco, alcohol, aspirin, sedatives and barbiturates (on prescription).
> 4 It can cause accidents, fights, robberies and vandalism.
> 5 Begins drinking at 14 and a half; has his/her first joint at 16; takes LSD and amphetamines at 17; Ecstasy at 18; cocaine at 18 and a half.

1b Lee las opiniones de los jóvenes sobre la droga. Luego escucha (1–6) y decide quién habla.

Reading and listening: opinions about drugs. Students match oral and written statements. They only need to write the number and the letter of the speaker.

Answers

> 1 B,   2 F,   3 D,   4 A,   5 C,   6 E

Tapescript

1 Si tomas drogas puedes continuar toda la noche. Acepto que es un poco peligroso.
2 Salimos en pandilla todos los fines de semana. Todos bebemos alcohol y tomamos pastillas. Si no tomas, no puedes ser parte del grupo.
3 No me apetece tomar drogas. Prefiero gastar mi dinero en otras cosas.
4 La vida es muy, muy estresante y tengo muchos problemas. Cuando tomo drogas los fines de semana, estoy libre.

5 Se dice que las drogas no tienen efectos pero en cinco, diez años pueden provocar una psicósis.
6 Tomar drogas es tonto. Son peligrosas porque pueden fácilmente crear dependencia.

1c Haz una conversación con tu compañero/a.

Speaking: opinions about drugs and alcohol. This short question and answer activity would lend itself to practice with a number of partners. Each student could put the questions to five people in a fixed amount of time.

2a Lee los reportajes de dos ex-usuarios y completa las frases con las palabras de abajo.

Reading: experiences of drug abuse. Gap-filling activity.

Answers

> 1 Gonzalo tomaba **drogas y alcohol** cuando tenía veinte años.
> 2 Eusebio **trabajaba** en una discoteca cuando era más joven.
> 3 Gonzalo **salía** los viernes, sábados y domingos.
> 4 Eusabio tiene **miedo** por los jóvenes y las drogas.
> 5 Gonzalo sólo **bebe** cerveza.

2b Contesta a la carta de Inés.

Writing: drug problems and opinions. Students answer a letter about drug problems.

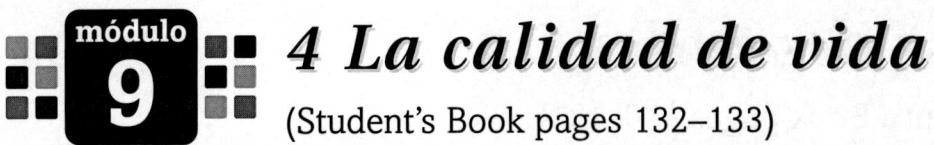

Main topics and objectives

Describing environmental problems and solutions
Saying what you do for the environment

Grammar

The passive

Key language

¿Qué se puede/se debe hacer por el medio ambiente?
Se debe usar menos el coche/ducharse en vez de tomar un baño/hacerse miembro de un grupo ecologista/ protestar.
Se deben reciclar botellas y papel/apagar las luces/ desenchufar los electrodomésticos/comprar productos ecológicos.
¿Qué haces por el medio ambiente?
No hago mucho, pero voy en bicicleta cuando puedo/

soy miembro de Greenpeace.
¿Cómo sería tu mundo ideal?
Habría sólo coches eléctricos.
Habría que pagar para aparcar/entrar en las ciudades.
No habría coches en las ciudades/ríos contaminados.
El aire estaría libre de gases cancerígenos.
Todo el mundo compraría productos ecológicos.
No se usarían productos de plástico en los supermercados.

Resources

Cassette D, side 2
CD 3, track 17
Cuaderno pp. 51–55
Hablar p. 148
Leer y escribir pp. 176–177
Gramática 5.18 (p. 197)

1a Lee los consejos sobre la protección del medio ambiente. Empareja cada consejo con una persona entrevistada (1–6).

Listening: advice about protecting the environment. Students will need to be very familiar with the printed material before listening to the recording.

Answers

1 C,	2 F,	3 E,	4 B,	5 D,	6 A

Tapescript

1 – ¿Qué hace usted por el medio ambiente?
 – Yo voy en bicicleta cuando puedo o voy andando.
2 – ¿Le importa el medio ambiente?
 – Sí, mucho. Soy miembro de Greenpeace. Creo que es muy importante protestar.
3 – ¿Qué hace usted por el medio ambiente?
 – Yo hago la compra en el mercado y compro solamente cosas sin productos químicos.
4 – Hablando del medio ambiente, ¿qué haces tú para mejorarlo?
 – No hago mucho, pero yo me ducho por la mañana porque se usa menos agua.
5 – ¿Haces algo para mejorar el medio ambiente?
 – Cuando salgo de casa, apago las luces para usar menos electricidad.
6 – ¿Qué hace usted por el medio ambiente?
 – Pues, no tiramos las botellas en la basura. Las reciclamos.

1b Haz conversaciones con tu compañero/a.

Speaking: actions to protect the environment. Pairwork practice.

1c Copia y rellena el formulario indicando lo que harás en el futuro.

Writing: undertaking to protect the environment.

2a ¿Cómo sería tu mundo ideal? Lee lo que dicen los jóvenes. ¿Estás de acuerdo o no? Haz dos listas.

Reading: environmental ideals. Students categorise the ideas according to whether they agree with them.

2b Escucha las entrevistas con cuatro jóvenes y selecciona los adjetivos que les describen.

Listening: discussing environmental issues. Students select from the list of adjectives given those that best describe each speaker.

Answers

1 ignorante, egoísta
2 bien informada, inteligente
3 responsable
4 inteligente, responsable

Tapescript

1 – ¿Qué harías tú para mejorar el medio ambiente?
 – No sé. No tengo problemas. Vivo en una zona muy agradable con parques y jardines.
2 – ¿Qué harías tú para mejorar el medio ambiente?
 – Es difícil pero empezaría con los políticos. Los políticos a veces no hacen nada para mejorar el medio ambiente.
3 – ¿Qué harías tú para mejorar el medio ambiente?
 – Yo sería miembro de una organización ecologista.
4 – ¿Qué harías tú para mejorar el medio ambiente?
 – Yo cambiaría el sistema de transporte público. Hay demasiados coches.

2c Lee este artículo sobre el abuso del coche ('carro' en Ecuador). Identifica las palabras que indican los sentimientos del autor (por ejemplo: 'bestias') y contesta a las preguntas.

Reading: transport and environmental problems. Students read an article about transport and environmental problems in Quito and answer questions in English.

Answers

1 It was designed for the car.
2 Too many cars, too many exhaust fumes from buses, aggressive driving and inadequate public transport system.
3 The bicycle.
4 Pollution (air and noise) and danger of accidents.
5 Carbon monoxide is poisonous to the blood and carcenogenic. Lead can damage the central nervous system.
6 Bicycle and car.
7 Reclaim the (public) spaces and fight against the car/drivers.
8 A more humane city, free of pollution.

2d Prepara una presentación oral o escrita sobre el medio ambiente y añádela a tu fichero personal.

Speaking. Students prepare a presentation about the environment and retain it for revision.

Gramática

The passive.

---

módulo 9 *Leer y escribir*

(Student's Book pages 176–177)

1 Estas son las respuestas que dieron algunos chicos cuando les preguntaron '¿Cuál es tu opinión sobre fumar?' Escribe el nombre de cada persona en la columna adecuada, según su opinión sobre fumar.

Reading. Students categorise opinions about smoking according to whether the interviewee is in favour of, against, or neutral about smoking.

Answers

De acuerdo	En contra	Neutro
Francisca	Elvira	Gustavo
Rodrigo	Sergio	Alfonso
	Mercedes	
	Silvana	

2 Da tu opinión sobre fumar.

Writing. Students write about their views on smoking, prompted by a series of questions.

3 Has recibido este folleto con las reglas a seguir cuando vas a pasar el día en el bosque. Léelo y contesta a las preguntas en inglés.

Reading. Students read a short text giving rules and guidance about conserving woodland and answer questions in English.

Answers

1 Do not light fires or barbecues. Do not drop cigarettes or matches on the ground.
2 Radios and loud music create noise pollution and are not allowed.
3 Fishing in the lakes or rivers is forbidden.
4 You should not feed the animals.
5 You must not pick the wild flowers or plants.
6 It is about litter: you should take your rubbish home or put it in the litter bins.

4 Escribe cinco reglas para un parque infantil. Usa los siguientes símbolos.

Writing. Students write rules for a children's playground, using the symbols as prompts.

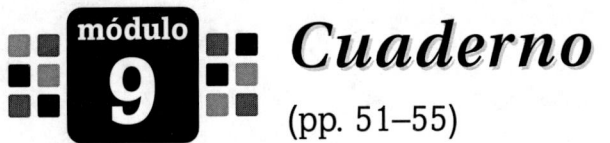

módulo 9 · Cuaderno (pp. 51–55)

page 51

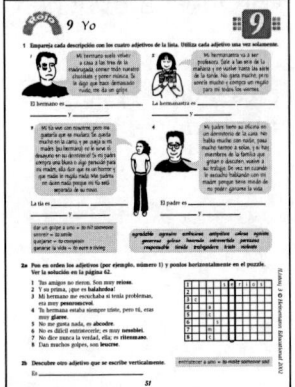

3c

1 b,	2 a,	3 b,	4 c

3d

1 ✗,	2 ✓,	3 ✓,	4 ✗

page 53

1

1 El hermano es agresivo, goloso, egoísta y violento.
2 La hermanastra es ambiciosa, trabajadora, agradable y generosa.
3 La tía es perezosa, antipática, triste y celosa.
4 El padre es tímido, introvertido, honrado y responsable.

4

Answers on p. 62 of Workbook

2a

Answers on p. 62 of Workbook

5

a 7,	b 3,	c 4,	d 6,	e 1,	f 5,	g 2

2b

elegante

page 52

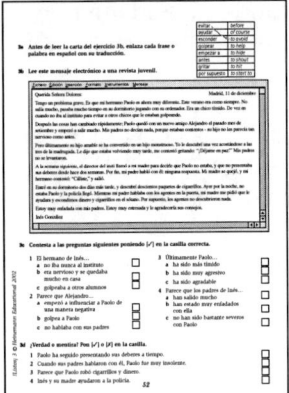

page 54

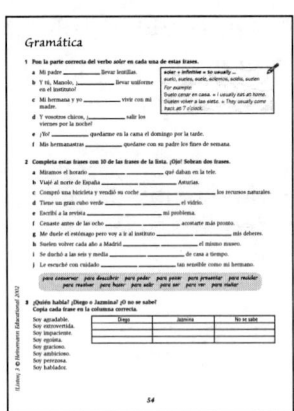

3a

evitar – to avoid
ayudar – to help
esconder – to hide
golpear – to hit
empezar a – to start to
antes – before
gritar – to shout
por supuesto – of course

1

a Mi padre **suele** llevar lentillas.
b Y tú, Manolo, ¿**sueles** llevar uniforme en el instituto?
c Mi hermana y yo **solemos** vivir con mi madre.
d Y vosotros chicos, ¿**soléis** salir los viernes por la noche?
e ¿Yo? **Suelo** quedarme en la cama el domingo por la tarde.
f Mis hermanastras **suelen** quedarse con su padre los fines de semana.

2

a	Miramos el horario **para ver** qué daban en la tele.
b	Viajé al norte de España **para descubrir** Asturias.
c	Compró una bicicleta y vendió su coche **para conservar** los recursos naturales.
d	Tiene un gran cubo verde **para reciclar** el vidrio.
e	Escribí a la revista **para resolver** mi problema.
f	Cenaste antes de las ocho **para poder** acostarte más pronto.
g	Me duele el estómago pero voy a ir al instituto **para presentar** mis deberes.
h	Suelen volver cada año a Madrid **para visitar** el mismo museo.
i	Se duchó a las seis y media **para salir** de casa a tiempo.
j	Le escuché con cuidado **para ser** tan sensible como mi hermano.

3

Diego	Jazmina	No se sabe
Soy gracioso.	Soy extrovertida.	Soy agradable.
Soy ambicioso.	Soy perezosa.	Soy impaciente.
Soy hablador.		Soy egoísta.

page 55

módulo 10 · El futuro

(Student's Book pages 136–149)

Main topics and objectives	Grammar
Repaso (pp. 136–137) Revising school subjects and jobs	And *(y/e)*, or *(o/u)*
1 ¿Seguir estudiando o no? (pp. 138–139) Discussing the options for further study Discussing school rules	
2 ¿Qué carrera? (pp. 140–141) Talking about career choices	
3 Buscando un empleo (pp. 142–143) Making a job application	Negative commands
4 En el futuro … (pp. 144–145) Talking about plans for the future Discussing marriage and children	The present subjunctive

Key language

Se me da(n) bien el diseño/las ciencias.
Prefiero las asignaturas prácticas/artísticas/científicas/ académicas.
Tengo buenas/malas notas en ...
Me gustaría/interesaría un trabajo manual/hacer algo relacionado con ...
Mi trabajo (a tiempo parcial) está bastante bien pagado.

No recibo mucho dinero.
Se busca(n)/Se necesita(n) chico(s) o chica(s)/au pair/ disc-jockey para ...
... trabajar los sábados/en una familia/en un restaurante.
Experiencia (no) es necesaria. Dominio de francés.
Buena presencia. Buenos informes.
Interesados preséntense a .../escribir al apartado ...

La educación secundaria obligatoria dura ... años/ empieza a los ... años y termina a los ...años.
Se puede obtener el título de ...
Te permite continuar con estudios de bachillerato/cursos de formación profesional.
No se hace un examen final.
Tienes que aprobar la mayoría de/todas las asignaturas.
Hay diferentes modalidades.
¿Qué harás el año que viene?
¿Dónde estudiarás y qué vas a estudiar?
¿Qué harás cuando termines tus estudios?
(No) voy a seguir estudiando/estudiar más/hacer mis A Levels.
Voy a un colegio para hacer unos cursillos de formación profesional.

Tendré que ir a otro colegio.
Me gustaría tomar un año de descanso para viajar antes de ir a la universidad.
Preferiría buscar un empleo.
Hay demasiadas reglas en el colegio.
No se puede(n) hablar en clase/llevar joyas.
Se debe llegar a tiempo.
Los teléfonos móviles están prohibidos.
Si nos portamos mal, tenemos que trabajar durante el recreo/ mandan cartas a tus padres.
No nos dejan fumar en el colegio.
Mis profesores me castigan mucho/son demasiado severos/ me tratan mal.

Quiero/Me apetecería ser ...
arqueólogo/a, camarero/a, camionero/a, cantante, carpintero/a, cocinero/a, dependiente/a, deportista, diseñador(a) (gráfico/a), electricista, enfermero/a, farmacéutico/a, granjero/a, hombre/mujer de negocios, ingeniero/a, intérprete, médico/a, mecánico/a, periodista, policía, profesor(a), programador(a), secretario/a
Me encantaría trabajar al aire libre/en equipo/con ordenadores.
Me gustaría trabajar con (otra) gente/solo.
Preferiría hacer algo útil en la vida/un trabajo creativo.

¿Qué cosas buscas en un trabajo?
Busco un trabajo con mucha flexibilidad/horas flexibles/ (poca) responsabilidad/mucha variedad.
Busco un trabajo bien pagado/variado.
Un trabajo rutinario me convendría bien.
No me gusta la idea de estar en una oficina todo el día.
Si pudieras hacer cualquier trabajo/Si ganases la lotería, ¿qué harías?
Trabajaría en ... Sería ... (etc.)
Si pudieras trabajar/vivir en cualquier parte del mundo, ¿dónde trabajarías/vivirías?
Trabajaría/Viviría en ...

Soy entusiasta/ambicioso/dinámico y aprendo rápidamente.
¿Por qué quiere ser ...?
¿Le gusta/importa la responsabilidad/trabajar en equipo?
Me gusta aceptar responsabilidades/trabajar solo (a veces).
¿Le importa más el dinero o el trabajo?
Me atrae menos el dinero que el trabajo.
¿Tiene experiencia?

Distinguidos señores ...
En relación a su anuncio publicado en ...
... le escribo para solicitar el puesto de ...
(No) tengo experiencia en este tipo de trabajo.
Como se puede ver en mi curriculum, ...
... trabajé en una oficina durante el verano pasado.
... he hecho unas prácticas de diez semanas en un hotel.
A la espera de su respuesta se despide atentamente ...
¿Qué asignaturas ha estudiado en el colegio?
No olvides/escribas/uses/mandes/repitas ...

En cinco/diez/veinte años ...
Cuando salga del colegio/sea mayor/tenga treinta años ...
... no sé qué voy a hacer.
... quiero estar en la universidad/ser jefe de una finca/ trabajar en el extranjero.
... trabajaré en la empresa de mis padres/seré rico/iré a la universidad.
... ¿quién sabe?
No sé si me casaré/tendré hijos.

Yo creo que el matrimonio es mejor para los niños/menos importante que hace 20 años.
(No) estoy a favor del matrimonio. (No) creo en el matrimonio.
Vivir con alguien/mi novia (antes de casarme) me parece lógico/ideal.
No es necesario/No hace falta casarse hoy día.
En la vida moderna se necesita más libertad.

Main topics and objectives

Revising school subjects and jobs

Grammar

And *(y/e)*, or *(o/u)*

Key language

Se me da(n) bien el diseño/las ciencias.
*Prefiero las asignaturas prácticas/artísticas/
científicas/académicas.*
Tengo buenas/malas notas en ...
*Me gustaría/interesaría un trabajo manual/hacer
algo relacionado con ...*
*Mi trabajo (a tiempo parcial) está bastante
bien pagado.*

No recibo mucho dinero.
*Se busca(n)/Se necesita(n) chico(s) o chica(s)/au
pair/disc-jockey para ...*
*... trabajar los sábados/en una familia/en un
restaurante.*
Experiencia (no) es necesaria. Dominio de francés.
Buena presencia. Buenos informes.
Interesados preséntense a .../escribir al apartado ...

Resources

Cassette D, side 2
CD 3, track 18
Cuaderno pp. 56–61
Hablar p. 149
Leer y escribir pp. 178–179
Gramática 9 (p. 203)

1a Lee las preferencias de los alumnos. ¿Qué puesto de trabajo de la lista les convendría? Busca las palabras que no conoces en un diccionario.

Reading: school subjects and jobs. Students match the young people's strengths to jobs.

Answers

1 médico/a,	**2** diseñador(a),	**3** deportista,
4 profesor(a) de primaria,	**5** hombre/mujer de negocios,
6 programador(a)	

1b Escucha a los jóvenes (1–6) y apunta las asignaturas que les gustan y que no les gustan. ¿Qué puesto de trabajo de la lista recomiendas?

Listening: school subjects and jobs. This activity combines two tasks: students should first note down the speakers' likes and dislikes and then choose an appropriate job from the list for each one.

Answers

	Likes	Dislikes	Recommendation
1	technology, crafts, practical subjects	–	B/D
2	history, geography	doesn't want to be a teacher	E
3	technology, computers	–	F
4	music, theatre	–	I
5	maths, chemistry	languages, social sciences	J
6	languages	–	G

1c Habla un minuto sobre las asignaturas que estudias. Di cuáles te gustan, cuáles no te gustan y por qué.

Speaking: strengths and preferences in school subjects. This activity provides good practice for presentations.

1d Contrarreloj. Escribe tantas frases como puedas sobre las asignaturas en cinco minutos.

Writing: school subjects. An activity against the clock.

2a Lee lo que escriben estos jóvenes sobre el trabajo que hacen y empareja las frases de abajo con las personas.

Reading: job preferences. Students match the statements with the three texts.

Answers

1 Pedro,	**2** Adriana, Alejandro,	**3** Adriana,
4 Alejandro,	**5** Alejandro,	**6** Adriana,	**7** Adriana,
8 Alejandro	

2b Lee los anuncios y escucha las conversaciones. ¿De qué anuncio hablan en cada caso?

Listening and reading: job ads and preferences. Students must understand the job ads well before listening to the recording and matching it with the ads.

Answers

1 A,	2 C,	3 D,	4 B

Tapescript

1 – *Mira este anuncio. ¿Te interesa?*
  – *No. No me gustaría estar de pie todo el día. No te pagan bien y me gusta estar libre los sábados.*
2 – *¿Y este?*
  – *¡Cuidar de dos niños! ¡Ni pensarlo! No me gustaría pasar todo el día con dos niños que no hablan español.*
3 – *¿Y este?*
  – *Puede ser, pero no tengo experiencia y tienes que trabajar hasta muy, muy tarde. No me gustaría trabajar hasta las cuatro o las cinco, por ejemplo.*
4 – *¿Qué te parece este?*
  – *Posiblemente. Me gustaría trabajar allí y hablo francés y un poco de inglés. Vamos a ver ...*

Gramática

And (y/e), *or* (o/u).

2c Haz conversaciones con tu compañero/a.

Speaking: part-time jobs. Pairwork.

2d Escribe dos o tres anuncios como los de 2b.

Writing: job ads.

1 ¿Seguir estudiando o no?

(Student's Book pages 138–139)

Main topics and objectives

Discussing the options for further study
Discussing school rules

Key language

*La educación secundaria obligatoria dura … años/
empieza a los … años y termina a los … años.
Se puede obtener el título de …
Te permite continuar con estudios de bachillerato/
cursos de formación profesional.
No se hace un examen final.
Tienes que aprobar la mayoría de/todas las
asignaturas.
Hay diferentes modalidades.
¿Qué harás el año que viene?
¿Dónde estudiarás y qué vas a estudiar?
¿Qué harás cuando termines tus estudios?
(No) voy a seguir estudiando/estudiar más/hacer mis
A Levels.
Voy a un colegio para hacer unos cursillos de
formación profesional.*

*Tendré que ir a otro colegio.
Me gustaría tomar un año de descanso para viajar
antes de ir a la universidad.
Preferiría buscar un empleo.
Hay demasiadas reglas en el colegio.
No se puede(n) hablar en clase/llevar joyas.
Se debe llegar a tiempo.
Los teléfonos móviles están prohibidos.
Si nos portamos mal, tenemos que trabajar durante
el recreo/mandan cartas a tus padres.
No nos dejan fumar en el colegio.
Mis profesores me castigan mucho/son demasiado
severos/me tratan mal.*

Resources

Cassette D, side 2
CD 3, track 19
Cuaderno pp. 56–61
Hablar p. 149
Leer y escribir pp. 178–179

1a Lee el texto y contesta a las preguntas
en inglés.

Reading: the Spanish education system. Students
answer comprehension questions in English.

Answers

1 It goes from 12 to 16.
2 It enables you to go on to study the equivalent of A Levels/
  Highers (*bachillerato*) or take vocational courses.
3 The *bachillerato* (baccalaureate).
4 Arts, Natural Sciences and Health, Humanities and
  Social Sciences, and Technology.
5 You have to pass an additional examination.

1b Lee lo que van a hacer los jóvenes. Pon las
frases en orden según tus preferencias.

Reading: options for further study. Students read the
options and decide for themselves in which order
they would put them.

1c Escucha a los jóvenes (1–5) y escribe la
letra de 1b que corresponde a cada persona.

Listening and reading: options for further study.
Students match the opinions expressed with the
options in **1b**.

Answers

1 C, 2 D, 3 E, 4 A, 5 B

Tapescript

1 *No me gusta en absoluto estudiar. Quiero salir del colegio
a los 16 años y no volver.*
2 *Quiero ir a la universidad pero no en seguida. Me interesa
viajar un poco y continuar mis estudios después.*
3 *Quiero estudiar pero no quiero ir a la universidad. Me
gustaría ser directora de un hotel o un restaurante. Voy a
seguir un curso de formación profesional.*
4 *Mi colegio es de 11 a 16 años. Quiero seguir estudiando,
pero tengo que ir a otro colegio.*
5 *No sé qué hacer. Voy a estudiar hasta los 18 años y tomar
una decisión en dos años.*

2a Entrevista a tus compañeros/as de clase
usando estas preguntas. Añade tus propias
respuestas a tu fichero personal.

Speaking: options for further study. Students
interview each other.

2b La decisión sobre salir o continuar depende
de muchas cosas: relaciones con los padres,
aptitud académica y actitud hacia el colegio. Lee
lo que dicen estos jóvenes y decide qué reglas
son buenas y cuáles son tontas. Compara tus
resultados con los de tu compañero/a.

Reading: school rules. Students decide for themselves
which rules are good and which are bad.

2c Un joven describe el sistema en su colegio.
Contesta al mensaje dando tu opinión.

Writing: opinions about school rules and teachers.

Main topics and objectives

Talking about career choices

Key language

Quiero/Me apetecería ser …
arqueólogo/a, camarero/a, camionero/a, cantante, carpintero/a, cocinero/a, dependiente/a, deportista, diseñador(a) (gráfico/a), electricista, enfermero/a, farmacéutico/a, granjero/a, hombre/mujer de negocios, ingeniero/a, intérprete, médico/a, mecánico/a, periodista, policía, profesor(a), programador(a), secretario/a
Me encantaría trabajar al aire libre/en un equipo/ con ordenadores.
Me gustaría trabajar con (otra) gente/solo.
Preferiría hacer algo útil en la vida/un trabajo creativo.
¿Qué cosas buscas en un trabajo?
Busco un trabajo con mucha flexibilidad/horas flexibles/(poca) responsabilidad/mucha variedad.
Busco un trabajo bien pagado/variado.
Un trabajo rutinario me convendría bien.
No me gusta la idea de estar en una oficina todo el día.
Si pudieras hacer cualquier trabajo/Si ganases la lotería, ¿qué harías?
Trabajaría en … Sería … (etc.)
Si pudieras trabajar/vivir en cualquier parte del mundo, ¿dónde trabajarías/vivirías?
Trabajaría/Viviría en …

Resources

Cassette D, side 2
CD 3, track 20
Cuaderno pp. 56–61
Hablar p. 149
Leer y escribir pp. 178–179

1a Lee y escucha las ambiciones de siete jóvenes y rellena los espacios. ¡Ojo! Sobra una frase.

Listening: job types and preferences. Before listening, students should go through the list of items to be inserted into the text and read the sentences with gaps. You can then play the recording twice.

Tapescript

*1 Quiero hacer algo **útil en la vida** y trabajar con gente.*
*2 Me apetecería **un trabajo creativo**. Me gustaría ser diseñador gráfico.*
*3 No tengo mucha ambición. **Un trabajo rutinario** me convendría bien. Busco un trabajo bien pagado con poca responsabilidad **y horas flexibles**.*
*4 Me gustaría trabajar **al aire libre**. No me gusta la idea de estar en una oficina todo el día.*
*5 **Quiero viajar**. Me gustaría ser piloto u hombre de negocios.*
*6 Preferiría trabajar **en un equipo**. No me gustaría trabajar sola. Me interesaría un trabajo con ordenadores.*
*7 Busco un trabajo variado con mucha flexibilidad. Podría trabajar **solo** o con otra gente.*

1b Copia y adapta las frases de 1a que te correspondan.

Writing: job types and preferences. Using the sentences from **1a**, students make statements about their own ambitions.

1c Empareja las dos partes de las frases. En algunos casos hay varias posibilidades.

Writing: job preferences and reasons. This adds to the preceding writing activity. The results of both can be transferred to the students' personal files.

2a Lee el sondeo y contesta a las preguntas.

Reading. A magazine-style quiz to find out how ambitious you are.

2b Haz conversaciones con tu compañero/a.

Speaking: job preferences and ambitions. Pairwork.

3 Buscando un empleo

(Student's Book pages 142–143)

Main topics and objectives

Making a job application

Grammar

Negative commands

Key language

Soy entusiasta/ambicioso/dinámico y aprendo rápidamente.
¿Por qué quiere ser …?
¿Le gusta/importa la responsabilidad/trabajar en equipo?
Me gusta aceptar responsabilidades/trabajar solo (a veces).
¿Le importa más el dinero o el trabajo?
Me atrae menos el dinero que el trabajo.
¿Tiene experiencia?
Distinguidos señores …

En relación a su anuncio publicado en …
… le escribo para solicitar el puesto de …
(No) tengo experiencia en este tipo de trabajo.
Como se puede ver en mi curriculum, …
… trabajé en una oficina durante el verano pasado.
… he hecho unas prácticas de diez semanas en un hotel.
A la espera de su respuesta se despide atentamente …
¿Qué asignaturas ha estudiado en el colegio?
No olvides/escribas/uses/mandes/repitas …

Resources

Cassette D, side 2
CD 3, track 21
Cuaderno pp. 56–61
Hablar p. 149
Leer y escribir pp. 178–179
Gramática 5.22 (p.199)

1a Mira primero la lista de actitudes. Escucha a cinco jóvenes que están escribiendo una carta de presentación. ¿Qué actitud tiene cada uno?

Listening and reading: attitudes to work. Students match the attitudes printed in the book with the speakers who are giving reasons why they are suitable for a job. There is more than one possibility in some cases.

Answers

1 E,	2 C/F,	3 D/F,	4 B,	5 A

Tapescript

1 *A mí me gusta la independencia. Suelo trabajar mejor cuando no hay otras personas en la oficina.*
2 *Me encanta el trabajo. Dedico mucho tiempo a mi trabajo y me encanta trabajar.*
3 *La responsabilidad es importante para mí. Me gusta ser jefe.*
4 *Trabajo mejor cuando trabajo en equipo. Cuando hay muchas personas es más divertido y más interesante.*
5 *Para mí, el tipo de trabajo es muy importante. Si gano poco pero me interesa, es más importante que tener un trabajo bien pagado que no me gusta nada.*

1b Lee los consejos sobre la carta de presentación y apúntalos en inglés. Mira el ejemplo de una carta con las expresiones útiles indicadas.

Reading: letter of application. Note-taking activity.

Gramática

Negative commands.

1c Escribe una carta de presentación contestando a uno de estos anuncios de *El Diario Montañés*.

Writing: letter of application.

2a Prepara respuestas a estas preguntas que te podrían hacer en una entrevista.

Speaking: job interview questions. Students can prepare responses individually and then work in pairs, asking each other the questions.

2b Escucha tres entrevistas para un puesto de au pair. ¿A quién le vas a dar el puesto? ¿Por qué?

Listening: job interviews. Students listen to the three candidates, make their choice and then justify it.

Tapescript

1 – *¿Qué asignaturas ha estudiado usted en el colegio?*
– *Matemáticas, inglés, lengua, ciencias y educación física.*
– *¿Le gustó el colegio?*
– *No mucho.*
– *¿Por qué no?*
– *Porque los profesores no eran simpáticos. Había muchas reglas.*
– *¿Por qué quiere ser au pair?*
– *Porque quiero viajar.*
– *¿Tiene experiencia?*
– *No.*
– *¿Le gusta trabajar sola o en equipo?*
– *No lo sé. Depende.*
– *¿Le importa más el dinero o el trabajo?*
– *Bueno, el dinero es importante porque sin dinero no se puede hacer nada.*
– *¿Le importa la responsabilidad?*
– *Soy bastante responsable, creo yo.*
– *Gracias.*

2 – ¿Qué asignaturas ha estudiado usted en el colegio?
– Muchas: matemáticas, inglés, ciencias – me gustó la biología, cocina – me gusta cocinar.
– ¿Le gustó el colegio?
– Sí, mucho. Tengo muchos amigos y me gusta estar con gente.
– ¿Por qué quiere ser au pair?
– Porque me encantan los niños de todas las edades.
– ¿Tiene experiencia?
– No, pero tengo hermanos y hermanas menores y me ocupo de ellos cuando trabaja mi madre.
– ¿Le gusta trabajar sola o en equipo?
– Puedo trabajar sola pero también me gusta estar con otros.
– ¿Le importa más el dinero o el trabajo?
– El trabajo. Si no te gusta el trabajo, el dinero no es importante.
– ¿Le importa la responsabilidad?
– Soy responsable.

3 – ¿Qué asignaturas ha estudiado usted en el colegio?
– He estudiado matemáticas, inglés, ciencias, historia, geografía, cocina …
– ¿Le gustó el colegio?
– Sí, bastante.
– ¿Por qué?
– Porque tengo muchos amigos allí.
– ¿Por qué quiere ser au pair?
– Es una oportunidad de salir de casa y viajar y me gustan los niños.
– ¿Tiene experiencia?
– No, pero me gustan los niños pequeños.
– ¿Le gusta trabajar solo o en equipo?
– Puedo trabajar solo.
– ¿Le importa más el dinero o el trabajo?
– Me importan los dos. El trabajo tiene que ser interesante y me importa el dinero.
– ¿Le importa la responsabilidad?
– Soy responsable, creo.

módulo 10
4 En el futuro …
(Student's Book pages 144–145)

Main topics and objectives

Talking about plans for the future
Discussing marriage and children

Grammar

The present subjunctive

Key language

En cinco/diez/veinte años …
Cuando salga del colegio/sea mayor/tenga treinta años …
… no sé qué voy a hacer.
… quiero estar en la universidad/ser jefe de una finca/trabajar en el extranjero.
… trabajaré en la empresa de mis padres/seré rico/iré a la universidad.

… ¿quién sabe?
No sé si me casaré/tendré hijos.
Yo creo que el matrimonio es mejor para los niños/menos importante que hace 20 años.
(No) estoy a favor del matrimonio. (No) creo en el matrimonio.
Vivir con alguien/mi novia (antes de casarme) me parece lógico/ideal.
No es necesario/No hace falta casarse hoy día.
En la vida moderna se necesita más libertad.

Resources

Cuaderno pp. 56–61
Hablar p. 149
Leer y escribir pp. 178–179
Gramática 5.20 (p. 198)

1a Lee lo que estos jóvenes piensan de su futuro y decide si las frases son verdad o mentira o si no se sabe.

Reading: plans for the future. A true or false activity based on interviews with young people about their future lives.

Answers

1 ?,	2 ✓,	3 ✗,	4 ?,	5 ✓,	6 ✗,	7 ✓,	8 ✓

1b Contrarreloj. ¿Cuántas frases puedes hacer en cinco minutos?

Speaking: plans for the future. Activity against the clock. You may want to explain the use of the present subjunctive after *cuando*.

Gramática

The present subjunctive.

2a Lee las opiniones sobre el matrimonio y contesta a las preguntas.

Reading: attitudes to marriage and children. Students identify the speaker who corresponds to each attitude.

Answers

1 Silvana,	**2** Rafa,	**3** Soledad,	**4** Antonio,
5 Martín,	**6** Luisa		

2b Prepara una presentación de un minuto sobre tu futuro, usando las frases de arriba y lo que han dicho los jóvenes de 1a y 2a.

Speaking: attitudes to marriage and children. Students prepare a presentation.

2c Escribe de 70 a 100 palabras sobre tu futuro. Menciona …

Writing: plans for the future and attitudes. Writing activity based on bullet-point prompts and consolidating the material on this spread. Students should keep this piece of work in their personal files.

Hablar

(Student's Book pages 148–149)

Topics revised

Describing your character, relationships and problems
Talking about plans for future studies and careers
Discussing environmental issues
Discussing marriage and children
Talking about alcohol and drug dependency

9 *Yo*

Conversación 1, 2 and 3

General conversations about:

● character, appearance, relationships and problems

● present and future studies

● environmental issues.

The advice at the top of page 148 encourages students to ask questions in the general conversation section of their speaking test.

Juego de rol

A role-play on environmental issues, with unpredictable elements. The advice at the top of page 148 recommends students to use 'stalling expressions' to give themselves thinking time when dealing with such unexpected elements.

10 *El futuro*

Conversación 1 and 2

Two conversations: the first about future plans and careers, the second about marriage and children.

Juego de rol

This role-play is an interview for a summer job.

Presentación

Students are offered a choice of two presentation topics: the dangers of alcohol and/or drug dependency, and the environment and ways of cutting down pollution.

1 Lee el artículo sobre trabajos de temporada y contesta a las preguntas.

Reading. Students answer questions in Spanish on a text about holiday jobs in EU countries.

Answers

1 Se necesita el Documento Nacional de Identidad o el pasaporte.
2 Se necesita el formulario E-111.
3 Tienen entre los diecisiete y los treinta años.
4 Consiste en cuidar a los niños y ayudar en las tareas domésticas.
5 Se tienen que pagar el viaje y el seguro de enfermedad.
6 Tiene un día libre a la semana.
7 Consiste en recoger fruta, cuidar ganado, limpiar jardines o cultivar huertas.
8 Se necesita tener un buen nivel del idioma del país y haber hecho una licenciatura o estar estudiándola.

2 Completa este resumen de la carta de Rosa.

Reading. Students read a letter about parental pressures and study problems and complete a gapped summary of the text, choosing from a list of words.

Answers

Rosa está **desesperada** porque sus padres le piden **mucho**. Esperan que sus notas **sean** las mejores siempre. Rosa **se siente** cansada y aburrida. Cuando las **cosas** no van bien, sus padres le **prohiben** que salga o vea la tele. No tiene vida **social**. Su padre quiere que ella **estudie** medicina pero a ella no le gusta. Ahora está esperando las **vacaciones** para descansar.

3 Lee el mensaje de Caroline y escribe un resumen en español para Lucía.

Writing. Students read an email in English about a girl's problems with her parents, which they must then summarise in Spanish.

módulo 10 — *Cuaderno* (pp. 56–61)

page 56

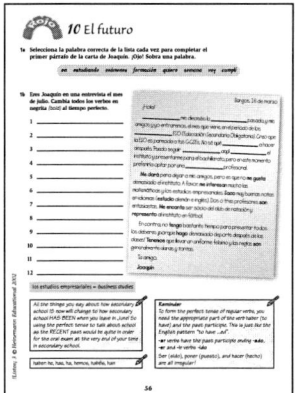

1a

¡Hola!
Cumplí mis dieciséis la **semana** pasada, y mis amigos y yo
entraremos, el mes que viene, en el periodo de los
exámenes ESO (Educación Secundaria Obligatoria). Creo
que la ESO es parecida a tus GCSEs. No sé qué **voy** a
hacer después. Puedo seguir **estudiando** aquí **en** el
instituto y presentarme para el bachillerato, pero en este
momento preferiría optar por una **formación** profesional.

1b

Me ha dado …	Me ha encantado …
me ha gustado …	he representado …
me han interesado …	he tenido …
He sacado …	he hecho …
he estudiado …	Hemos tenido …
han sido …	han sido

page 57

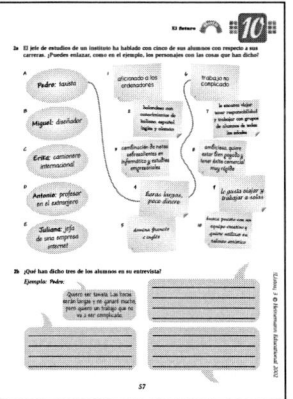

2a

A 4, 6,	**B** 1, 10,	**C** 2, 9,	**D** 5, 7,	**E** 3, 8

page 58

3a

1 **¿Por qué está** buscando este puesto?
2 **¿Cuándo** podré comenzar?
3 **¿Cuándo podría** usted empezar?
4 **¿Cuánto voy** a ganar?
5 **¿Tiene experiencias** de este tipo de trabajo?
6 **¿Dónde ha hecho** sus prácticas?
7 **¿Cuántas horas tendré** que trabajar por día?
8 **¿Cuánto ganaré** por hora?
9 **¿Qué ha estudiado en** el instituto?

3b

Questions to ask	Questions I may be asked
2 4 7 8	1 3 5 6 9

4b

The night before	11 12 14
Leaving the house	7
Arriving for the appointment	9 13
The beginning of the interview	3 15
During the interview	2 4 5 6 8 10
The end of the interview	1

187

módulo 10 — El futuro

page 59

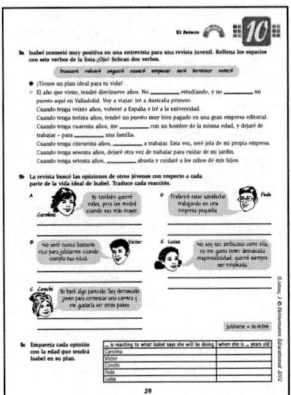
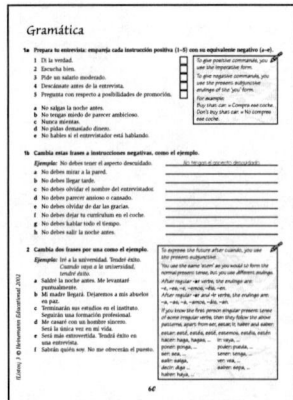

5a

¿Tienes un plan ideal para tu vida?

El año que viene, tendré diecinueve años. No **seguiré** estudiando, y no **buscaré** un puesto aquí en Valladolid. Voy a viajar: iré a Australia primero.

Cuando tenga veinte años, volveré a España e iré a la universidad.

Cuando tenga treinta años, tendré un puesto muy bien pagado en una gran empresa editorial.

Cuando tenga cuarenta años, me **casaré** con un hombre de la misma edad, y dejaré de trabajar – para **empezar** una familia.

Cuando tenga cincuenta años, **volveré** a trabajar. Esta vez, seré jefa de mi propia empresa.

Cuando tenga sesenta años, dejaré otra vez de trabajar para cuidar de mi jardín.

Cuando tenga setenta años, **seré** abuela y cuidaré a los niños de mis hijos.

5b

A I too will want children, but I'll have them when I'm older.

B I'll never be rich enough to retire when I get to that age.

C I'll do something similar. I'm too young to start a career and I'd like to see other countries.

D I'll prefer to be satisfied with working for a small firm.

E I'm not as ambitious as her, I don't like having too much responsibility; I'll always want to be an employee.

5c

… is reacting to what Isabella says she will be doing	when she is … years old
Carolina	40
Victor	60
Conchi	19
Fede	30
Luisa	50

page 60

1a

1 c, **2** e, **3** d, **4** a, **5** b

1b

a No mires a la pared.
b No llegues tarde.
c No olvides el nombre del entrevistador.
d No parezcas ansioso o cansado.
e No olvides de dar las gracias.
f No dejes tu currículum en el coche.
g No hables todo el tiempo.
h No salgas la noche antes.

2

a Cuando salga la noche antes, me levantaré puntualmente.
b Cuando mi madre llegue, dejaremos … en paz.
c Cuando terminen sus estudios … profesional.
d Cuando me case con … mi vida.
e Cuando sea más … una entrevista.
f Cuando sepan quién soy … el puesto.

page 61

Answers to Gramática exercises

Exercise 1

1 pintores
2 franceses
3 libras
4 bocadillos
5 balcones
6 luces

Exercise 2

1 Hablo español y alemán.
2 La historia es fácil.
3 "¡Hola, Señora López!"
4 Tengo matemáticas a las diez.
5 El Señor García es español.

Exercise 3

1 Mis padres son ingleses.
2 La sección de ropa está en la tercera planta.
3 La falda es gris.
4 El país es pequeño.
5 Buenas noches.

Exercise 4

1 No conozco a su primo.
2 ¿Dónde están tus guantes, Pablo?
3 Ana y Luisa, vuestra casa está cerca de aquí, ¿no?
4 No sé dónde están mis libros.
5 Nuestra amiga vive en Madrid.

Exercise 5

Various possibilities.

Exercise 6

Suggested answers:

1 Juego muy bien al baloncesto.
2 El autobús va muy rápidamente por las calles.
3 Escucha atentamente.
4 Los alumnos van lentamente a clase.
5 Es muy deportista. Va a menudo al polideportivo.
6 Trabajas bastante pero no demasiado.

Exercise 7

1 ¿A qué hora te acuestas?
2 Tienes tu propio dormitorio.
3 ¿Eres inglés?
4 ¿Tienes un mapa de la provincia?
5 ¿Estás contenta aquí?

Exercise 8

1 Los compro en el mercado.
2 Le escribo una carta todas las semanas.
3 Voy a venderla mañana.
4 Siéntate.
5 La he dejado en el metro.
6 Va a despertarse muy temprano.
7 Te los mandó ayer.

Exercise 9

1 Me ducho por la mañana.
2 ¿Cómo se llama usted?
3 ¿Os vais? Nos vamos ahora.
4 Se levantaron tarde hoy.
5 ¿Te quedas en la cama los sábados por la mañana?
6 Se lava el pelo.

Exercise 10

Various possibilities.

Exercise 11

1 ¿Conoces a mi hermano?
2 Vamos a ver al profesor.
3 Mi amigo visitó la capital.
4 Ha invitado a muchas personas.
5 Había mucha gente en la sala.
6 Tengo una amiga muy simpática.

Exercise 12

1 ¿A qué hora sale el tren?
2 ¿Dónde vive?
3 ¿Cómo se llama?
4 ¿Con quién vais?
5 ¿En qué trabaja tu hermana?
6 ¿Cuál prefieres?
7 ¿Cuánto cuesta?
8 ¿Adónde vais a jugar?

Exercise 13

1 buscar: **-ar** verb
2 despertar (ie): **-ar** verb, (stem-changing)
3 despertarse (ie): **-ar** verb, reflexive, (stem-changing)
4 pensar (ie): **-ar** verb, (stem-changing)
5 lavarse: **-ar** verb, reflexive

Exercise 14

1 Pongo la mesa a las nueve.
2 Ve la televisión por la tarde.
3 ¿Vas a la costa en julio?
4 ¿Está usted aquí desde hace mucho tiempo?
5 Salgo del cine en seguida.

Answers to *Gramática* exercises

Exercise 15

1 Juana prefiere las ciencias pero nosotros preferimos las lenguas.
2 Me gusta ir a esquiar cuando nieva.
3 ¿Qué recomienda usted?
4 Me siento muy mal. Voy al médico.
5 ¿A qué hora se cierra el supermercado?
6 Pablo tiene que repetir el año.
7 Nosotros volvemos a las doce normalmente.
8 ¿Qué quiere usted?
9 Ana suele fregar los platos.
10 Yo no entiendo al profesor.

Exercise 16

Various possibilities.

Exercise 17

Various possibilities.

Exercise 18

1 está: location
2 Estoy: mood
3 es: permanent characteristic
4 es: occupation
5 son: character
6 es: semi-permanent characteristic
7 son: colour
8 estamos: mood
9 Estás, estoy: health
10 Sois, somos: nationality

Exercise 19

1 Estoy haciendo los deberes.
2 Estoy jugando con mi hermano menor.
3 Estoy limpiando la cocina.
4 Estoy preparando la comida.
5 Estoy escribiendo una carta.
6 Estoy leyendo un tebeo.
7 Estoy trabajando en el jardín.
8 Estoy duchándome./Me estoy duchando.

Exercise 20

Ayer el despertador le despertó a las ocho y se levantó en seguida. Juan se duchó rápidamente y se vistió. Se preparó una taza de café y unas tostadas. Tomó el desayuno y salió de casa. Fue directamente a la parada de autobús y esperó.

Llegó el autobús y subió. Bajó en la plaza y encontró a sus amigos. Charlaron un rato y fueron a tomar algo en un bar. Decidieron ir al parque de atracciones. Juan sabía dónde estaba y sus amigos le siguieron. Jugaron en la tómbola y dieron una vuelta por el parque. Miraron a la gente y lo pasaron bien.

Merendaron en un café. Les gustaron mucho las hamburguesas.

Juan volvió a casa a las seis. Llamó a su novia y después se durmió en la cama. Sus padres le llamaron cuando era la hora de cenar.

Exercise 21

1 Hacía sol.
2 Iba a las tiendas todos los días.
3 El cielo estaba despejado.
4 Daba un paseo en el parque.
5 Había niebla.
6 Veía la televisión por la tarde.
7 Los grandes almacenes cerraron a las diez.
8 Volvía a las cinco.
9 No se podía fumar en clase.
10 Solíamos comer en la cafetería.

Exercise 22

1 No salió porque llovía.
2 Cuando sonó el teléfono, estaba en la ducha.
3 Llegaron al aeropuerto a las nueve.
4 Eran las once.
5 El autobús llegaba normalmente a las dos pero ayer llegó con un cuarto de hora de retraso.
6 Siempre visitaba a mis abuelos cuando era pequeño.
7 Susana tuvo un accidente cuando conducía en la ciudad.
8 Los alumnos estaban muy contentos cuando recibieron sus notas.

Exercise 23

1 Yo estaba estudiando cuando llamaste.
2 Te vi en la calle: estabas charlando con Luisa.
3 Los dos amigos estaban jugando cuando pasó el accidente.
4 Ella estaba leyendo cuando llegaron sus padres.
5 ¿Qué estabas haciendo cuando te vi?

Exercise 24

Suggested answer:

Durante las vacaciones, me levantaré a las doce. Tomaré el desayuno muy lentamente. Comeré mucho porque no tendré prisa. Saldré de casa a la una y cuarto. Iré a la estación de trenes a coger el tren para ir al centro. Me quedaré con mis amigos a las dos. Charlaré con ellos y comeremos en una hamburguesería. Me gustará la comida. Por la tarde jugaremos al fútbol en el parque. No estudiaré y no haré mis deberes. Cenaré a las diez y media y me acostaré tarde a la una de la madrugada.

Exercise 25

Suggested answers:

1 Vas al colegio en el coche de tus padres. Yo iría andando.
2 No estudias mucho. Yo estudiaría mucho.
3 Llevas ropa muy aburrida. Yo llevaría ropa interesante.
4 No vas a ver a tu novia. Yo iría a ver a mi novia.
5 No escribes cartas a tus amigos. Yo escribiría cartas a mis amigos.
6 No haces nada en casa para ayudar. Yo ayudaría/haría mucho.
7 No sales los fines de semana. Yo saldría a menudo.
8 No tienes nunca dinero para salir. Yo tendría siempre dinero.

Exercise 26

1 Ha vuelto con una amiga, Mercedes.
2 Ana ha descubierto que la amiga es su nueva esposa.
3 Ha roto un plato.
4 Ana ha escrito una carta a los padres de Manuel.
5 El padre ha abierto la carta, la ha leído, se ha caído, se ha roto el brazo y ha muerto (pocos días después).
6 Manuel ha dicho que era un monstruo.
7 (Ella) ha salido del centro y ha vuelto a casa tranquila.

Exercise 27

1 Porque ya había leído el periódico.
2 Porque ya había comprado el billete de lotería.
3 Porque ya había hablado con el guía.
4 Porque ya habían comido.
5 Porque ya habíamos visitado la catedral.
6 Porque ya se había lavado.
7 Porque ya había tomado el sol.

Exercise 28

1 No hables conmigo.
2 No tome la primera calle a la derecha.
3 No vengas aquí.
4 No pongas la mesa.
5 No escribáis con un bolígrafo.
6 No os levantéis.
7 No te sientes.
8 No coja la autopista.
9 Va al cine.
10 Cruce la plaza.
11 Venid a la fiesta.
12 Siéntate allí.
13 Contesta a su carta.

Exercise 29

1 ¿Te duelen los ojos?
2 Me quedan cien libras.
3 Me gusta mucho mi novia.
4 Nos hace falta más tiempo para estudiar.
5 ¿Qué le pasa a Fede? ¿Está enfermo?
6 Os queda poco tiempo. El tren está para salir.
7 A mis padres les gusta leer.
8 ¿Te falta algo?

Exercise 30

Suggested answers:

1 Estudio español desde hace …
2 Conozco a mi mejor amigo/a desde hace …
3 Vivo en mi casa desde hace …
4 Iba a la escuela desde hace 6 años antes de ir al colegio.
5 Hacía los deberes desde hace 2 horas cuando llegó mi amigo.
6 Hablaba con Susana desde hace 20 minutos cuando llegaron los otros.

Exercise 31

Various possibilities.